科基金一般項目
准號 12YYB007）
優勢學科建設工程資助項目（PAPD）

佛教名物術語詞研究

趙家棟　著

上海教育出版社
SHANGHAI EDUCATIONAL
PUBLISHING HOUSE

序

董志翹

佛教傳入中土，始於東漢。據傳漢明帝夜夢金人飛空而詔問群臣，通人傅毅以“佛名”解夢。明帝遂遣蔡愔等人緣絲路往天竺尋求佛法，適遇高僧攝摩騰、竺法蘭等，遂延請來漢。白馬馱經，至於京都洛陽，既而譯成《四十二章經》，改“招提寺”為“白馬寺”而居焉。

其實，縱觀佛教傳入中土的全過程，似可以“傳”“取”二字概言之。“傳”者，指早期自西向東，行進在古絲綢之路上的天竺或西域胡僧將佛教傳入中土的“傳經”過程，比較著名的僧人有安世高、支婁迦讖、佛圖澄、鳩摩羅什等。“取”者，指中後期中土僧人西行天竺的“取經”過程，比較著名的取經僧人有三國高僧八戒①、東晉高僧法顯、唐三藏法師玄奘以及律學高僧義淨等。

佛教傳入始終是伴隨著經師佛法儀軌傳授和佛經翻譯的實踐展開的。在早期“傳”的階段，從事佛法儀軌傳授和佛經翻譯的實踐主體是天竺或西域胡僧，中土僧人多是“執弟子禮”以學習者的身份參與佛教活動，在譯經過程中主要充當“正字”“潤筆”“抄録”等角色。這些天竺或西域胡僧既是佛法講壇的講師，傳授佛講理論和佛教儀軌，又是譯經場的主要誦經師和譯經師。從翻譯實踐的主體來説，天竺或西域胡僧所誦經文為梵文或巴利文佛經，部分可能是中介語西域胡語轉寫的佛經，天竺或西域胡僧母語多是天竺語

---

① 按：“八戒”是三國高僧朱一行的法號。該法號也是吴承恩《西遊記》中“豬八戒”原型的來源。由於受“豬八戒”原型影響，後人很少以“八戒”法號稱高僧朱一行，而多以俗家名“朱一行”稱之。

或西域胡語①,而漢語則為他們的“習得語”。這種佛經翻譯活動是將“母語(天竺語或西域胡語)”翻譯為“習得語(漢語)”的過程。再者,天竺或西域胡僧所據經文多是口誦,翻譯過程大多是隨誦隨譯,幾乎不用梵本。這是早期譯經的主要特點,我們研究早期佛經文獻語言時必須特別關注。在後期“取”的階段,從事佛法儀軌傳授和佛經翻譯的實踐主體多是中土僧人,天竺或西域胡僧不再是譯經場的主導,譯經不再是依據天竺或西域胡僧誦經,而是根據所取經本來翻譯。中土僧人的母語是漢語,而天竺語或西域胡語則為中土譯經師的習得語。這種佛經翻譯活動是將“習得語(天竺語或西域胡語)”翻譯為“母語(漢語)”。翻譯過程大多是手執梵本或胡本逐段逐句翻譯。這兩個階段譯經的原經差異以及譯經者語言習得方式的不同直接影響了譯經的語言風格。這種變化也是佛經“舊譯”向“新譯”轉變的內在動因。

在翻譯實踐中,美國結構主義語言學家尤金 · 奈達(Eugene A. Nida)提出了著名的“功能對等”(functional equivalence)理論。奈达和泰伯(Nida & Taber)認為 :“所謂翻譯,是在譯語中用最切近而又最自然的對等語再現原語的信息,首先是意義,其次是文體。”②也就是說,翻譯過程中意義是最重要的,形式其次,即譯語接受者與原語接受者能獲得大致相同的意義概念和語義認知上“最接近的、自然的對等”。就佛經翻譯來說,佛經中原語(天竺語或西域胡語)和譯語(漢語)共有的意義概念和語義認知,如人類語言基本核心詞彙和基本句法語體很容易做到“功能對等”,其中最容易做到的是詞彙語義的對等。佛教文化作為一種輸入文化,在傳入中土之前,與佛教理論和佛教儀軌體系密切相關的佛教名物和佛教術語,是漢語體系中没有的概念或語義認知,所以早期的佛經翻譯實踐中很難做到所謂的“功能對

① “天竺語”“西域胡語”是個籠統的説法。“天竺語”泛指古天竺地區通用的語言,主要指梵文和巴利文等。“西域胡語”泛指古西域地區諸民族使用的語言,這是佛經傳入中土的中介語,主要指吐火羅語、粟特语、希伯來语等。

② 原文參見:Nida, E. and Taber, C. The Theory and Practice of Translation. Brill, Leiden, 1969。

等”,對佛教名物和佛教術語的翻譯多是採用音譯的形式。隨著中土佛教受眾的擴大,佛教文化的中國化深度和廣度的凸顯,佛教名物術語詞的這種音譯形式越來越滿足不了中土佛教受眾的需求,除一些已經熟知的音譯形式,如“佛(佛陀)”“菩薩”“涅槃”等,大多數佛教名物術語詞出現了音譯——意譯的共現形式,即根據譯經的不同時地所標註的“秦言”“漢言”“晉言”“齊言”“梁言”“唐言”等意譯內容。

佛教名物術語詞研究對象涉及佛教名物詞研究和佛教術語詞研究兩個方面。佛教名物術語詞承載著豐富的佛教思想文化,其音譯詞形和意譯內容反映了撰譯者及當時社會對佛教名物術語的語音和語義理解,是漢語和佛教思想文化研究的重要材料。對佛教名物術語詞的研究不僅有助於我們全面了解中古時期漢語的語音詞彙特點,而且對漢語語音詞彙歷史發展規律的揭示與總結有著重要意義。

佛經文獻語言研究和敦煌西域寫本文獻語言研究是家棟多年來致力的主要學術研究方向。2008 年,他跟隨我攻讀漢語史博士學位,學位論文選題為“敦煌文獻疑難字詞研究”。經三年多的焚膏繼晷、刻苦鑽研,論文終告完成。答辯時,論文得到答辯委員會專家的一致好評,因而榮獲 2013 年江蘇省優秀博士論文獎。當時已蒙省評委推薦,準備繼續申報全國優秀博士論文獎,不料就在這一年,全國優秀博士論文暫停評選(後來也一直没有重啟),遂失之交臂,成了一樁憾事。攻博期間,家棟还參與了本人主持的全國高校古委會重點項目“《經律異相》整理與研究”的研究工作,因此同時在佛經文獻整理和語言研究上得到了很好的鍛煉,提高了自身的研究能力,獲得了較多的實踐經驗。家棟博士畢業後,順利留在南師大文學院,成為一名高校教學科研工作者。2012 年,他在準備申報江蘇省社科項目時,曾就“南朝梁撰譯佛典‘梁言詞’研究”選題咨詢於我,我當時就覺得這個選題很有意義,認為選題十分切合當年省社科申報選題指南中的“六朝語言與文化”選項。故建議他以後可以在該課題基礎上以佛教名物詞為主題進行宏觀拓展研究。當年該選題順利獲得省社科項目立項,經過三年的研究,2016 年項目以書稿形式獲得“優秀”結項。可喜的是,在項目研究期間,家棟已經著手對佛教名物術語詞的研究理論、研究方法以及研究價值作了宏觀探討,2015 年寫成論文《佛教名物術語詞研究》並提交"詞彙學國際學術會議暨第十屆全國漢語詞彙學學術研討會"交流,與會學者給予了充分肯定,並提出了很好的建議,這篇論文就是該書稿第一章的主要内容。在項目結項成果的基礎上,又經多年的擴充打磨,成為而今置於我面前即將付梓的《佛教名物術語詞研究》一書。

《佛教名物術語詞研究》是一部點面研究相結合的著作,既有佛教名物術語詞"面"上的理論研究,又有佛教名物術語詞"梁言詞"的"點"上釋證。通讀之後,我認為該書具有以下特點:

(1) 該書對佛教名物術語詞的功能、來源、音義構成及語義内涵進行了深入系統的研究,做到了理論研究與個案考釋相結合。

(2) 該書從語言學角度對佛教名物術語詞音譯意譯形式的歷時演變特點進行分析,有助於我們對漢語語音史、詞彙史的細緻描寫,其中不僅揭示了中古佛教漢語的詞彙語音特點,同時也是專名詞彙研究的拓展與嘗試。

(3) 作者對佛教名物術語詞的考釋與研究,將有助於對佛經翻譯語言接觸現象的認知和翻譯理論策略的總結。

(4) 該書對佛教名物術語詞的研究能夠豐富佛經語言文化研究的形式和内容,提升對中國佛教文化歷史發展變化歷程和原因的認知。

(5) 該書借助佛教名物術語詞音譯和意譯的紐帶,在豐富的佛教語言文化系統中探討了佛經撰譯者對印度及西域佛教語言文化的主觀認知和改造問題。

當然,該項研究尚屬一種創新和嘗試,研究思路和研究方法無疑值得肯定。不過,作者在佛教名物術語詞研究過程中提出的一些概念和術語還有待於學界的檢驗和批評。書中對佛經原語天竺語或西域胡語中因為"體""格""性"等屈折變化而產生的不同的語詞形態也統稱為同根詞或同源詞,就其内涵和外延來説略欠精確,尚不能很好地揭示佛經原語的語言特點。希望家棟今後在佛經原語學習方面多下功夫,加強對梵語、巴利語及西域胡語的了解,豐富佛經原語研究方面的理論知識,從而對佛經原語研究中一些概念作出更為準確的界定。

另外,該書的附録部分也是研究主題的有機組成,在“梁言詞”研究之外揭示出了更為廣泛的研究内容(如關於佛經中二十八星宿詞釋證)和研究課題(非“梁言詞”類佛教名物術語詞),為以後的拓展研究打下了很好地基礎。因此衷心希望家棟能夠沿著這一研究路徑,假以時日,對佛教名物術語詞作出更加全面系統的研究,釋證出更多的佛教名物術語詞,爭取最終成就一部收録完備、釋義精當的《佛教名物術語大典》。

是為序。

庚子秋月於

石頭城下秦淮河畔

目　　録

第一章　什麼是佛教名物術語詞

第一節　佛教名物術語詞與“梁言”詞的内涵

自東漢明帝永平年間佛法西來之後,佛教逐漸為中土所接納並傳播,在這一接納與傳播的過程中,佛經翻譯起到了極為重要的作用。大量源自梵語的佛教詞語進入到漢語語彙中,大大擴充了漢語的詞彙容量,這些外來詞與漢語本族語詞彙交織在一起,形成了水乳交融的關係。

名物是指屬於某物類的特定具體之物,有其具體的名稱和獨特的區别性特徵。佛教名物詞是關於佛教特定之物名稱的集合,是人們從顔色、形狀、功用、質料等角度,對特定佛教具體之物加以辨别認知的結果。術語是表達科學概念的約定性語言符號,佛教術語詞是標記佛教文化領域新概念稱謂的特定語言符號。本書將研究對象佛教名物詞和佛教術語詞統稱為“佛教名物術語詞”。佛教名物術語詞是不同語言長期接觸、相互融合而產生的語言現象。

根據馬祖毅(1998)、朱慶之(2009)的研究,我們將漢譯佛典按翻譯時段和譯經特點分為三個階段：古譯階段(東漢到西晉),以直譯為主;舊譯階段(東晉到隋),以意譯為主;新譯階段(唐到宋),直譯與意譯兩相結合。六朝時期(三國到隋朝)是佛教在中土大發展的時期,南朝的譯經事業,在中國佛教史上佔有重要地位,無論是譯經卷數還是譯經範圍,都相當可觀。南朝梁代撰譯佛典包括三個方面的佛教文獻：1. 南朝梁代翻譯的佛經;2. 雖為梁代以前翻譯的佛經,但經過梁代重新輯録編輯的佛教文獻,如梁僧旻、寶唱編撰的佛教類書《經律異相》;3. 梁代撰述的佛教文獻,如梁釋慧皎撰《高僧傳》、梁釋僧祐撰《釋迦譜》《出三藏記集》等。

佛教名物術語詞早期往往採取音譯形式，但有時會在不同時代的音譯詞形後以標注“晉言”“齊言”“梁言”等方式指出其意譯內容。所謂的“晉言”“齊言”“梁言”就是晉代、齊代或梁代的漢語，是彼時彼地的中國語，郭良夫《從“漢語”名稱論漢語詞彙史研究》曾以晉語為例，指出：“晉語限於晉，齊言限於齊，有嚴格的時間限制，不能超越。”並引湯用彤先生在《漢魏兩晉南北朝佛教史》第十章《鳩摩羅什之學歷》的按語“按麗本《祐録》傳云：‘鳩摩羅什，齊言童壽。’此傳原作於南齊之世也”為證。而南朝梁代撰譯佛典中的“梁言”詞，指南朝梁代撰譯佛典中一些佛教名物術語的音譯詞形下，以“梁言某某”夾註其意譯內容，並構成“音譯——意譯”對應關係的一組詞。

第二節　佛教名物術語詞的研究概況

佛教名物術語詞的研究，涉及佛教名物詞研究和佛教術語詞研究兩個方面。佛教名物詞研究是名物詞研究這个大類下的一部分，而名物術語詞又是詞彙學、訓詁學的基本研究課題之一。

名物詞研究方面，前賢時彥已取得了豐富的實踐經驗，研究方法也較為成熟。特別是 20 世紀以來伴隨著傳統訓詁學從語文學向語言學轉向，名物術語詞研究受到了更多學者的關注，並取得了豐碩的成果。劉興均在其論文《“名物”的定義與名物詞的確定》(1998)及專著《〈周禮〉名物詞研究》(2001)中對名物詞的界定和名物詞的特徵及研究方法等作了較為系統的概括。

佛教名物詞是名物詞研究的重要組成部分，名物詞研究的思路與方法當然也適用佛教名物詞。揚之水在《曾有西風半點香：敦煌藝術名物叢考》(2012)中對名物學的內涵和研究目的進行了歸納：“名物學最重要的內涵，是名稱與器物的對應和演變，又演變過程中，名與實由對應到偏離，其中的原因及意義。因此它所要解決的，第一是努力還原器物或紋飾當日的名稱,以發現名稱緣起與改變中所包含的各種轉換關係。第二是尋找圖式的形成脈絡,即一種藝術語彙經由發生、發展、變異、演化,而固定為程式的整個過程。”在這一研究框架下,她對一些佛教藝術名物作了精到的考釋,如《〈一切經音義〉之佛教藝術名物圖證》(2010)、《佛教藝術名物叢考》(2010)、《丹枕與綩綖——佛教藝術名物考》(2012)等。杜朝暉《敦煌文獻名物研究》(2011)在第二章《敦煌文獻名物的研究價值》中,也談到了名物的研究價值,並在第八章專門考釋了部分“佛教器具類”語詞。此外臺灣萬金川《佛經語言學論集:佛典研究的語言學轉向》(2005)談到了一些佛教術語的翻譯問題。以上這些為本書的研究提供了理論框架和實踐經驗。

佛教名物術語詞研究,也是佛教語詞研究的一個重要組成部分。前人關於佛教詞語的研究成果很多,這其中大都會涉及音譯詞和意譯詞方面的研究。專著方面如:梁曉虹《佛教詞語的構造與漢語詞彙的發展》(1994)、朱慶之《佛典與中古漢語詞彙研究》(1992)、俞理明《佛教文獻語言》(1993)、顔洽茂《佛教語言闡釋——中古佛經詞彙研究》(1997)等。迄今為止,這幾本專著仍是佛經詞語理論性研究方面最有影響的著作。“梁著”從構詞法的角度闡釋了佛經詞語中的音譯詞、意譯詞、梵漢合璧詞、佛化漢詞、佛教成語、佛教俗諺等,并探討了佛教詞語對漢語的影響;“朱著”從歷時和共時的角度分析了佛典詞彙的特點及其對中古漢語的影響;“俞著”從宏觀上分析了佛教文獻和佛經文學語言,又從微觀上分析了佛經中的中古代詞的用法;“顔著”從理論上闡釋了中古佛經詞彙發展變化的原因。這些專著注重將佛經詞彙與語言學理論相結合,不但在歷時平面上考察詞彙的演變,還將其置于共時平面,考察佛教詞彙在整個語言系統中的組合和聚合關係,突出了佛經語言在漢語史研究中的重要地位。這也為我們研究佛教名物術語詞提供了理論支撑。此外,季琴《三國支謙譯經詞彙研究》(2004)以三國支謙的全部譯經為研究對象,分析了支謙譯經詞語的特點,同時進行了同經異譯的比較研究。譚代龍《佛教漢語詞彙系統的結構及形成》(2013)對涉及《根本説一切有部毗奈耶破僧事》中的佛教術語、專名用語進行了研究。

已有的佛經詞語考釋方面,所考釋的詞語中很多都是佛經音譯詞和意譯詞。如:方一新《東漢六朝佛經詞語劄記》(2000)、顏洽茂《中古佛經借詞略説》(2002)、顧滿林《試論東漢佛經翻譯不同譯者對音譯或意譯的偏好》(2002)、《東漢譯經中半音譯半意譯的外來詞簡析》(2003)、《東漢佛經音譯詞的同詞異形現象》(2005)、竺家寧《論佛經中的"都盧皆"和"悉都盧"》(2003)、曾昭聰《漢譯佛經與漢語詞彙》(2004)等。這其中,有些是關於佛教名物術語詞方面的專門研究,如譚代龍的《佛教術語溯源舉隅》(2005)論述了佛教術語溯源的重要意義,並對"阿耨多羅三藐三菩提"等 8 條佛教術語的源頭作了初步探討。譚代龍《漢譯佛經人名研究初探》(2004)及陳源源《同經異譯佛經人名管窺——以〈法華經〉異譯三經為例》(2008)對漢譯佛經人名的音譯意譯特點作了較為詳細的闡釋。

學者們在研究佛教詞彙的過程中,大多也注意到了佛教音譯詞和意譯詞對漢語的影響。這方面的單篇論文有:朱慶之《試論佛典翻譯對中古漢語詞彙發展的若干影響》(1992)、俞理明《漢魏六朝佛經在漢語研究中的價值》(1987)、何亞南《從佛經看早期外來音譯詞的漢化》(2003)、杜愛賢《談談佛經翻譯對漢語的影響》(2000)等。

還有的學者利用佛教名物術語詞的音譯意譯特點來辨別佛教疑僞經。如:方一新、高列過《東漢疑僞佛經的語言學考辨研究》(2012)、李妍《從佛教術語看疑僞經辨别》(2012)等。

國外專門的佛教名物術語詞研究成果並不多見,主要是在佛教語言綜合研究中談到佛教詞語時順帶論及,以個案研究為主,未見系統的關於佛教名物術語詞的研究成果。許理和在《最早的佛經譯文中的東漢口語成分》("Late Han Vernacular Elements in the Earliest Buddhist Translations",1977)中,討論了音譯專名和佛教術語與洛陽地區東漢漢語語音的關係,其中也涉及佛教名物術語詞意譯的口語化現象。另外,他在《佛教征服中國》(*The Buddhist Conquest of China*,

1959/1998)和《最早的漢語佛教文獻新探》(*A New look at the earliest Chinese Buddhist Text*,1991)等著述中也有這方面的論述。日本一些學者在佛經語言研究中也有涉及對個别名物術語詞的考釋,辛嶋静志從1997年至2000年先後在《俗語言研究》和《語言學論叢》發表了“漢譯佛典的語言研究”系列論文,如他在《漢譯佛典的語言研究》(1997)中對“羅睺羅(Rāhula)”“摩睺羅(Mahoraga)”及“泥曰(nirvṛta或nirvṛti)”進行了精當的考辨。西谷登七郎的《六朝譯經語法之一端——以〈增一阿含經〉為中心》(1958)、森野繁夫的《六朝譯經語法語彙》(1993)也有一些佛教語詞的考釋。

總的來看,前人的研究中雖然有不少關於佛教名物術語詞的個案考釋研究,但尚未見到專門關於佛教名物術語詞的系統研究成果,更没有對佛典中“晉言”“齊言”“梁言”這類構成音譯——意譯對應關係的組詞作系統考察。本書選取南朝梁撰譯佛典中標注的“梁言”詞作為研究對象,之所以選擇“梁言”詞作為研究對象,是因為據《大正藏》統計,南朝撰譯佛典中標注的“宋言”詞僅11例、標注的“齊言”詞僅7例、標注的“陳言”詞僅1例,而標注的“梁言”詞則有200多例,無論從詞例數量,還是從佛教名物術語部類上看都具有進一步考釋研究的價值與必要。對這些佛教名物術語詞的功能、來源、語音結構、語義内涵進行詳細考察,不僅有利於分析漢語借詞的音義構成特點,而且對佛經翻譯史、佛教思想文化和中印文化交流史的研究都有重要的參考價值。

第三節　佛教名物術語詞的研究方法

在總結前人考釋研究方法的基礎上,我們歸納出四種佛教名物術語詞的研究方法。下文我們在探討每一種方法時,都力求結合具體的考釋實例説明這一方法在佛教名物術語詞考釋與研究中的有效性,以便對佛教名物術語詞考釋與研究有一個理性的認識,並希求能對後人科學運用該類方法有所啟發。

一、文獻的校勘與釋讀相結合

文獻的校勘與釋讀是考釋和溯源佛教名物術語詞的有效途徑，將同一種佛教文獻的不同版本進行校讀，將敦煌佛經寫卷文獻和傳世佛教文獻相對讀，其獲得的異文信息具有很高的文獻解詁價值。下面以《孔雀王咒經》中一則文本校勘為例來説明該方法的具體運用。

《孔雀王咒經》卷1："薄鳩羅夜叉、曼陀婆耶夜叉、分那柯夜叉，皆住類恃訶那國。"（T19/451a①）其中"類恃訶那國"之"類"字，宋、元、明本作"蘋"。此處説"薄鳩羅、曼陀婆耶、分那柯"等三夜叉皆住"類恃訶那"國，然《孔雀王咒經》唐代兩個同經異譯本中的對應文字則有不同。唐不空譯《佛母大孔雀明王經》卷2："薄俱囉藥叉，嗢逝訶那住；布喇拏藥叉住曼拏比國。"（T19/424b）據《大正藏》校勘記，"薄俱囉"梵音 vakkula，"嗢逝訶那"梵音 urjjihānā，"布喇拏"梵音 pūrṇaka，"曼拏比"梵音 maṇḍavī。唐義淨譯《佛説大孔雀咒王經》卷2："薄俱羅藥叉，嗢逝訶那住；晡啡拏藥叉住在曼宅婢。"（T19/465b）

具體對應情況如下表：

《孔雀王咒經》	《佛説大孔雀咒王經》	《佛母大孔雀明王經》	梵　音
薄鳩羅夜叉、曼陀婆耶夜叉、分那柯夜叉皆住類②恃訶那國。	薄俱羅藥叉嗢逝訶那住	薄俱囉藥叉嗢逝訶那住	vakkula urjjihānā
	晡啡拏藥叉住在曼宅婢	布喇拏藥叉住曼拏比國	pūrṇaka maṇḍavī

① 本書所引佛典來源："中華電子佛典協會"（Chinese Buddhist Electronic Text Association，簡稱 CBETA）的電子佛典系列光碟（2016）。標注格式為："T"指《大正新修大藏經》、"X"指《卍新纂續藏經》、"J"指《嘉興藏》、"K"指《高麗藏》、"C"指《中華藏》、"D"指國家圖書館善本佛典，"/"前後的數字分别表示冊數和頁數，a，b，c 分别表示上中下欄。下同。

② 類，宋、元、明本作"蘋"。

通過文獻版本校勘及同經異譯文本的比照,再結合對應梵音釋讀,我們可以初步推定,南朝梁僧伽婆羅譯《孔雀王咒經》文本似有訛誤。從僧伽婆羅譯《孔雀王咒經》體例來看,都是"某某夜叉住某某處",鮮有三夜叉並列住一處的體例。對照唐代不空譯《佛母大孔雀明王經》及義淨譯《佛説大孔雀咒王經》的文字,"類恃訶那"當是"嗢逝訶那"之訛誤,至於宋、元、明本作"蘋"似亦不確。"曼陀婆耶"對應的是"曼拏比"和"曼宅婢",為梵音 maṇḍavī 不同的音譯形式。"分那柯"對應的是"布喇拏"和"晡啤拏",為梵音 pūrṇaka 不同的音譯形式。"布喇拏"和"晡啤拏"是"pūrṇa"的音譯,為"pūrṇaka"省譯,"分那柯"為"pūrṇaka"的音譯,"分那"為"pūrṇa"不同的音譯形式。通過校勘與釋讀,我們將南朝梁僧伽婆羅譯《孔雀王咒經》文本復原為:"薄鳩羅夜叉住類恃訶那國;分那柯夜叉住曼陀婆耶國。"這樣就將原先混淆的鬼神夜叉類名物詞與地理國名類名物詞梳理清楚了,並與唐代兩個異譯本對應工整,同時也契合本經的文本體例。

二、梵漢文本比較互證

這種研究方法是指在梵漢文本對勘的基礎上對漢譯佛經中佛教名物術語詞進行比較分析,特别是對漢譯佛經中部分語義所指不明或有歧解的佛教名物術語詞進行深入地考釋研究,以提高研究結論的可信性。如對《孔雀王咒經》"阿難波實多"中對應音譯字"實"的校讀,就可以運用此類方法。

南朝梁僧伽婆羅譯《孔雀王咒經》卷 1:"阿難波實多(梁言不稱)夜叉住偷那國。"(T19/450a)丁佛保《佛學大辭典》:"阿羅波寶多夜叉(異類),alpapota yakṣas,鬼名,譯曰不稱鬼。見《孔雀王咒經》上。"據《孔雀王咒經》卷上,"阿羅波寶多"當為"阿難波實多",然據梵音 alpapota,"寶"對應的是"po",則大正藏本《孔雀王咒經》卷 1"阿難波實多"中"實"似為"寶"字形近而訛。其實不然,今據《孔雀王咒經》唐代兩個同經異譯本——《佛説大孔雀咒王經》和《佛母大孔雀明王經》,《佛學大辭典》的收詞及所擬梵音似有誤。《佛説大孔雀咒王經》卷 2:

"阿鉢羅市多在窣吐奴邑。"(T19/464b)《佛母大孔雀明王經》卷 2:"阿跋羅爾多,住窣土[1]奴邑。"(T19/423a)

具體對應情況如下表:

《孔雀王咒經》	《佛説大孔雀咒王經》	《佛母大孔雀明王經》	梵　音
阿難波實多夜叉住偷那國	阿鉢羅市多在窣吐奴邑	阿跋羅爾多住窣土奴邑	aparājita sphūrā

"阿難波實多"又作"阿波羅質多"。唐阿地瞿多譯《陀羅尼集經》卷 4〈佛説跋折囉功能法相品〉:"阿波羅質多印第三十七(唐言無勝印)。"(T18/823a)

可知《佛母大孔雀明王經》卷 2 中"阿跋羅爾多"對音梵音當為"aparājita",而《佛學大辭典》擬梵音為"Alpapota"不確。"阿難波"與"阿鉢羅"和"阿跋羅"對應,梵音音節是"aparā",通過梵漢比較互證,初步推定"阿難波"當為"阿波難","難"當為音節"rā"的音譯。

三、語言研究與佛教文化探析相結合

佛教名物術語詞承載著豐富的佛教文化,對佛教名物術語詞的考釋研究過程也是對某一特定文化的解讀過程。所以我們對佛教名物術語詞的考釋研究除運用傳統字詞考釋的方法和手段外,還要追溯源頭,將其放在一定的佛教文化範疇内或出典文獻語境中來探求它們的語義所指、引申理據及詞義來源,通過文化解讀,揭示其獨特的文化内涵,最終達到準確的釋義。如《孔雀王咒經》卷 1 中"飲血夜叉",音譯作"捺恥羅訶羅",下面結合佛教文獻相關記載,從佛教文化的角度揭示"飲血夜叉"受此業報的來源。

---

① 土,宋、元、明本作"吐"。

南朝梁僧伽婆羅譯《孔雀王咒經》卷1:"捺恥(湯履反①)羅訶羅——梁言飲血。"(T19/446c)"捺恥羅訶羅"之"捺",《大正藏》校勘記云:"捺",宋、元、明本作"奈"。首先,從語言學角度來看,"奈恥羅訶羅"為音譯記音字,夜叉鬼名,梵音作rudhirāhāra。梁言"飲血"為其意譯,又意譯作"食血"。其同經異譯本失譯(附秦録)《佛説大金色孔雀王咒經》卷1(T19/479a)、唐義淨譯《佛説大孔雀咒王經》卷1(T19/459b)及唐不空譯《佛母大孔雀明王經》卷2(T19/427c)皆意譯為"食血"。又作"嘮地囉訶囉""嚧地囉訶哩泥",唐般剌蜜諦譯《大佛頂如來密因修證了義諸菩薩萬行首楞嚴經》卷7:"嘮地囉訶囉——食血鬼。"(T19/136a)又同卷:"嚧地囉訶哩泥——食血鬼。"(T19/135a)又作"嚕地囉訶囉",唐不空譯《大佛頂如來放光悉怛多鉢怛囉陀羅尼》卷1:"嚕地囉(引)訶(引)囉(引)。"(T19/102a)"捺恥羅""嘮地囉""嚧地囉""嚕地囉"皆為梵音rudhira的不同音譯用字,"rudhira"為"血"之梵音。"電子佛教辭典"(Digital Dictionary of Buddhism,簡称"DDB")佛教梵語術語"R"條(Sanskrit Terms Index:r):"rudhira 熱血、血、血塗。"②其同根詞有"rudhirôtpāda 出血""rudhirôtpādan 出血""māṃsa-rudhira 血肉""māṃsa-rudhirâhāra 血肉""pūya-rudhira 膿血"等。梵音rudhira音譯用字又作"囉訖吒",元魏般若流支譯《正法念處經》卷16:"十二者囉訖吒,食血餓鬼。"(T17/92b)又作"嚕地羅",唐禮言集《梵語雜名》:"血,嚕地羅𑖨𑖲(ru)𑖠𑖰(dhi)𑖨(ra)。"(T54/1223b)唐怛多蘗多、波羅瞿那彌舍沙集《唐梵兩語雙對集》:"血——嚕地羅。"(T54/1241b)至於"訶羅""訶囉""訶哩泥"皆為梵音hāra的不同音譯用字。

其次,從佛教文化來看,"捺恥羅訶羅"為飲血鬼,因其前世"殺生

① 反,明本作"切"。

② 引自"電子佛教辭典",其中"R"為該梵語字母轉寫首字母,下同。本書所引漢梵語詞未作標注的皆來自"電子佛教辭典",我們在徵引時,用平川彰著《佛教漢梵大辭典》(1997)進行了核校。

血食不施妻子”而受此業報,唐道世撰《法苑珠林》卷 6“十二食血鬼”下云:“由殺生血食不施妻子,受此鬼身,以血塗祭方得食之。”(T53/312a)佛經中有關於食血夜叉的描述,如元魏慧覺等譯《賢愚經》卷 2〈慈力王血施品〉:“時五夜叉,來至王所,‘我等徒類,仰人血氣,得全身命。由王教導,咸持十善,我等自是無複飲食,饑渴頓乏,求活無路。大王慈悲,豈不矜湣?’王聞是語,甚懷哀傷,即自放脈,刺身五處。時五夜叉,各自持器,來承血飲,飲血飽滿,咸賴王恩,欣喜無量。”(T4/360b-c)又宋紹德、慧詢等譯《菩薩本生鬘論》卷 3:“時五夜叉來詣王所,咸作是言:‘我等徒屬,仰人血氣,得全軀命。由王教導,一切人民皆修十善,我輩從此不得所食,饑渴頓乏,求活無路。大王慈德救諸苦惱,獨于我曹不施恩惠?’王聞是説,極傷憫之,即自思惟:‘夜叉之徒唯飲人血,作何方計滿其所求?當破我身可能濟彼。’乃刺五處,血即迸流。時五夜叉各持器至取之而飲,既飽且喜。”(T3/340a)

四、實物圖録考證與邏輯推理相結合

實物圖録考證是考釋名物術語詞最直觀最有效的方法。我們在實際運用中必須盡可能地把佛教文獻中的名物詞與傳世圖録文獻、佛經圖録壁畫及出土文物相比照,解讀二者之間的關係,進行合理的判斷推理,儘量預防或減少主觀臆測性錯誤。如佛典中有香具名物“寶子”“香寶子”,早期學者對其的理解就有很大的偏差,後來借助佛經圖録壁畫及出土文物,學界才對其形制和功用作出了準確的解釋。

佛典中的“寶子”“香寶子”用例。如:

唐阿地瞿多譯《陀羅尼集經》卷 12〈佛説諸佛大陀羅尼都會道場印品〉:“次具金銀迭合娑羅及銅盋,盛以酥蜜香油雜華,並其咒索白芥子胡麻人稻穀華八功德水,隨其所應,皆悉嚴備,兼銅香爐並寶子具。中央四門各各一具。”(T18/889b-c)唐善無畏譯《慈氏菩薩略修瑜伽念誦法》卷 2〈畫像品〉:“又兩明王中間畫香爐寶子,右三世明王下畫圓明,于中置修愈誐者,跏跪手執燒香爐。於大圓明上畫七寶傘蓋,兩邊各畫三個首陀會童子,半身滿五色云中,以香花爐塗瓶花枝等散於佛上。"(T20/596a)唐玄奘撰《寺沙門玄奘上表記》卷1《慶佛光周王滿月並進法服等表》:"香爐、寶子、香案、澡缾、經架、數珠、錫杖、澡豆榼各一。"(T52/825a)唐道世撰《法苑珠林》卷11:"每燒香時,是諸童等各各分番來付香爐。後師子向外而蹲踞,從師子頂上有九龍盤繞,上承金蓮,華内有金台,即台為寶子。於台寶子内有十三萬億真珠大樓觀,各盛諸妙香。"(T53/368a)

敦煌文獻中也見"寶子""香寶子"用例。如:

P.3432《龍興寺卿趙石老腳下依蕃籍所附佛像供養具並目録等數點檢曆》:"大銅金渡嬰方四腳香爐花葉上有寶子三個。長柄銅香爐壹拾兩並香盒。銅疊子壹拾肆枚。"P.2706《年代不明某寺常住什物交割點檢曆》:"銅鉢壹、銅椀壹、生銀半兩、胡粉伍兩半、小櫃子貳、墨兩挺、銅香寶子並蓋陸……"P.2613《咸通十四年(873)正月四日沙州龍興寺交割常住什物等點檢曆》:"銅香寶(子)壹並蓋……鍮石香寶子貳,内壹闕底。大金渡銅香爐壹,肆腳上有蓮花兩枝並香寶子貳。"《敦煌變文校注·降魔變文》:"六師被吹腳距地,香爐寶子逐風飛。"關於"寶子""香寶子"具體所指,較早對其注解的是蔣禮鴻先生。《敦煌變文校注》引蔣禮鴻云:"寶子,香爐的一種。宋人黄伯思《東觀餘論》卷下,《跋錢鎮州回文》:'題者多云寶子不知何物,以餘考之,乃迦葉之香爐耳。上有金華,花内乃有金台,即台為寶子,則知寶子乃香爐耳。'"(見該書第588頁)在没有對照實物圖録的情況下,蔣禮鴻先生據宋人文獻記載,指出"寶子"是"香爐的一種",似乎文獻有征。其實宋人的説法是錯的,"寶子""香寶子"為盛香料的器具,常與香爐配合放置,多為銀銅質地,貴重的常鍍金,也有木質和瓷質的。P.3161《常住什物交割點檢曆》:"新畫木香奩、新畫木香寶子、新畫木師子。"P.3638《辛未年(911)正月六日沙州淨土寺沙彌善勝領得曆》:"木香寶子壹。"瓷質的見圖7明宣德青花香寶子。揚之水《蓮花香爐和寶子》(2002)及王惠民《敦煌與法門寺的香供養具——以"香寶子"與"調達子"為中心》(2011)都有詳細的論證,其主要的論證材料就是佛經圖録、敦煌壁畫及出土文物照片。具體圖録撮舉如下:

1. 陝西扶風縣法門寺地宫出土的香寶子①：

圖 1　鎏金人物畫銀香寶子　圖 2　鎏金伎樂紋銀香寶子

2. 手爐及香寶子圖②：

圖 3　銅鎏金獅子鎮柄手爐及銅鎏金香寶子(長 37 cm、高 16.5 cm 唐代)

---

① 圖片來源：《法門寺考古發掘報告》(上、下册)，文物出版社，2007 年。

② 圖片來源："空靈之約——中國沉香文化展"(山東省博物館等主辦)。另：陝西扶風縣法門寺地宫出土如意柄銀手爐一柄，其鏨銘云："咸通十年文思院造銀白成手爐一枚並香寶子，共重十二兩五錢。打造都知臣武敬容、判官高品劉虔詣、副使高品高師厚、使臣弘慤。"與此相類。

3. 香寶子及香盒子①：

圖 4　唐代銀鎏金香寶子、香盒

4. 佛教主題壁畫中香爐和香寶子②：

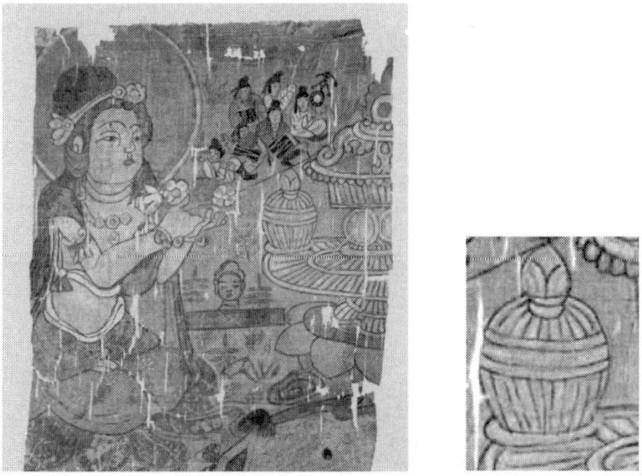

圖 5　劉薩訶與涼州瑞相局部

① 圖片來源：首屆中國沉香文化博覽會暨沉香文化論壇(天津沉香藝術博物館承辦)。

② 圖 5 來源：法國集美博物館藏。下文圖 6 來源：王惠民《敦煌與法門寺的香供養具——以"香寶子"與"調達子"為中心》(《敦煌學輯刊》2011 年第 1 期)。又敦煌藏經洞出的唐代彩色麻布畫上端繪對鳳，下端繪對獅，獅子中間一座香爐，以豔麗的三朵蓮花捧出香爐和兩邊的一對寶子。據揚之水研究，從淵源上講，此構圖的意匠源自印度，且此構圖很早便傳入中土。將寶子與香爐合為一器，且組合為蓮蕾與蓮花的圖像，此類大量表現於敦煌莫高窟時唐代的壁畫中。如莫高窟第 217 窟北壁觀無量壽經變(初唐)，第 103 窟東壁維摩詰經變(盛唐)，又第 360 窟北壁藥師經變(中唐)，第 196 窟南壁金光明經變(晚唐)，等等。

314 窟龕北供養香具 （吴曉慧繪） 314 窟龕南供養香具 （吴曉慧繪）

图 6 314 窟 香爐、香寶子

5. 日本文物收藏中的香寶子①：

图 7 香寶子

6. 明宣德青花香寶子 2：

图 8 香寶子

① 圖 7 來源：日本法隆寺藏。圖 8 來源：日本正倉院所藏。

第四節　佛教名物術語詞的研究價值

關於佛教名物術語詞的研究价值,可以從兩个方面來探討。從語言本體研究的角度來看,佛教名物術語詞研究有助於漢語語音史、詞彙史的描寫,尤其是對揭示中古漢語詞彙語音特點有著重要意義。同時,這一研究也是專名詞彙研究的拓展和嘗試,可以彌補佛學辭書中名物術語詞收詞、釋義及佛教文化溯源上的不足。另外,語言學研究也不止於語言形式本身,還可以通過語言來研究一個民族文化的過去和將來。因為語言是思想和文化的載體,語言之中蘊含著文化,文化的豐富與發展也得益於語言。東漢以來在高度發達的文化環境中紮根並發展的佛教,對於中土文化的建設也作出了多方面貢獻。相較于一般的常用詞語來說,佛教名物術語詞往往承載著更多的佛教思想文化,其音譯詞形和意譯内容反映了撰譯者及其所處時代社會對佛教名物術語的語音辨識和語義理解,是漢語和佛教思想文化研究的重要語料。對這些佛教名物術語詞的研究能豐富佛經語言文化研究的形式和内容,並提升我們對中國佛教文化歷史發展變化歷程和原因的認識。

一、語音學價值

漢譯佛典是研究音韻學不可或缺的重要語料,大多數佛教名物術語詞都具有音譯和意譯的形式對應關係,如"梁言"詞就反映了梁代佛經翻譯中佛教名物術語詞音譯和意譯的對應關係。我們可以通過探討佛教名物術語詞的語音結構和語義内涵,分析其在後期佛經注疏和佛經音義中的價值。具體來説,就是從佛經翻譯地域及譯者身份的角度來分析佛教名物術語詞音譯形式和意譯内容的差異,並探討造成這種共時差異的原因。從歷時的角度看,在佛經翻譯的不同階段或同經新舊異譯的情況下,表示相同概念的佛教名物術語詞,其音譯、意譯形式往往存在一定的差異,對其音譯、意譯形式歷時演變情況的描寫和分析,也可以揭示語音的歷時流變和區域差異,以及不同時期佛教文化認知對佛教名物術語詞音譯和意譯的影響。

如上文談到“梵漢文本比較互證”方法時,所舉南朝梁僧伽婆羅譯《孔雀王咒經》卷 1 中的“阿難波實多”,指出“阿難波實多”當為“阿波難實多”,其音譯形式有“阿鉢羅市多”“阿跋羅爾多”及“阿波羅質多”。據《佛母大孔雀明王經》卷 2“阿跋羅爾多”對音梵音為“aparājita”,故《佛學大辭典》擬梵音為“Alpapota yakṣas”不確。《佛學大辭典》擬音“yakṣas”似為“ayaśas”同根詞,“DDB”佛教梵語術語“A”條(Sanskrit Terms Index: a):“ayaśas 不稱、毀、毀呰、譏、過。”但此並非是“梁言不稱”意譯之所本。“aparājita”意譯為“無勝”,“DDB”佛教梵語術語“A”條(Sanskrit Terms Index: a):“aparājita 無勝印。”唐阿地瞿多譯《陀羅尼集經》卷 4〈佛說跋折囉功能法相品〉:“阿波羅質多印第三十七(唐言無勝印)。”(T18/823a)“無勝印”,宋、元、明、宮、甲本作“無能勝印”。知“aparājita”南朝梁譯經意譯作“不稱”,唐代譯經意譯作“無能勝”。“無能勝”指該夜叉具有不可戰勝、不可降伏之力。“梁言不稱”意謂該夜叉具有不可稱說、不可思議之力。而“ayaśas 不稱”指“不稱譽、毀呰”義,與經意無關。

“aparājita”是由“apara”和“jita”兩個詞根構成,“DDB”佛教梵語術語“A”條(Sanskrit Terms Index: a):“apara 他人、別、劣、後後、後際、複、有、有人、有餘。”“apara”作為詞綴常表示否定義“不能”“無能”等,如“aparākrama 無力”“aparakta 不染”和“aparāmṛṣṭa 無所取、無著”。“DDB”佛教梵語術語“J”條(Sanskrit Terms Index: j):“jita 伏、勝、密護、已熟、成滿、成熟、摧伏、服、消滅、淳熟、降、降伏、除。”

“彌勒”梵音作“maitreya”,由於“彌勒”具有無能勝之佛力,故又稱“彌勒”為“阿逸多”,其梵音為“ajita”。“DDB”佛教梵語術語“A”條(Sanskrit Terms Index: a):“ajita 彌勒、未熟、無勝、阿夷頭、阿氏多、阿逸、阿逸多。”前綴“a”也表否定。《慧琳音義》卷 22:“阿逸多,正云阿逸多,此曰無能勝也。”(T54/444b)《翻譯名義集》卷 1:“彌勒,《西域記》云:梅哩麗耶①,唐云慈氏,即姓也。舊曰彌勒,訛也。什曰:姓

① “梅哩麗耶”為“彌勒”梵音“maitreya”的音譯。

也。阿逸多,字也。南天竺婆羅門子。《淨名疏》云：有言從姓立名。今謂非姓恐是名也,何者？彌勒此翻慈氏,過去為王名曇摩流支,慈育國人,自爾至今,常名慈氏。始阿逸多,此云無能勝,有言阿逸多,是名既不親見正文,未可定執。《觀下生經》云：時修梵摩,即與子立字,名曰彌勒。"(T54/1058b)《玄應音義》卷 22:"波羅延,謂西域邑落名也。阿氏多,彌勒字也。或作阿嗜多,此云無勝,謂無人能勝也。舊言阿逸多,訛也。"(C57/82c)又卷 25:"阿氏多,常尒反。此云無勝,舊言阿嗜多,或作阿逸多,皆訛也,是彌勒今生名也。"(C57/124b)

關於"aparājita"及"ajita"中音節"ji"音譯用字及語音①情況,詳見下表：

音譯字	梵文對應音節	上古音	擬音	中古音	擬音	音譯時代及譯者
實	aparājita	船質	[dʑ̥ĭĕt]	船質開三入臻	[dʑĭĕt]	南朝梁僧伽婆羅
市	aparājita	禪之	[ʑĭə]	禪止開三上止	[ʑĭə]	唐義淨
爾	aparājita	日脂	[ȵĭei]	日紙開三上止	[ɽĭe]	唐不空
質	aparājita	端質 章質	[tĭēt] [ȶĭĕt]	知至開三去止 章質開三入臻	[ȶi] [tɕĭĕt]	唐阿地瞿多
逸	ajita	余質	[ʎĭĕt]	余質開三入臻	[tɕĭĕt]	曹魏菩提流支
夷	ajita	余脂	[ʎĭei]	余脂開三平止	[ji]	西晉竺法護
氏	ajita	禪支	[ʑĭe]	禪紙開三上止	[ʑĭe]	唐玄奘
嗜	ajita	禪脂	[ʑĭei]	禪至開三去止	[ʑi]	唐玄應

我們可以通過上表反映音譯漢字的上古、中古讀音情況,對其音譯用字對應關係作出分析。

首先,唐以前曹魏及南朝梁時期,音節"ji"音譯用字為"逸""夷"和

① 本書中的漢字古音擬音皆據郭錫良《漢字古音手册》(增訂版)2010 年版。

“實”,“逸”“夷”上古音聲母為余母[ʎ]①,“實”上古音聲母為船母[dʑ],其唐代音譯用字“市”“氏”“嗜”為禪母[ʑ]、“爾”為日母[ȵ]、“質”為章母[tɕ],[dʑ][ʑ][ȵ][tɕ]皆為舌面齶化塞音,而[ʎ]為舌面邊音,[d]為舌尖齒塞音,但就此音譯對音來看,王力早期把余母擬音作[d]更符合余母音值實際。從齊梁到唐五代北宋初期語音史料中,其中船母[dʑ]與禪母[ʑ]不分的有顧野王《玉篇》②、闍那崛多等高僧所譯經③、《經典釋文》④、《博雅音》⑤、公孫羅《音決》⑥、《後漢書》李賢注⑦、《史記》司馬貞索隱和張守節正義⑧、《慧琳音義》⑨、朱翱反切⑩等。

其次,早期音譯用字多為質部字,並非是完全對音節“ji”的音譯,而是“jit”的對音。本來“t”屬於“aparājita”中音節“ta”的輔音,由於早期對漢語音節的聲母、韻母理解不夠清晰⑪,再加上連讀音變,塞音“t”

---

① 王力早期上古余母擬音作[d],後來改擬作[ʎ]。

② 周祖謨:《萬象名義中之原本〈玉篇〉音系》(1936),《問學集》(上冊),中華書局,1981年,第270—404頁。周祖庠:《原本玉篇零卷音韻》,貴州教育出版社,1994年。周祖庠:《篆隸萬象名義研究》,寧夏人民出版社,2001年。

③ 尉遲治平:《周隋長安方音初探》,《語言研究》,1982年第2期。《周隋長安方音再探》,《語言研究》,1984年第2期。

④ 邵榮芬:《經典釋文音系》,臺灣學海出版社,1995年。

⑤ 黄典誠:《曹憲〈博雅音〉研究》,《語言文字學術論文集》,上海知識出版社,1989年,第259—280頁。丁鋒:《〈博雅音〉音系研究》,北京大學出版社,1995年。

⑥ 張潔:《〈音決〉聲母考》,《古漢語研究》,1999年第4期。

⑦ 孫玉文:《李賢〈後漢書〉音注的音系研究(上下)》,《湖北大學學報》,1993年第5,6期。

⑧ 遊尚宫:《司馬貞〈史記索隱〉聲類》,《貴州大學學報》,1988年第1期。龍異騰:〈《史記正義〉反切考》,《貴州師範大學學報》,1994年第1期。

⑨ 黄淬伯:《慧琳一切經音義反切考》(1931),《史語所集刊》1993年。《唐代關中方言音系》,江蘇古籍出版社,1998年。周法高:《玄應反切考》(1941),臺灣聯經出版事業公司,1975年。

⑩ 王力:《朱翱反切考》(1982),《王力文集(18)》,山東教育出版社,1985年。嚴學宭:《小徐本説文反切之音系》(1943),《嚴學宭民族研究論文集》,民族出版社,1997年。張慧美:《朱翱反切新考之導論與結語》,《建國學報》第9輯,1990年。

⑪ 漢語音韻學的形成和發展,受到東漢末印度佛教輸入的影響,是在漢譯佛經的實踐過程中,初步認識到漢語字音的音節特點,創造了“反切”法注音,饒宗頤《悉曇學緒論》提出,“反切之産生分明是受到梵文字母之影響”。“反切”法注音是對漢語字音聲韻認知的理論總結和實踐。這一點,在高本漢的《中國音韻學史》、董同龢的《中國語音史》、陳寅恪的《四聲三問》(載《金明館叢稿初編》)、羅常培的《敦煌寫本守温韻學殘卷跋》、張世禄的《中國音韻學概要》等學術著作中多有論述。

就連讀為前面音節"ji"韻母的塞尾,即:[ĭei](脂部)→[ĭět](質部)。故上古用入聲質部字對譯,而不用陰聲脂部字。而到了中古音時期,支、脂、之韻屬於止攝,而質韻屬於臻攝,故中古音譯用字有止攝、臻攝不同。據王力研究,"脂部在上古和支、之的界限很嚴,4 世紀以後,脂、之漸漸通用"。[①] 此音譯用字韻母特點正反映了這一現象。

最後,[ɖ] 與[ʈ]僅是清濁之別,而[ʑ]與[ɖ][ʈ]是摩擦音、塞音之別,中古音聲母[dʑ][tɕ]則為介於摩擦音[ʑ]與塞音[ɖ][ʈ]之間的塞擦音。而舌面摩擦音[j]齶化則為[ʑ],至於唐不空譯經用日母字[ɳ],可能是不空個人漢語習得中方音變化的現象。

"梁言詞"是構成音譯——意譯對應關係的一組詞,對南朝梁撰譯佛典中"梁言詞"在早期譯經中音譯用字和音節對應的考察,有助於我們分析探討梵漢對譯過程中語音變化以及不同譯經時代的語音變化。這裏舉"末羅眾——梁言力士"(卷六 T53/24b)為例來説明這一問題。

"末羅",梵語作"或",梵音今轉寫作:bala、malla、vala 和 valena,其音譯用字作"末羅""魔羅""麽羅""麽攞""末麗曩""沫麗曩""沫麗""摩離""滿羅""婆羅""波羅""婆里旱"等。

"末羅"梵漢對譯過程中語音變化表

音譯	意譯	梵音	譯字上、中古音	出　　處
末羅	力士	malla	[muatla]	《翻梵語》卷 6:"末羅者,力。"(T54/1019c) 《經律異相》卷 6:"末羅眾——梁言力士。"(T53/24b)
			[muɑtlɑ]	
麽羅 麽攞	力	bala vala māra	[muala]	《梵語雜名》:"力,麽攞 (ba) (la)。"(T54/1226b) 《慧琳音義》卷 12:"魔鬼,上音摩,本是梵語略也,正梵音麽(莫可反)羅,唐云力也。"(T54/376c)
			[muɑlɑ]	

① 參見:王力(2004:99)。

續 表

音譯	意譯	梵音	譯字上、中古音	出處
滿羅	力	malla māra	[muanla]	《翻梵語》卷 9:"末羅,亦云滿羅,譯曰力,亦云姓。"(T54/1035a)
			[muɑnlɑ]	
婆羅 波羅	力	vala	[bala]	《翻梵語》卷 1:"波羅,譯曰力也。"(T54/990c) 《翻梵語》卷 1:"婆羅者,力也。"(T54/984a)
			[bɑlɑ]	
摩離	力	bali	[mualǐa]	《翻梵語》卷 2:"摩離,亦云末羅,譯曰力也。"(T54/1000b)
			[mualǐe]	
末麗曩 沫麗曩 沫麗	力	balina valena	[muatlienaŋ]	《梵語雜名》:"力,末麗曩𑖪(va)𑖩𑖸(le)𑖡(na)。"(T54/1224b) 唐一行記《毘盧遮那成佛經疏》卷 8:"沫麗曩,力也。"(T39/667c) 唐不可思議撰《大毘盧遮那經供養次第法疏》:"沫麗,翻為大力。"(T39/798a) 唐法全集《大毘盧遮那成佛神變加持經蓮華胎藏菩提幢標幟普通真言藏廣大成就瑜伽》卷上:"沫麗——大力。"(T18/145c)
			[muɑtlieinɑŋ]	
婆里旱	力	balina valena	[balǐəɣan]	《翻譯名義集》卷 2:"婆里旱,梁云力士,又梵云末羅,此云力,言力士者,梵本無文,譯人義立。"(T54/1086b) 唐道宣撰《關中創立戒壇圖經》:"神名婆里旱,河但反,梁言力士。"(T45/809a)
			[bɑlǐəɣɑn]	

通過語音變化表,我們知道梵音 va、ma、ba 音節中輔音在音譯用字上常可混用明母、並母字對譯,從語音變化來看,早期多用明母字對

譯，如《翻梵語》、《經律異相》卷 6 等，唐代譯經除承用早期音譯字外，大多用並母字來對譯，如唐代不可思議、道宣、法全等撰譯的佛典。梵音 va、ma、ba 音節中元音 a，其音譯用字，上古音有：月部合口一等[uat]、歌部開口一等[a]、歌部合口一等[ua]及寒部合口一等[uan]；中古音有：末韻[uɑt]、歌韻[ɑ]、戈韻[uɑ]及緩韻[uɑn]。早期譯經多用月部、歌部字，隋唐時期用末韻、歌韻、戈韻，偶用緩韻，緩韻字應該是戈韻字鼻音化的結果。後一梵音 la、li、ra、na 音節中的輔音在音譯用字中常可混用來母、泥母字對譯，早期多用來母字，隋唐時期開始用泥母，其中在兩個音節之間輔音[l]有衍音作[li]、[le]，元音 a、i，其音譯用字，上古音有：歌部開口一等[a]、歌部開口三等[ĭa]、陽部開口一等[ɑŋ]及之部開口三等[ĭə]；中古音有：歌韻[ɑ]、支韻[ĭe]、唐韻[ɑŋ]及之韻[ĭə]。早期譯經多用歌部開口一等[a]，隋唐時期開始用歌韻[ɑ]、支韻[ĭe]、唐韻[ɑŋ]及之韻[ĭə]。其中在兩個音節之間輔音[l]衍音作[li]、[le]，其音譯用字，上古音聲母為來母支部，中古音為來母齊韻。早期輔音[l]常弱化而省譯，隋唐時期開始有衍音作[li]、[le]。這種音譯用字的變化反映了漢語從漢魏南北朝至隋唐時期語音演變的特點，其衍音的音譯特點也是唐代譯經的普遍現象，也是中古音韻繁化精細的體現。

關於佛教名物術語詞研究的語音學價值，我們再舉一則“梁言詞”為例。

《孔雀王咒經》卷 1：“恃毘多訶羅(梁言食壽命)。”(T19/446c)“恃毘多訶羅”，梵音 Jivitākāra，夜叉名。又作“視微多訶囉”，唐般剌蜜諦譯《大佛頂如來密因修證了義諸菩薩萬行首楞嚴經》卷 7：“視微多訶囉——食壽命鬼。”(T19/136a)又同卷作“視比多訶唎南”(T19/140a)。宋子璿集《首楞嚴義疏注經》卷 7 作“視比多訶唎南”(T39/918b)。又作“視吠哆訶哩泥”，唐般剌蜜諦譯《大佛頂如來密因修證了義諸菩薩萬行首楞嚴經》卷 7：“視吠哆訶哩泥——食壽命鬼。”(T19/135b)又作“視尾哆鬼”，唐跋馱木阿譯《佛說施餓鬼甘露味大陀羅尼經》：“視尾哆鬼——食人壽命鬼。”(T21/484b)又作“爾尾跢訶囉”，唐不空譯《大佛頂如來放光悉怛多鉢怛囉陀羅尼》卷 1:“爾(引)尾跢(引)訶囉(引)。”(T19/102a)又作“視毖多訶囉”,唐般剌蜜諦譯《大佛頂如來密因修證了義諸菩薩萬行首楞嚴經》卷 7:“視毖多訶囉。”(T19/141a)宋子璿集《首楞嚴義疏注經》卷 7:“視毖多訶囉。”(T39/919a)清劉道開纂述《楞嚴經貫攝》卷 7 也作:“視毖多訶囉。”(X15/480c)

丁福保《佛學大辭典》:“時毘多迦羅(異類),譯曰食壽命,鬼神名。見《孔雀王咒經》上。”梵語:“Jivitākāra。”今見藏經《孔雀王咒經》卷上作“恃毘多訶羅”,所謂“譯曰食壽命”即“梁言食壽命”。“壽命”梵音為 Jīvita,“DDB”佛教梵語的術語“J”條(Sanskrit Terms Index: j):“jīvita 儞尾單、命、命根、命行、壽、壽命、壽量、有命、活命、淨命、生命、生在、生活、身命、長壽。”其同根詞有“jīvitād 殺”“jīviṭa-nirapekṣa 不惜身命”“jīvitêndriya 命”“jivitêndriya 命根”“jīvitvā 活”等。

准此,“恃毘多”“視微多”“視比多”“視吠哆”“視尾哆”“時毘多”“爾尾跢”“視毖多”皆為“壽命”梵音 Jīvita 音譯上的用字不同。“訶羅”“訶囉”“訶哩泥”“訶唎南”皆為 āhāra 音譯上的用字不同。

jivitākāra 中音節“jivi”的音譯用字及其上古和中古音情況如下表:

音譯字	梵文對應音節	上古音	擬音	中古音	擬音	音譯時代及譯者
恃毘	jivitākāra	禪之 並脂	[ʑĭə] [bĭei]	禪止開三上止 並脂開三平止	[ʑĭə] [bi]	南朝梁僧伽婆羅
視微	jivitākāra	禪脂 明微	[ʑĭei] [mĭwəi]	禪至開三去止 明微合三平止	[ʑi] [mĭwəi]	唐般剌蜜諦
視比	jivitākāra	禪脂 幫脂	[ʑĭei] [pĭei]	禪至開三去止 幫旨開三上止	[ʑi] [pi]	唐般剌蜜諦
視吠	jivitākāra	禪脂 並月	[ʑĭei] [bĭwāt]	禪至開三去止 並廢合三去蟹	[ʑi] [bĭwɐi]	唐般剌蜜諦

續　表

音譯字	梵文對應音節	上古音	擬音	中古音	擬音	音譯時代及譯者
視尾	jivitākāra	禪脂 明微	[ʑĭei] [mĭwəi]	禪至開三去止 明微合三上止	[ʑi] [mĭwəi]	唐跋馱木阿
時毘	jivitākāra	禪之 並脂	[ʑĭə] [bĭei]	禪之開三平止 並脂開三平止	[ʑĭə] [bi]	南朝梁僧伽婆羅 (丁福保：異文)
爾尾	jivitākāra	日脂 明微	[ȵĭei] [mĭwəi]	日紙開三上止 明微合三上止	[ɽĭe] [mĭwəi]	唐不空譯
視毖	jivitākāra	禪脂 幫質	[ʑĭei] [pĭēt]	禪至開三去止 幫至開三去止	[ʑi] [pi]	唐般剌蜜諦

我們可以通過上表中音譯漢字的上古、中古讀音情況，對其音譯用字對應關係作出分析。

首先，音節“ji”對音音譯字“恃(時)”“視”，聲母皆為禪母[ʑ]，而上例“aparājita”中“ji”的對音音譯字為“實”，聲母為船母[ʥ]，同出現在南朝梁僧伽婆羅譯《孔雀王咒經》卷 1，這至少説明在南朝梁時期僧伽婆羅本人的漢語語音習得過程中，船母[ʥ]與禪母[ʑ]相混或相近，即舌面齶化塞音與舌面齶化摩擦音相混，而[ʑ]是舌面摩擦音[j]的齶化。至於用日母字“爾”對譯，與上例一樣，也為唐不空譯，可能是由不空本人的漢語方音習得變異所致。其音譯用字的韻母，南朝梁時代譯經用“之”部字，而唐代譯經皆為脂韻字，這也是上古後期(4 世紀後)“脂之漸漸通用”現象的反映。

其次，音節“vi”對音音譯字“比”“毖”聲母皆為幫母[p]，音譯字“尾”“微”聲母為明母[m]，音譯字“吠”“毘”聲母皆為並母[b]。南朝梁代譯經用並母字，而唐代譯經多用幫母、明母。唐般剌蜜諦譯經中並母字僅用了 1 次，且在同一譯經的四次翻譯中也只有 1 次。其音譯用字的韻母分為脂微、月質兩類，據王力(2004：99)研究，“脂微的分部不但在《詩經》裹看得出來,南北朝詩人的韻文裏也維持著。直到6世紀以後,才有了一個新局面,就是中古的微韻獨立起來了,韻中只保存著喉音和唇音;舌齒合口音歸到中古的脂韻去了。"質韻是脂韻對應的入聲韻,唐代譯經用質韻字,是將"vi"與下一個音節"ta"的輔音塞音[t]連讀成塞尾作"vit",其音理與上揭例中"ji→jit:[ĭei](脂)→[ĭĕt](質)"一樣。至於唐代譯經作去聲至韻字,乃是上古唇音開口質部的長入音發展成中古去聲至韻。又用去聲廢韻字,乃是上古唇音合口月部的長入音發展成中古去聲廢韻。唐代般剌蜜諦在翻譯同一佛經中同一梵音里同一音節的"vi"都用脂、微韻字,中古音脂、微通用,而連讀音節"vit"則用至、廢韻,説明唐代可能"至、廢"可以通用,至少在譯經者自身的漢語方音習得中,"至、廢"相近或可通用。

對早期譯經中佛教名物術語詞音譯用字和音節結構的對應考察,以及對梵漢對譯過程中,所產生的語音變化和由於譯經所處時代區域不同,所造成的語音變化的分析,將對漢語語音史的描寫和語音演變規律的揭示具有重要價值。

二、詞彙訓詁學價值

從詞彙學的角度來看,作為佛經文獻訓詁主要形式的佛經注疏和佛經音義,對佛教名物術語詞的考釋與研究也有著重要影響。我們可以通過對佛經文獻中音譯詞和意譯詞的比對,以及古譯、舊譯、新譯階段譯經音譯詞和意譯詞的比較,來瞭解梵漢語言在音節特點、語序特徵、構詞方式等方面的異同。

比如佛教術語"般若",梵音 prajñā,其音譯形式有多種,漢譯佛經中有音譯作"班若""波若""缽若""般羅若""缽剌若""缽羅枳娘""缽羅賢禳""般羅枳穰""般賴若""波賴若""缽賢禳"等詞形,禪宗語録中又見作"波羅娘""八囉娘""缽囉穰""缽囉娘""缽囉娘"等音譯詞形。其中"缽羅枳娘""缽羅賢禳""般羅枳穰"是梵音 prajñā 具名音譯,其他為省譯。從梵語角度來看,"prajñā"應該是一個詞,儘管該詞有不同義項，或處在不同梵語佛經語境中時，會産生不同的語境義，但其核心義相對固定且各義項之間，與核心義也存在必然聯繫。然在梵漢語言接觸過程中，或佛經梵漢對譯過程中，"prajñā"的意譯形式非常豐富，這些意譯漢語詞大多是同義或近義關係，很難用一個核心語義將其統攝，只能上升到佛教思想文化的層面來解讀。在漢譯佛經實踐中"prajñā"的意譯形式主要有："prājña 智、智慧、哲、妙慧、實了知、巧慧、慧、慧力、慧體、明、普明、智慧具足、有智、正了知、正慧、知法、聖慧、聰、聰慧、行人、覺慧、解、靈知、黠。"關於"prajñā"不同意譯的語音及佛教思想文化理據，歷代經師在佛經注疏中亦有詳細説解。

如隋代吉藏在《大品經義疏》卷1中對"prajñā 般若"的歷代音譯、意譯形式和特點做了詳細闡述：

> 波若是天竺梵音，依《仁王經》云：世尊二十九年中，為我説金剛波若摩訶般(缽音)若波羅蜜，長有"必"字，故云"必必波若"。複有"餘"字，云"摩訶般(缽音)若波羅蜜"，若依"餘"部，"般若"直云"波若"，此當是彼國單複緩切語不同也。然只初"般"字若依《涅槃經》題，則作"缽"音，此經則作"波"音，若依《三昧》取則云"般(密祥音)"，又作"缽"音，只是一字四音不同，然人讀此波若經是宗熙令法師，云"般(缽音)若"；複有人讀云"般(答祥音)若"；複有人云"班若"是靈根令正及招提所用，云"波若"只是一字作四種音，則為難解也。今明若依《涅槃經》題則應作"缽"音。又若依此經作"波"音者，一題中有兩"波"字，下則作水"波"字，既兩"波"同一音何不同一字，既有兩字，故應作"缽"音。又真諦三藏亦作"缽"音讀，故彼釋"金剛般若"云"跋闍羅侈履迦缽若波羅蜜修多羅"也。
>
> 次明此土翻者不同。若是道安法師云"波若"此云"清淨"，出《放光經》第二十二卷；次敷法師云"遠離"，出《大品》第六卷《無生品》；次有師云：《六度集經》中翻"波若"為"明度"也；第四解依《大論》十八卷云"波若"者，秦言"慧"；第五解依《大論》四十三卷云

“波若”者，秦言“智慧”；第六是“招提”解，用《大論・釋成辦品》文云：波若定異實相甚深極重，智慧輕薄不可以秤，“波若”此意“明”，波若深重智慧輕薄故不可翻。又波若多智慧少，故不可以小智慧翻多波若也；又取案《涅槃・師子吼》文中云：“波若”者，謂一切眾生毗婆舍那，一切聖人闍那者，諸佛菩薩者，“波若真”云“慧淺”，故名一切眾生毗婆舍那，云見少深故，云一切聖人闍那，翻為智，智最深，故云諸佛菩薩也，“闍那”翻為“智”，出《毗婆沙》。《毗波沙》云：闍那者，言智也。既三種各自有翻，若言以智慧翻波若者，複以何翻闍那耶？故知波若不可翻。問：波若不可翻，《論》那言“波”者，秦言“慧”等？如前五釋耶，彼解云此。是波若所含不得以一義翻也，他釋如此。

問：今同若反，今明如他所解並不讀“波若”，何故？以其不見《大論》與《三論》故也。今須次第嘖六家翻“波若”為“清淨”，此出何處大論？從初至後都無此文，但經中云“波若波羅蜜是清淨聚”，此是歎“波若”，“清淨”為翻也。次嘖第二家云“遠離”者，此是身子作三問，云何為波若？云何為菩薩？云何為觀須菩提？答：波若波羅蜜者，名為遠離，此遠離自翻阿羅蜜非翻波若，此師但見經文，不讀論故爾。論云：阿羅蜜云遠離，波羅蜜云到彼岸也。第三家云《六度集經》翻為“明度”者，未見彼經，故不論也。後三家左右自相破後，一若言波若深重不可翻者，前何得云“秦言慧”、“秦言智慧”耶？若用前兩文者，複何得云“深重不可翻”耶？又前兩文自相破，若言翻為慧者，複何得云翻為智慧？若言翻為智慧，複那得翻為慧也。次更責“招提”，論文云“波若甚深極重智輕薄故不可秤”何時道不可翻？不祥與不翻異也。云云。次汝若言前五種並是波若，所含者並應秤，秦言，何得有秦言？又若波若不可翻，摩訶亦多含，亦應不可翻也。次責若言波若深重者，涅槃中何得言波若者？謂諸眾生也。又波若深重者，則應勝闍那，經便應言闍那者，謂諸眾生波若，謂諸佛菩薩，何得言波若？謂眾生闍那謂佛菩薩耶。

次明《涅槃》既云波若者，一切眾生毗波舍那，一切聖人闍那諸佛菩薩。問：何意言波若？是一切眾生，有解者言一切眾生即是波若，波若平等，故眾生即是波若，故《法尚品》諸法等，故波若亦等。今明此亦非也，何故爾？波名直云諸法等，故波若亦等，何時道眾生，若言平等，即有是眾生，何不言諸聖人諸佛菩薩耶？既平等何意不等聖人諸佛菩薩而獨言眾生也？今明此三句，經初云波若，謂諸眾生翻為慧義最淺，故云一切眾生毗婆舍那，此云見見，義少深故，言一切聖人闍那，此云智，智是決斷最深，故言佛菩薩也。

《涅槃》既言波若謂諸眾生，此則是淺義，何得言波若定實，故深重不可翻耶。今明波若有二種，一深重波若，二者輕薄波若。慧亦二種，一者深重智慧，二者輕薄智慧。若是《大論》第七十二《釋成辦品》明波若定實於相深重，此則是深重波若，是大經明波若謂諸眾生，即是輕薄波若也。今謂《論》盛明波若定實相深重，此是深重波若智慧不能秤，是輕薄智慧，輕薄智慧，故不能秤深重波若也。若更論亦應言輕薄波若，不能秤深重智慧。問：何者是深重智慧？文解只大經中明毗婆舍那與闍那即是也。問：既有深重波若，複有輕薄故，若者何意不言智慧深重輕薄波若不能秤，而言智慧輕薄不能秤波若？解云：是外國語故，慧是此間語，則彼此互舉相兼也。問：論中何意明波若深重，經中何意云波若謂諸眾生？解云：論釋波若，故歎波若也。經欲明三種差別故也。既云深重波若含前清淨等五義，深重智慧亦複然也。他云波若含愚含智，今但言智，宜得智不得愚，故輕今明，不然我智慧亦含般若，非波若何意不重。云云。（X24/199c）

此外智者大師在《仁王護國般若經疏》卷1(T33/254a)、隋代吉藏在《金剛般若經疏》卷1(T33/75b)及《大品經遊意》卷1、唐宗密在述疏、宋子璿在録記《金剛般若經疏論纂要刊定記會編》卷3(J31/688c)中也有相似論述。

下面我們再從構詞法的角度對梵語"prajñā"的構詞特點進行分析,"prajñā"是由"pra"和"jñā"兩個詞根構成,"pra"有"最上、勝、光明"義,其同源詞有:"prābalya 最勝""pra-√ grah 正照取、策勵""pra-√ tap 普明、照、照曜""prabhā 光、光照、光明、光曜、圓光、威神光明、莊嚴"等。故"prajñā 般若"可意譯作"明"或"明度"。另一構詞詞根"jñā"梵語為"了知、得悟、善知"義,"DDB"佛教梵語術語"J"條(Sanskrit Terms Index: j):"jñā,了知、得悟、我。""jñā"作為前置語素的同根詞有:"jñāna 了、勝智、善知、大智慧、妙智、巧智、心、念、惹那、慧、慧誼、明智、智、智性、智慧、智果、正智、深慧、深要、知、聖智、能了知、能知、若南、若那、菩提、證知、識、道誼、闍那、顯、黠慧""jñāna-anuttara 上道""jñāna-bala 心力、智力""jñānâbhijñā 神通智""jñāna-candra 智光""jñāna-dhātu 智""jñāna-divākara 慧日""jñāna-garbha 智藏""jñānâkara 智藏""jñānâpti 有智""jñāna-ūnyatā 空智""jñāna-svabhāva 智所攝""jñānâvabhāsa 智光""jñānâvatāra 得智""jñānêndriya 知根""jñānôlka 智炬""jñānôpāya 智方便""jñāpaka 令知、引證、稱、誠證、證"等。"jñā"作為後置或中置語素的同根詞有:"prativijñapti 了別、各各別、施設、莊嚴、表了、表色""vad-abhijña 六神通、六通""samjñaka 名、想、文句、稱""saṃjñāna 心想""saṃjñāna-skandha 想蘊""saṃjñā-nirodha 想滅""saṃjñāpanatā 曉悟""saṃjñā-parikalpa 妄想分別""samjñăpayati 瞭解""saṃjñāpayati 化、實解、實解、曉喻、辭謝""saṃjñāpayati 曉喻、辭謝、陳""saṃjñapta 曉喻""saṃjñapti 曉悟、諫謝、謝""saṃjñapya 曉喻、辭謝""saṃjñapyamāna 諫謝",等等。

這裏我們再結合上揭"末羅眾——梁言力士"(卷六 T53/24b),探討梵音"末羅"等音譯形式在佛教名物術語詞中強大的構詞能力。我們考察《翻梵語》及《梵語雜名》後,發現其組合構詞有:

【跋祇末羅蘇摩】《翻梵語》卷 6:"跋祇末羅蘇摩,譯曰跋祇者,有伴;末羅者,力;蘇摩者,月。"(T54/1021b)

【滿羅蘇摩】【末羅蘇摩】《翻梵語》卷 6:"滿羅蘇摩,應末羅蘇

摩，譯曰未羅者，九①；蘇摩者，月。”(T54/1027b)

【俱尸那末羅王林】《翻梵語》卷 9：“俱尸那末羅王林，譯曰俱尸那者，茅城；末羅者姓。”(T54/1047a)

【跋陀婆羅】《翻梵語》卷 1：“跋陀婆羅經，應云跋陀羅婆羅，譯曰跋陀羅者，賢；婆羅者，力也。”(T54/984a)

【鉢建提】【鉢利私建提】《翻梵語》卷 2：“鉢建提，應云鉢利私建提，譯曰力也。”(T54/994b)

【陀驃摩羅子】【陀薦毘耶摩羅】《翻梵語》卷 2：“陀驃摩羅子，應云陀薦毘耶摩羅，譯曰陀薦毘耶者，物；摩羅者，姓，亦云力也。”(T54/996c)

【難陀婆羅】《翻梵語》卷 5：“難陀婆羅，譯曰歡喜力也。”(T54/1012c)

【拘魔和羅】【拘摩羅婆羅】《翻梵語》卷 7：“拘魔和羅，應云拘摩羅婆羅，譯曰童子力也。”(T54/1030b)

【伊那婆羅】【因陀羅婆羅】《翻梵語》卷 7：“伊那婆羅，應云因陀羅婆羅，譯曰天主力也。”(T54/1030c)

【婆羅馬王】《翻梵語》卷 7：“婆羅馬王，譯曰力也。”(T54/1032a)

【納喇麼羅】唐禮言集《梵語雜名》：“弱，納喇麼羅 (du) (ra) (va) (la)。”(T54/1226b)

另外，其梵語同根詞有“abala 無力、羸”“adhimukti-bala 解脱力”“alpa-bala 力少、無力”②“balatara 強力”“balatva 力”“balavattara 壯”“balavat-tara 強力”“balavattva 力強、勝”等③。

佛教名物術語詞是漢語詞彙的一部分，我們對佛教名物術語詞的考釋與研究拓展了傳統訓詁學的理論和實踐領域，是訓詁實踐中名物

① 《大正藏》校勘記云：九，甲本作“入”。按：甲本指高麗藏初雕本，“九”“入”皆為“力”之形訛。

② 參见“DDB”。

③ 參见“DDB”。

訓詁的重要組成部分。

三、辭書編纂價值

佛教逐漸傳入中國,同時,大量的梵語詞也開始進入到漢語詞彙系統之中,成為漢語詞彙的重要組成部分。由於時代久遠,資料記載有限,有些梵語詞的意義已不甚明瞭。我們考釋與研究佛教名物術語詞可以補充和修正已有的佛學辭書訓釋錯誤。這裏我們以佛教名物詞"交露"為例來説明這一問題。"交露"一詞各辭書多有説解,一般認為是"珠串組成的帷幔",這一釋義主要是結合構詞語素"交""露"各自的含義,再排比歸納佛典的具體用例而得出的。

如佛經中習見"交露"一詞,撮舉佛經用例如下:

後漢康孟詳譯《佛説興起行經》卷 1:"阿耨大龍王,聞佛當説緣法,踴躍歡喜,即為佛作七寶交露蓋,蓋中雨栴檀、末香,周遍諸座。"(T04/164c)

後漢竺大力共康孟詳譯《修行本起經》卷 1〈菩薩降身品〉:"於是還宫,天降瑞應,三十有二:一者地為大動坵墟皆平……二十天神牽七寶交露車至……三十二、樹神人現低首禮侍。當此之時,十六大國,莫不雅奇歎未曾有。"(T3/464a)

三國吴康僧會譯《舊雜譬喻經》卷 2:"有於七寶交露帳中及於七寶樹下坐者,豎諸幢幡,七寶為柄,天錦為幡,天繒為花蓋。"(T4/521a)

曹魏康僧鎧譯《佛説無量壽經》卷 1:"又講堂、精舍、宫殿、樓觀皆七寶莊嚴,自然化成,複以真珠、明月摩尼眾寶以為交露,覆蓋其上。"(T12/271a)

西晉法立共法炬譯《大樓炭經》卷 1〈閻浮利品〉:"金交露者銀垂珞,銀交露者金垂珞,琉璃交露者水精垂珞,水精交露者琉璃垂珞,赤真珠交露者馬瑙垂珞,馬瑙交露者赤真珠垂珞,車渠交露者一切寶垂珞,皆以七寶作,甚姝好。"(T1/279b)

後秦鳩摩羅什譯《妙法蓮華經》卷 1〈序品〉:"一一塔廟,各千幢幡,

珠交露幔,寶鈴和鳴。"(T9/3b)

關於"交露"的詞義,佛經注疏、佛經音義及各類辭書的解釋衆説紛紜,但往往望文生義,未能揭示其語詞的來源。

我們先看佛經注疏或音義中有關"交露"的説解。從字形上看,"交露"亦可作"珓露""絞路""交絡""絞露""較路""較露"。從語義上看,"交露"之"交"一般都認為是交錯義。

宋聞達解《法華經句解》卷1:"珠交露幔,以珠交羅作露塔幔。"(X30/443c)

《慧琳音義》卷34:"交露,交自也,經作珓,非也。下音路也。"(T54/534c)

《隨函録》卷2:"絞路,上音交,又作交露,諸經作交絡也,又古巧反,非呼。"(K34/690c)

《隨函録》卷5:"較路,上音交,枝相過也。前後皆作交露,亦作絞露,又作珓露,又挍、角二音,非。"(K34/780b)

《隨函録》卷5:"交露,前作較露,又作珓露。"(K34/781a)

《隨函録》卷7:"珓露,上古孝反,或云交露,或云絞露。"(K34/859b)

《隨函録》卷13:"寶絞,音交。諸經皆云交露也。又古了、古巧二反,絞,繚也。"(K35/37c)

"交露"之"露"則有三種不同的理解,一為顯露,二為形似露珠的珍寶,三為露珠。下面分别舉例説明。

第一種觀點認為"露"為顯露義,與"覆"相對,佛經注疏中這種觀點的持有者最多。如:

唐智度述《法華經疏義纘》卷3:"珠交露幔者,露謂不覆,幔謂覆。"(X29/40b)

宋守倫撰《法華經科注》卷1:"塔廟各千幢幡,珠交露幔,寶鈴和鳴。幔,莫羊切,幕也。交謂交結,露謂顯露。"(X31/190c)

宋守倫撰《法華經科注》卷6:"寶交露幔者,謂以衆寶交錯而為帳,既依空陳設,上無遮蔽,故云露耳。"(X30/767b)

宋從義撰《法華經三大部補注》卷 6:"珠交露幔,珠交,以珠而交之也。露,不覆也。幔,莫半切,幕也。在傍曰帷,在上曰幕。幕,覆也。交結珠珍覆露其上也。諸經亦云珠交露蓋,珠交露車,同其事也。"(X28/233b-c)

宋聞達解《法華經句解》卷 4:"寶交露幔,於露地上以寶為幔。"(X30/545b)("露地"即没有遮蔽的地方,出自《百喻經》——筆者按。)

第二種觀點認為"露"在這裏是一種比喻的用法,"交露"就是幔幕,因鑲嵌有形似露珠的珠寶而得名。如:

新羅璟興撰《無量壽經連義述文贊》卷 2:"交露者,幔也。《字林》:'幔幕泫泫似垂露故。'"(T37/156c)

第三種觀點認為"露"實指"露珠","寶交露幔"的作用是承接甘露。不過持這種觀點者並不完全排斥其他説解。

宋從義撰《法華經三大部補注》卷 9:"寶交露幔,以寶交飾於幔而承露也。又幔或覆或露也,又顯露之幔也,又以寶交雜覆露於幔也。"(X28/297c)

唐窺基撰《妙法蓮華經玄贊》卷 8〈見寶塔品〉:"寶交露幔者,幔以承露,以寶交雜飾於露幔。又以寶交飾,或顯露,或以幔覆之。又以寶交雜覆露於幔,皆名露幔。"(T34/813b)

《慧琳音義》卷 27:"寶交露幔,幔以承露,以寶交飾。又幔或露或覆,俱以寶交飾。又以寶交雜覆露於幔。又顯露之定幔以寶交飾,皆得名'寶交露幔'也。"(T54/490a)

"交露"一詞,《漢語大詞典》及佛教諸辭典皆有收録,大都認為"交露"指由狀若露珠之珠串構成的帷幔,也就是採取了古人關於"露"的第二種觀點。而"交露"之"交"表交錯義似乎毋庸置疑。

《漢語大詞典》第 2 卷:【交露】指用交錯的珠串組成的帷幔。其狀若露珠,故稱。《無量壽經》卷上:"又講堂精舍宫殿樓觀,皆七寶莊嚴自然化成。複以真珠明月摩尼眾寶,以為交露①,覆蓋其上。"

① "交露",明本作"交絡"。

《辭源》:【交露】用珠串組成的帷幔,象一串串露珠,故名。(例同上略)

丁福保《佛學大辭典》:【交露】(物名)以珠交錯造幔,其形如垂露者。(例同上略)

《佛光大辭典》:【交露】比喻以寶珠交錯裝飾,如同日光照耀露珠,呈現相互輝映之情景。《法華經》卷一《序品》(大九· 三中):"各千幢幡,珠交露幔,寶鈴和鳴。"同經卷四《寶塔品》(大九· 三三上):"寶交露幔,遍覆其上。"此外,《無量壽經》卷上描繪極樂淨土之狀況,謂淨土之講堂、精舍、宫殿、樓觀等,皆由七寶自然化成;並以真珠、明月摩尼等眾寶,交露覆蓋其上。據憬興之《觀無量壽經疏》解釋,以寶珠交錯造幔,其形如垂露,故稱交露。(《自誓三昧經》《玄應音義》卷六)

今人高列過《"交露"考》(2002)對"交露"的舊有解釋進行了補正。他通過排比佛經用例得出以下觀點:1."交露"指一種形狀接近正方體的佛家設施,根據其常與"精舍""樓閣""高臺"連用,推測其可能是一種建築設施;2."交露"不一定由珠構成,其象露珠之説無據可憑;3.其意義與"交錯"没有關聯;4.從語源來看,"交露"可能是音譯詞。

我們對"高文"關於"交露"的釋義持有不同意見(後文再具體探討),但"高文"對其來源的推測,我們深表贊同。不過遺憾的是,"高文"只是根據佛經的具體用例無法與"交露"中"交"的"交錯"義,也無法與"露"的"露珠"義建立關聯,才推測其來源可能為音譯詞,而並没有就其具體的語源進行深入探討。下面試從梵語音譯的角度對"交露"的具體含義進行考辨。

"交露"當為梵語"𑖕𑖯𑖩(jāla)"的音譯,其核心詞義為"網、網幔、羅網"。唐禮言集《梵語雜名》卷1:"網,惹攞𑖕(ja)𑖩(la)。"(T54/1238c)"DDB"佛教梵語術語"J"條(Sanskrit Terms Index: j):"jāla 大網、網、網縵、羅網。"其同根詞有"jālika 羅網""jālinī 羅網"等。

作為詞根語素的"jāla"構詞能力很強,位置也非常靈活。

出現在合成詞開頭的"jāla",由"jāla-"參與構成的語詞如下:

jālā＋	samalṃ(挍飾、莊嚴)①	jāla-samalṃ(珓珞)
	niryūh(出、去舍、舍相)	jāla-niryūha(羅網)
	vātâyana(軒窗)	jāla-vātāyana(羅網)
	grāhaka(攝取、收取)＋ satva(有情)	jāla-grāhaka-satva(漁捕)
	vanaddha(所纏、裹、覆)＋ hasta(手、指節)＋pāda(足、足掌)	jālāvanaddha-hasta-pāda(手足指縵網相、指網縵相)
	pāṇi-pāda(手足)	jāla-pāṇi-pāda(手足網縵) jāla-pāṇi-pādatā(手足網縵相)
	aṅguli(手指、指)＋ hasta(手、指節)＋pāda(足、足掌)	jālâṅguli-hasta-pāda(手足指縵網相)
	saṃchanna(覆、覆蓋、彌覆、覆障)	jāla-saṃchanna(網羅覆其上)

出現在合成詞後半部分的“jāla”,由“-jāla”參與構成的語詞有:

aṃśu(光、光明)	＋ jāla	aṃśu-jāla(光明網)
dṛṣṭi(執見、見、見性)		dṛṣṭi-jāla(見網)
hema(金)		hema-jāla(金交露帳)
indra(印達羅、帝王)		indra-jāla(因陀羅網、帝網)
abhra(雲、雲雨)		abhra-jāla(雲霧羅網)
raśmi(光、光明、光焰)		raśmi-jāla(光網、網光)
tṛṣṇā(愛、愛著、貪愛)		tṛṣṇā-jāla(愛網)
kleśa(染、煩惱)		kleśa-jāla(煩惱網)
māra(魔、摩羅)		māra-jāla(魔網、魔羅網)
moha(愚癡、癡惑、癡愛)		moha-jāla(癡網)
muktā(真珠、寶珠)		muktā-jāla 真珠羅網
ratna(妙寶、寶、寶珠)		ratna-jāla(寶網)

① samalṃ 當為“samalaṃkṛta(挍飾、莊嚴)”的縮略。

作為“網、網幔、羅網”的“交露”編織或綴飾的材料有金、銀、珍珠、瑪瑙等,故佛典中又有“金交露”“銀交露”“琉璃交露”“水精交露”“赤真珠交露”“馬瑙交露”“車渠交露”,統稱為“七寶交露”,簡稱作“寶交露”。而佛典中的“交露網”則是梵語“𑖕𑖯𑖩(jāla)”音譯和意譯共現的“梵漢合璧詞”。[①] 又由於梵語“𑖕𑖯𑖩(jāla)”所指之物在佛典中常用作覆蓋在器物、建築的網狀裝飾物,所以佛典中亦常見“交露帳”“交露幔”“交露枰(棚)”“交露車”“交露蓋”等用例。

下面我們再來看高列過(2002)關於“交露”的釋義,“高文”通過排比佛典用例歸納得出“交露”可能是一種建築設施,又根據其常與“精舍”“樓閣”“高臺”連用,並進而推測這種建築應該就是“寶台”,並舉《佛光大辭典》與《佛學大辭典》關於“寶台”的釋義,以及佛典中“寶台”與“交露”有指同一事物的情況為證。

“高文”認為《佛光大辭典》與《佛學大辭典》對“寶台”的釋義與“交露”的釋義相近,兩部辭典關於“寶台”的具體釋義如下:

《佛光大辭典》:【寶台】謂以珍寶嚴飾之台。如《觀世音菩薩授記經》載:觀世音菩薩與得大勢菩薩為率八十億眷屬往詣佛所,乃以神通力各化現四十億寶台,諸台皆縱廣四十由旬,分別飾以金、銀、琉璃、頗梨等珍寶,及缽曇摩、拘勿頭、分陀利等諸花,臺上複有玉女,或奏各種樂器,出微妙之音,或執各種香,或持一切花。又於寶台之上置獅子座,座上皆有化佛,端嚴殊勝,無可為喻。二菩薩即攜眷屬與諸寶台同詣佛所。(《法華經·授記品》)

《佛學大辭典》:【寶台】(雜名)珍寶之台閣也。《法華經》曰:“其土人民皆處寶台珍妙樓閣。”

---

① 魏晉以來,佛教為適應中土需要,在梵漢對譯實踐中對一些佛教名物術語詞採用梵漢兼譯的形式,梁曉虹(2001)稱之為梵漢合璧詞。又參見:朱慶之(2009)。唐棲複《法華經玄贊要集》卷10:“言‘梵摩’云等者,解梵義也。‘梵摩’者,是具足梵語。此云寂靜,不造惡業故;清淨者,離瞋故;淨潔者,身有光明故……若言‘梵摩’,唯是梵語也。若言‘寂靜’‘清淨’‘淨潔’,唯是唐言。若言‘梵潔’,唐梵雙兼也。”(X34/412a)

將"寶台"的釋義與前文兩部辭典關於"交露"的釋義相對照,《佛學大辭典》"交露"的釋義為"(物名)以珠交錯造幔,其形如垂露";《佛光大辭典》"交露"的釋義為"比喻以寶珠交錯裝飾,如同日光照耀露珠,呈現相互輝映之情景"。我們並不認為兩部辭典中"寶台"與"交露"意義相近。

"高文"還舉了姚秦時期鳩摩羅什譯《大樹緊那羅王所問經》和東漢支婁迦讖譯《伅真陀羅所問如來三昧經》來證明"寶台""交露"所指為同一事物。這兩部譯經是同本(原本)異譯經,在翻譯同一章節時,前者譯為"寶台",後者譯為"交露"。

東漢支婁迦讖譯《伅真陀羅所問如來三昧經》卷 2:"提無離菩薩自念:'欲作交露車,縱廣四百里。其中悉有蓮華,欲令佛及諸菩薩比丘僧,各各坐一蓮華之上到香山。'則時三昧,應時便有如所念。白佛:'今有交露車(宋、宮本:無"車"),願就之。'佛便坐蓮華上,其座高四丈九尺。"(15/356/1)

姚秦鳩摩羅什譯《大樹緊那羅王所問經》卷 2:"是時天冠菩薩作是念言:'我今當化作大寶台。令佛世尊及諸菩薩眾、大聲聞僧安處寶台。坐於蓮花莊嚴座上,置之右掌。乘空而往至香山中。'天冠菩薩作是念已,即入三昧,以三昧力作大寶台。縱廣高下,各十由旬。雜色好妙。四方四柱,莊嚴差別。時寶台中出於百千寶蓮華座。複為世尊敷寶蓮花師子之座,上高七仞。"(15/375/3)

我們承認支婁迦讖譯經中的"交露車/交露"確實與鳩摩羅什譯經中的"大寶台"對應。但其實這是譯經師的誤譯。表"殿宇""台""宫室""寶台"義的"交露"乃是梵語"गार(gāra)"的音譯,"DDB"佛教梵語術語"A"條(Sanskrit Terms Index: a):"agāra 家、屋、殿閣。"當"agāra"出現在合成詞後半部分、前面的構詞語素末尾又以 a 結尾時,"agāra"則省作"gāra"。

作為詞根語素的"agāra"構詞能力很強,一般出現在合成詞的後半部分。

ādīpta(所燒、火、焰)		ādīptâgāra(火宅)
bandhana(囹圄、縛、系)		bandhanâgāra(牢獄)
devatā(天、天神)		devatāgāra(天祠)
koṣa/ kośa(藏、財物)	+agāra	kośa-koṣṭhâgāra/ koṣa-koṣṭhâgāra(倉庫)
saṃstha/ saṃsthā(住、處)		saṃsthâgāra(大殿)
śunya/ śūnya(空、虛 無)		śūnyâgāra/ śūnyāgāra(空室)
kūta(積聚、聚、台、頂)		kūṭāgārā / kūṭâgāra(樓、台閣、七寶交露、七寶台、交露帳①、屋宅、堂殿、樓閣、台、台觀)②

也就是說"交露"與"寶台"所指並不相同,是兩個毫無關聯的音譯詞,只是因為"交露"的梵文"𑖕𑖯𑖩(jāla)"與"寶台"的梵文"𑖐𑖯𑖨(gāra)"讀音相近,支婁迦讖在譯經時才會用"交露"來直接音譯,從而導致二者混淆。

佛教傳入中國以後,大量的梵語詞也隨之進入漢語詞彙體系,要想對這些外來詞進行準確的釋義,要對這些梵語外來詞進行準確的釋讀,自然不能採用傳統的文字訓詁方式,而應該追溯其最初的由來,採用梵漢對音的方式對其進行詞源考辨,方能保證釋義的準確性。以上從"交露"的梵語來源出發,結合梵語"𑖕𑖯𑖩(jāla)"詞義,並從以其為詞根構成的語詞來探討音譯詞"交露"的具體所指,從而得到更準確的釋義,补正《漢語大詞典》及佛經諸辭典的釋義。

四、翻譯學價值

自佛法東傳以來,佛法的傳播和接受始終都是結合佛經翻譯和注解進行的。從佛經翻譯方法來説,在佛經翻譯初期,譯經僧師對梵、胡

---

① "DDB"佛教梵語術語(Sanskrit Terms Index)"kūṭāgārā/kūṭâgāra"所收"交露帳"義正是將梵語"𑖐𑖯𑖨 gāra"誤解為"𑖕𑖯𑖩 jāla(交露)"所致。

② 按:"kūṭāgāra"又可構詞作"kūṭāgārād"交路⇒"kūṭāgāra-paribhoga"重閣交露⇒"saptaratnamaya kūṭāgāra"七寶台。

本佛教經典虔誠有加，惟恐違背經旨，但由於早期翻譯實踐較少，經驗不足，不能根據梵漢或胡漢語言特點建立譯經的原則，因此對一些佛教名物術語詞基本採用音譯法或直譯法。三國時期支謙和康僧會則都主張譯文中減少胡語成分(即音譯)，不死扣原文，注重譯作的詞藻文雅，在文字品質上確實大大提高了，但卻產生了另一個偏向，就是刪削較多，導致文簡而不盡能表達原義。於是竺法護再予糾正，譯文又偏於"質"。① 這種特點，釋道安在《道行般若經序》中評價云："審得本旨，了不加飾""棄文存質""嚴文制古質""樸則近本"，等等。吕澂在《中國佛學源流略講》中談到了釋道安面對譯經不同翻譯版本時，對於譯經的繁與簡和文與質的不同心理取向的變化過程："當他用《放光》對照《道行》(當是認為是同本異譯)時，看到《放光》有刪略之處，感覺得刪略得好，…… 認為刪略之後，文字流暢，更加達意了。及至他用《光贊》與《放光》比較，又覺得《放光》的刪略不一定合適，…… 他以為《放光》的翻譯'言少事約'固有易觀的好處，但同時對於'事'(即法相)就必有講得不完全之處，特別在'反騰'的地方刪削得厲害了一些。"②

針對這種情況，釋道安在《摩訶鉢羅若波羅蜜經鈔序》裏，提出了著名的"五失本、三不易"的理論。③ 云：

> 譯胡為秦，有五失本也。一者胡語盡倒而使從秦，一失本也；二者胡經尚質，秦人好文，傳可眾心，非文不合，斯二失本也；三者胡經委悉，至於嘆詠，丁寧反覆，或三或四，不嫌其煩，而今裁斥，三失本也；四者胡有義記，正似亂辭，尋説向語，文無以異，或千、五百，刈而不存，四失本也；五者事已全成，將更傍及，反騰前辭，已乃後説而悉除此，五失本也。(T55/52b－c)

又云：

> 然般若經，三達之心，覆面所演，聖必因時，時俗有易，而刪雅

① 參見：馬祖毅(2004：34)。
② 參見：吕澂(1979：59)。
③ 載於釋僧祐撰《出三藏記集・序》卷八。

古，以適今時，一不易也；愚智天隔，聖人叵階，乃欲以千歲之上微言，傳使合百王之下末俗，二不易也；阿難出經，去佛未久，尊大迦葉令五百六通迭察迭書，今離千年而以近意量截，彼阿羅漢乃兢兢若此，此生死人而平平若此，豈將不知法者勇乎？斯三不易也。（T55/52c）

并感歎云：

涉兹五失經三不易，譯胡為秦，詎可不慎乎？（T55/52c）

唐朝玄奘法師根據自己的譯經實踐概括出"五不翻"理論，其在本質上是關於音譯法的五條適用原則。宋寶云撰《翻譯名義集》卷 1：

唐奘法師明五種不翻：一秘密故不翻，陀羅尼是。二多含故不翻，如薄伽梵含六義故。三此無故不翻，如閻浮樹。四順古故不翻，如阿耨菩提，實可翻之，但摩騰已來存梵音故。五生善故不翻，如般若尊重智慧輕淺，令人生敬是故不翻。（T54/1057c）

宋代贊甯提出翻譯之四例，《翻譯名義集》卷 6：

《宋高僧傳》明翻譯四例：一翻字不翻音，諸經咒詞是也。二翻音不翻字，如華嚴中卍字是也。以此方萬字翻之，而字體猶是梵書。三音字俱翻，經文是也。四音字俱不翻，西來梵夾是也。

可見譯經師們在翻譯佛經時常常會面臨直譯和意譯的矛盾，到底是强調與原經保持一致，專有詞彙用音譯方式，還是顧及譯文的通曉暢達而適當改變原經的原貌，主要採用意譯的方式？一般情況下，應該是二者結合使用。但就某一具體問題來説，不同時代不同的譯經師可能會有不同的處理。

下面以大品般若四種譯本為例，具體分析名物術語詞在不同譯經時期音譯和意譯的形式特點，並在此基礎上歸納總結，發掘佛教名物術語詞因譯者、譯時、譯地的不同而形成的音譯意譯對應關係。同時，挖掘佛教名物術語詞的文化内涵，就一部分可考的佛教名物術語詞勾勒其梵語音譯及意譯小史。大品般若四種譯本為：① 西晉竺法護譯《光贊般若波羅蜜經》10 卷共 27 品；② 西晉竺叔蘭共無羅叉譯《放光般若波羅蜜經》20 卷共 90 品；③ 姚秦鳩摩羅什譯《摩訶般若波羅蜜經》27 卷 90 品；④ 唐玄奘譯《大般若波羅蜜經》共三會 537 卷計 194

品。大品般若四種譯本大致反映了"西晉—姚秦—隋唐"階段四位著名譯經師的翻譯實踐和翻譯理論風格。如：

1.《光贊經》卷 1〈光贊品〉："一時①**佛**游②**羅閱祇**③**耆闍崛山**中，與④**摩訶**⑤**比丘僧**五千俱，皆阿羅漢也——諸漏已盡，無有塵垢，而得自在。"(T8/147a)

2.《放光般若經》卷 1〈放光品〉："一時①**佛**在②**羅閱祇**③**耆闍崛山**中，與④**大**⑤**比丘**眾五千人俱，皆是阿羅漢——諸漏已盡，意解無垢，眾智自在已了眾事，譬如大龍所作已辦，離於重擔逮得所願，三處已盡正解已解。"(T8/1a)

3.《摩訶般若波羅蜜經》卷 1〈序品〉："一時①**佛**住②**王舍城**③**耆闍崛山**中，共④**摩訶**⑤**比丘僧**大數五千分，皆是阿羅漢——諸漏已盡無複煩惱，心得好解脱、慧得好解脱，其心調柔軟摩訶那伽，所作已辦，棄擔能擔逮得已利，盡諸有結，正智已得解脱——唯阿難在學地得須陀洹。"(T8/217a)

4.《大般若波羅蜜多經》卷 1〈緣起品〉："一時①**薄伽梵**住②**王舍城**③**鷲峯山頂**，與④**大**⑤**苾芻**眾千二百五十人俱，皆阿羅漢，諸漏已盡無複煩惱，得真自在心善解脱、慧善解脱，如調慧馬亦如大龍，已作所作已辦所辦，棄諸重擔逮得已利，盡諸有結正知解脱，至心自在第一究竟。"(T5/1b)

上例四種譯本中，對應的名物術語詞有 5 組，其對應情況及相應梵音如下表：

《光贊般若》	《放光般若》	《摩訶般若》	《大般若》	梵　音
佛	佛	佛	薄伽梵	bhagavat
羅閱祇	羅閱祇	王舍城	王舍城	rājagṛha
耆闍崛山	耆闍崛山	耆闍崛山	鷲峯山	gṛdhrakūṭa
摩訶	大	摩訶	大	mahā
比丘僧	比丘	比丘僧	苾芻	bhikṣu

試作分析如下：

① 佛 bhagavān　　薄伽梵 bhagavat

西晉時譯經《光贊般若》《放光般若》皆翻譯作"佛"，姚秦時譯經《摩訶般若》同，唯獨唐代玄奘《大般若》譯作"薄伽梵"。這是玄奘踐行"五不翻"理論的結果。"五不翻"理論第二則是"多含故不翻"，所舉例子正是"薄伽梵"，《翻譯名義集》卷 1："二多含故不翻，如薄伽梵含六義故。"(T54/1057c)因為"薄伽梵"含有"熾盛、端嚴、名稱、吉祥、尊貴、自在"等六義。一個名詞含有多種意義，故不用意譯，而採取音譯。而"佛"也含有"世尊、聰慧、覺、覺人、覺性、覺知、解"等義，"佛"也是"buddha"音譯之省，具譯當為"佛陀"，而此處"佛"當是"佛世尊"之省，光説佛陀，不足以表達其世尊，故玄奘不用意譯作世尊。

② 羅閱祇　　王舍城 rājagṛha

西晉時譯經《光贊般若》《放光般若》皆音譯作"羅閱祇"，姚秦時譯經《摩訶般若》及唐代譯經《大般若》皆意譯作"王舍城"。從語義概念來説，"rājagṛha"為"王城"的意思，這一概念中土也有，雖然早期採用音譯法，但後來譯經則多用意譯。

③ 耆闍崛山　　鷲峯山 gṛdhrakūṭa

西晉時譯經《光贊般若》《放光般若》皆翻譯作"耆闍崛山"，姚秦時譯經《摩訶般若》同，唯獨唐代玄奘《大般若》意譯作"鷲峯山"。"gṛdhra"為"雕、鷲"，"DDB"佛教梵語術語"G"條(Sanskrit Terms Index：g)："gṛdhra 吉利、耆闍、貪著、雕鷲、饕餮、鵰鷲、鷲。"中土有"雕、鷲"之鳥，此不符合玄奘"五不翻"理論第三則"此無故不翻"原則，故早期譯經用音譯，屬於硬譯直譯性質，玄奘採用意譯形式。

④ 摩訶　　大 mahā

《光贊般若》《摩訶般若》音譯作"摩訶"，《放光般若》《大般若》意譯作"大"。"摩訶"屬於"翻字不翻音"，"mahā"修飾限定"prajñā"，似乎屬於"五不翻"理論第五則"生善故不翻"原則，《翻譯名義集》卷 1："五生善故不翻，如般若尊重智慧輕淺，令人生敬是故不翻。"(T54/1057c)"大"的概念屬於基本概念，除在"摩訶般若"中用音譯表敬重，其他情況下則以意譯為好,玄奘對"mahāprajñā"採取意譯加音譯方式作"大般若"。然此處"mahābhikṣu"之"bhikṣu"乃泛指"比丘",不需要特意表達敬重意味。

⑤ 比丘僧　　比丘/苾芻 bhikṣu

《光贊般若》《摩訶般若》採用音譯加類名方式作"比丘僧",《放光般若》《大般若》意譯作"比丘/苾芻"。"僧"是"僧伽"之省,是梵語"saṃgha"之音譯,"DDB"佛教梵語術語"G"條(Sanskrit Terms Index: g):"saṃgha 僧、僧企耶、僧伽、僧佉、僧家、僧寶、僧眾、和合僧、多、大眾、教團、桑渴耶、聚、眾、眾僧。"而《光贊般若》《摩訶般若》中"比丘僧"對應的梵本是"bhikṣu-saṃgha",只是譯經師在音譯"bhikṣu"作"比丘"時加上類名"僧","比丘"屬於"僧伽"一類,雖然"比丘"和"僧"都是音譯,但自佛教傳入中土後,"僧"已融入漢語常用詞彙中了。這種"單名+類名"的翻譯方式早期譯經多有使用,目的是使表達更為明確。而隋唐以後的譯經則直接採用音譯單名作"比丘",指男性出家者,女性出家者則作"比丘尼"。

下面再以南朝梁僧伽婆羅譯《孔雀王咒經》卷上中一段關於夜叉鬼的翻譯為例,將其與南朝梁前後的同經異譯本進行比較來說明不同時代的翻譯特點。

南朝梁僧伽婆羅譯《孔雀王咒經》卷上云:

> 願聽我言:郞斜訶羅(梁言噏食)、部多伽那(梁言神眾)、伽破訶羅(梁言食乳①)、捺恥(湯履反)羅訶羅(梁言飲血)、婆娑訶羅(梁言食脂膏)、網娑訶羅(梁言食肉)、弭(亡比反)陀訶羅(梁言食胞②)、社多訶羅(梁言食生)、恃毘多訶羅(梁言食壽命)、跋利訶羅(梁言食藤)、摩邏訶羅(梁言食髻髮)、乾他訶羅(梁言食香)、弗婆訶羅(梁言食花)、頗羅訶羅(梁言食果)、薩瀉訶羅(梁言食種)、阿

① 按:據筆者考證,"乳"當為"孕"之誤。參見:趙家棟《梁僧伽婆罗譯〈孔雀王咒經〉"梁言"詞例釋》,《勵耘語言學刊》第20輯,2014年。

② 按:"胞"當是"脬"之俗寫。參見同上。

> 焮底訶羅(梁言食火所燒),如是等諂惡可畏取他壽命。我今說此大孔雀王咒,願去諂惡諸可畏,當與華香摩香郫斜訶羅,願聽我語當善愛慈悲,信佛法僧,願聽我言。(T19/446c)

據今見各版藏經,該經的異譯本有早於南朝梁的姚秦鳩摩羅什譯《孔雀王咒經》,其後又有唐義淨譯《佛說大孔雀咒王經》、唐不空譯《佛母大孔雀明王經》。

姚秦鳩摩羅什譯《孔雀王咒經》云:

> 聽我所説,鬼神所食,吸氣鬼、食石蜜鬼、食血鬼、食胃鬼、食肉鬼、食脂鬼、食命鬼、食力鬼、食鬘[①]鬼、食華鬼、食果鬼、食穀鬼、食氣鬼、食惡心鬼、食陰謀心鬼、害心鬼、好奪他命鬼諸鬼神等。(T19/483a)

唐義淨譯《佛説大孔雀咒王經》卷1云:

> 烏悉多喀迦及餘所有一切鬼神亦當善聽,所謂食精氣者、食胎者、食血者、食肉者、食脂膏者、食髓者、食支節者、食生者、食命者、食祭者、食氣者、食香者、食鬘者、食花者、食果者、食五穀者,食火燒者、食膿者、食大便者、食小便者、食唾者、食涎者、食洟者、食殘食者、食吐者、食不淨物者、食漏水者。諸如是等有毒害心,伺斷他命作無利益者,皆來聽我讀誦此《大孔雀咒王經》。(T19/459b)

唐不空譯《佛母大孔雀明王經》卷2云:

> 復有諸鬼食精氣者、食胎者、食血者、食肉者、食脂膏者、食髓者、食生者、食命者、食祭祠者、食氣者、食香者、食鬘者、食花者、食菓者、食苗稼者、食火祠者、食膿者、食大便者、食小便者、食涕唾者、食涎者、食洟者、食殘食者、食吐者、食不淨物者、食漏水者。如是等鬼魅所惱亂時,願佛母明王擁護於我(某甲)并諸眷屬,令離憂苦壽命百年。(T19/427c)

通過對不同異譯本的比較,我們可以發現早於南朝梁的姚秦鳩摩

① 《大正藏》校勘記云:鬘,宋、元、明本作"髮"。按:作"鬘"為是。

羅什譯《孔雀王咒經》對諸吸食餓鬼夜叉都採取意譯，而南朝梁僧伽婆羅譯《孔雀王咒經》則採取音譯和意譯（標注“梁言某某”）相結合的譯經方式，雖然兩種譯經對具體的吸食餓鬼夜叉所指有不同，但譯經的繁略程度基本一致。[①] 唐代義淨譯《佛説大孔雀咒王經》及不空譯《佛母大孔雀明王經》對相同内容的翻譯則比較全面；對諸吸食餓鬼夜叉皆用意譯形式，且意譯内容顯然是承繼早期譯經的意譯内容，其所譯諸吸食餓鬼夜叉比早期兩種譯經多出一倍多。這一譯經現象説明，早期兩種譯經可能都是通過經師誦譯的，體現了釋道安所云“胡經委悉，至於嘆詠，丁寧反覆，或三或四，不嫌其煩，而今裁斥”的特點。而到了唐代，其譯經大多是手持梵本或胡本，翻譯力求準確，不做隨意删減。唐僧玄奘在總結多年翻譯佛經的經驗之後，提出了“五不翻”原則：一祕密故；二含多義故；三此無故；四順古故；五生善故。[②] 然而唐代義淨譯《佛説大孔雀咒王經》及不空譯《佛母大孔雀明王經》對諸吸食餓鬼夜叉皆用意譯形式，這是遵循“順古故”原則，古有意譯，今則承之。

此外，北宋施護譯《佛説尊勝大明王經》也涉及部分吸食餓鬼夜叉的意譯，云：“若魔若魔民以惡心相向，或自在天或夜叉夜叉女等，乃至一切食血者、食肉者、食脂膏者、食精氣者、食涎沫者。”（T21/927c）這又説明到宋代對諸吸食餓鬼夜叉的翻譯雖然是意譯形式，但翻譯内容簡略得多了，當然這也不能排除梵本《佛説尊勝大明王經》就已經是簡本了。

五、佛教文化學價值

佛教名物術語詞承載著豐富的佛教名物概念和佛教義理，南朝梁代撰譯佛典中標注的“梁言”詞是佛教名物術語詞音譯和意譯的紐帶，反映了梁代佛經翻譯中佛教名物術語詞音譯和意譯的對應關係，也反

---

① 這是早期譯經的主要特點，早期譯經大多没有具體梵本，而是通過經師誦譯，即經師誦出一段，再進行翻譯，其誦譯的繁富程度和翻譯時的取捨將左右譯經内容及同類概念的排列方式。

② 參見：宋周敦義述《翻譯名義集序》（T54/1055a）。

映了梁代撰譯者對印度及西域佛教語言文化主觀的認知和改造，是佛教中國化的重要體現。對其進行語音和語義等相關語言現象的研究，必然離不開對文獻載體性質的考量，與佛教義理的闡釋和理解。我們從語言學、翻譯學等諸方面來研究佛教名物術語詞，在考釋和分析的基礎上，揭示佛教名物術語詞所承載的佛教文化内涵，探尋佛教名物術語詞意譯内容中所反映的佛教文化，這將有助於我們對佛教文化與佛教中國化現象的認知與深化，並進而尋求佛教語言研究和佛教文化研究的新突破。

這裏舉南朝梁僧伽婆羅譯《孔雀王咒經》中"伽破訶羅——梁言食乳(T19/446c)"為例，進行説明。

伽破訶羅——梁言食乳(T19/446c)

按："伽破訶羅"，梵音 Garbha-āhāra，夜叉名。"食乳"之"乳"，《大正藏》校勘記云："乳"，宋、元、明本作"孕"。今謂作"孕"是。從語義來看，"食乳"没有"食孕"更能體現夜叉本性特點。又唐義淨異譯本譯《佛説大孔雀咒王經》卷 1 作"食胎"(T19/459b)，"胎""孕"語義相類。又作"揭婆訶囉"，唐般剌蜜諦譯《大佛頂如來密因修證了義諸菩薩萬行首楞嚴經》卷 7："揭婆訶囉——食胎藏鬼。"(T19/136a)又同卷："羯囉婆訶哩涅——食懷孕鬼。"(T19/135a)又宋子璿集《首楞嚴義疏注經》卷 7 作"揭婆訶唎南"(T39/918b)。又作"偈婆耶"，唐跋馱木阿譯《佛説施餓鬼甘露味大陀羅尼經》卷 1："偈婆耶鬼——云食胎藏鬼。"(T21/484b)又作"孽婆訶囉"，唐不空譯《大佛頂如來放光悉怛多鉢怛囉陀羅尼》卷 1："孽婆訶(引)囉(引)。"(T19/102a)"伽破""揭婆""偈婆耶""孽婆"即梵音 Garbha 的音譯，"訶羅""訶囉""訶唎南""訶哩涅"皆為 āhāra 不同音譯用字。再有丁福保《佛學大辭典》："伽破訶羅，(異類)夜叉名，譯曰食孕。見《孔雀王咒經》上。"知丁氏取宋、元、明本作"孕"説。從梵音 Garbha-āhāra 音節構成來看，"訶羅(āhāra)"為"飲、食"義，梵音 Garbha 為"胎、胞胎"義，"DDB"佛教梵語術語"G"條(Sanskrit Terms Index: g)："garbha 中心、庫、心、性、母胎、母腹、界、胎、胎臟、胎藏、胞胎、藏、蘗喇婆。""garbhin 孕""garbhiṇī 懷胎、胎藏"

皆與“garbha”為同根詞。而“乳”,梵音作 kṣīra,“DDB”佛教梵語術語“K”條(Sanskrit Terms Index: k):“kṣīra 乳、乳糜。”其同根詞有“kṣīra-dhātrī 乳哺”“kṣira-dhātrī 乳母”“kṣīrôda 乳水、水乳”“ksīrôdaka 乳水”及“kṣīrôdaka 水乳”等。

通過對梵音 Garbha-āhāra 的梵語音譯形式“伽破訶羅”及意譯形式“梁言食乳”對應關係的分析,我們知道“伽破”“揭婆”“偈婆耶”“孽婆”即梵音 Garbha 音譯的不同形式,“訶羅”“訶囉”“訶唎南”“訶哩壑”皆為 āhāra 不同的音譯用字。同時我們還根據梵漢語音和語義特點,結合佛教文獻中關於伽破訶羅夜叉的描述和佛教義理的分析,指出造成意譯作“食乳”與“食孕”不同的原因。

下面再舉《經律異相》卷 1 中“兜率——梁言知足”為例,進一步說明。

《經律異相》卷 1:“兜率(梁言知足)天宫,風輪所持在虚空中,王名善喜。”(T53/2b)“兜率”,梵音 Tuṣita,欲界第三天宫名。又作兜率陀、兜率哆、兜術、都史多、覩史多、鬥瑟哆、珊覩史多、珊兜史多、删兜率陀等,具名梵音作 Saṁtuṣita,意譯曰上足、妙足、知足、喜足等。關於梵音“Tuṣita”及具名梵音“Saṁtuṣita”的音譯和意譯形式佛經音義多有説解,詳見第二章第二節“兜率——梁言知足”條。

在諸種佛經注疏和音義中,“兜率陀”,符秦鳩摩羅佛提等譯《四阿含暮抄解》意譯作“止足”,姚秦鳩摩羅什譯《大智度論》意譯作“妙足”,且隋智顗説《妙法蓮華經文句》及隋遠法撰《大乘義章》皆承“妙足”,而南朝梁寶唱等集《經律異相》時,摒棄了此前“止足”“妙足”,意譯作“知足”,作“梁言知足”。這一意譯差異,可能反映了南北譯經者對兜率陀天的不同理解。而唐代譯經和注疏除承用“妙足”“知足”意譯外,又常意譯作“喜足”,唐玄奘譯《佛地經論》卷 5:“覩史多天,後身菩薩于中教化,多修喜足,故名喜足。”(T26/316c)又唐玄奘譯《大般若波羅蜜多經》將“妙足”“喜足”“知足”三種意譯糅合成“妙喜足天”,如卷 77:“於此三千大千世界所有妙喜足天王,各與無量百千俱胝那庾多喜足天眾俱來會坐。”(T5/431c)此後佛經注疏及音義大多對這種不同時期的意譯形式都有説解,詳見第二章第二節"兜率——梁言知足"條。

通過分析可以得出以下結論:首先,梵音 Tuṣita 及具名梵音 Saṁtuṣita,在不同時期有著不同的音譯形式。這反映了漢語從上古語音到中古語音的發展,後期的佛經注疏和佛經音義對這些早期的音譯形式也多有説解和繼承。當其遵古採用舊譯形式時,往往會在相關經文注疏或語詞音義中用"舊翻""正翻"等術語加以説明。這種佛經注疏和佛經音義的傳統是與中土儒家經學注疏體系相輔相成的,是佛教文化傳統闡釋和解讀的重要方式。其次,梵音 Tuṣita 及具名梵音 Saṁtuṣita 不同時期的不同意譯形式,反映了不同譯經時期譯經師對該佛教名物術語的不同認知。有些意譯反映了南北譯經者對兜率陀天的不同理解,透視出在佛教中國化過程中,佛經撰譯者及廣大信衆甚至普通民衆對印度及西域佛教語言文化的主觀認知和改造。我們認為佛教名物術語詞相較于普通常用詞語,往往承載著更多的佛教思想文化,而我們的研究實際上是基於佛經文獻語言研究的文化觀照活動。

第二章　南朝梁撰譯佛典中“梁言”詞的類型

南朝梁撰譯佛典中標注“梁言”詞的佛教文獻有僧伽婆羅譯經，如《孔雀王咒經》《解脱道論》，寶唱等撰集佛教類書《經律異相》。非南朝梁撰譯佛典中也有標注“梁言”詞的，一般都是引用和承襲南朝梁撰譯佛典中標注的“梁言”詞。還有在南朝梁以后撰集佛經音義和梵語翻譯著作中也常有承襲南朝梁撰譯佛典中標注“梁言”詞的文字内容。

南朝梁撰譯佛典中標注“梁言”詞的分佈情況：

撰譯者	佛典名稱	則數(216)	藏經出處
僧伽婆羅	孔雀王咒經	114	大正藏第 19 冊 No.0984
真諦	決定藏論	1	大正藏第 30 冊 No.1584
僧伽婆羅	解脱道論	12(重)	大正藏第 32 冊 No.1648
寶唱等集	經律異相	55	大正藏第 53 冊 No.2121
僧祐撰	出三藏記集	2	大正藏第 55 冊 No.2145
僧伽婆羅譯抄	二十八夜叉大軍王名號	28	卍續藏第 02 冊 No.0183
寶唱撰	名僧傳抄	4	卍續藏第 77 冊 No.1523

據分類統計，南朝梁撰譯佛典中的“梁言”詞主要有以下三類：1. 在梁代翻譯佛經中首次標注的“梁言”詞；2. 梁代纂輯佛教類書中，對前人譯經音譯詞首次標注意譯或對前人意譯詞重新標注不同意譯的“梁言”詞；3. 繼承和發展前人“秦言”“晉言”“齊言”類意譯詞

的“梁言”詞。

第一節　梁代翻譯佛經中首見標註的“梁言”詞

僧伽婆羅譯經《孔雀王咒經》及其譯抄《二十八夜叉大軍王名號》中標注“梁言”詞的意譯幾乎都是佛經中首見標注。這裏僅舉僧伽婆羅譯經《孔雀王咒經》卷 1 中“鄔斜訶羅——梁言噏食”(T19/446c)、“恃毘多訶羅——梁言食壽命”(T19/446c)兩則為例:

“鄔斜訶羅——梁言噏食”(T19/446c)

按:“噏食”之“噏”,《大正藏》校勘記云:“噏”,宋、元、明本作“吸”。今謂“噏”“吸”為異文同義,《漢書・揚雄傳上》:“噏青云之流瑕兮,飲若木之露英。”噏,《文選・揚雄〈甘泉賦〉》中作“吸”。唐元稹《胡旋女》詩:“潛鯨暗噏笡海波,迴風亂舞當空霰。”清紀昀《閱微草堂筆記・槐西雜誌二》:“蛇之媚人,其首尾皆可噏以精氣。”《可洪音義》第七冊《佛説孔雀王咒經》:“鄔斜,上悪胡反,下似嗟反。此云噏食。”(K34/876a)《可洪音義》“此云噏食”語乃據僧伽婆羅譯《孔雀王咒經》標注梁言。該經異譯唐義淨譯《佛説大孔雀咒王經》卷 1 概言作“食”(T19/459b)。又“鄔斜”,義淨異譯本作“烏悉”(T19/459b),另一異譯唐不空譯《佛母大孔雀明王經》卷 2 作“塢娑跢囉迦”(T19/427b),音譯音節有簡省。

又作“烏殊婆叉”,元魏般若流支譯《正法念處經》卷 16:“二十五者烏殊婆叉,食人精氣餓鬼。”(T17/92b)

又作“烏闍訶囉”,唐般剌蜜諦譯《大佛頂如來密因修證了義諸菩薩萬行首楞嚴經》卷 7:“烏闍訶囉——食精氣鬼。”(T19/136a)

“鄔斜訶羅”,丁福保《佛學大辭典》云:梵音為 Ucchvasa-āhāra。然據“DDB”佛教梵語術語“O”條(Sanskrit Terms Index: o):“ojāhāra 吸人精氣、吸奪精氣、吸氣鬼、嗚周何羅、噏食、奪其精氣、烏闍訶囉、烏馱訶羅、鄔斜訶羅、食精氣者、食精氣鬼。”又:“ojohāra 吸人精氣、吸奪精氣、吸氣鬼、嗚周何羅、噏食、奪其精氣、烏闍訶囉、烏馱訶羅、鄔斜訶羅、食精氣者、食精氣鬼。"知"鄔斜訶羅"梵音為 ojāhāra 或 ojohāra,不知丁氏所據,存疑。

"食精氣鬼",又作"烏摩勒伽",梵音 Umāraka,首見姚秦鳩摩羅什譯經《妙法蓮華經》卷 7:"寧上我頭上,莫惱於法師,若夜叉、若羅刹……若乾馱、若烏摩勒伽……若童女形,乃至夢中亦復莫惱。"(T9/59b)隋吉藏撰《法華義疏》卷 12:"烏摩勒伽,此云食人精氣鬼,亦云大殺也。"(T34/630b)《翻梵語》卷 7:"烏摩勒伽,譯曰大殺行也。"(T54/1030a)唐栖復集《法華經玄贊要集》卷 35:"烏摩勒伽,此云食人精氣鬼,亦云大煞鬼。"(X34/921b)食人精氣鬼"烏摩勒伽"又稱"黑色鬼",宋聞達解《妙法蓮華經句解》卷 8:"若烏摩勒伽,此云黑色鬼。"(X30/622c)梵音 Umāraka 與 ojāhāra 或 ojohāra 音節不同,所指應有不同。我們知道佛經中"顛鬼"的梵音為 Umāraka,"DDB"佛教梵语術语"U"條(Sanskrit Terms Index: u):"umāraka 顛鬼。"其同根詞有"unmatta 愚者、狂、狂者、癡狂、發狂、顛狂""unmatta-citta 愚癡""unmattaka 愚癡人、癲狂""unmattaka-saṃmuti 癡狂"等。"烏摩勒伽"得名于"愚癡、顛狂"義,可能該"烏摩勒伽"鬼也吸食精氣,故與"鄔斜訶羅"皆可稱為食精氣鬼,然得名不同。

准此,"鄔斜""烏悉""烏殊""烏闍"皆為梵音 ojā 或 ojo 的不同音譯用字,"訶羅(āhāra)"為"飲、食"義,《翻梵語》卷 1:"訶羅,譯曰取也。"(T54/988c)所謂"取也"當為"飲取、食取"義,二者相因。"鄔斜訶羅"為食精氣鬼,其受業報因。唐道世撰《法苑珠林》卷 6"二十五食人精氣鬼"下云:"由詐為親友,我為汝護,令他勇力没陣而死,竟不救護,故受斯報。"(T53/312a)

恃毘多訶羅——梁言食壽命(T19/446c)

按:"恃毘多訶羅",梵音 jivitākāra,夜叉名。又作"視微多訶囉",唐般剌蜜諦譯《大佛頂如來密因修證了義諸菩薩萬行首楞嚴經》卷 7:"視微多訶囉——食壽命鬼。"(T19/136a)又同卷作"視比多訶唎南"(T19/140a)。宋子璿集《首楞嚴義疏注經》卷 7 作"視比多訶唎南"(T39/918b)。又作"視吠哆訶哩泥",唐般剌蜜諦譯《大佛頂如來密因修證了義諸菩薩萬行首楞嚴經》卷 7:"視吠哆訶哩泥——食壽命鬼。"(T19/135b)又作"視尾哆鬼",唐跋馱木阿譯《佛説施餓鬼甘露味大陀羅尼經》:"視尾哆鬼——食人壽命鬼。"(T21/484b)

丁福保《佛學大辭典》:"時毘多迦羅,(異類)譯曰食壽命,鬼神名。見《孔雀王咒經》上。梵音 Jivitākāra。" 按:今見藏經《孔雀王咒經》卷上作"恃毘多訶羅",所謂"譯曰食壽命"即"梁言食壽命"。"壽命"梵音為 Jīvita,"DDB" 佛教梵语術语"J"條(Sanskrit Terms Index:j):"jīvita 儞尾單、命、命根、命行、壽、壽命、壽量、有命、活命、淨命、生命、生在、生活、身命、長壽。"其同根詞有"jīvitād 殺""jīviṭa-nirapekṣa 不惜身命""jīvitêndriya 命""jivitêndriya 命根""jīvitvā 活"等。

准此,"恃毘多""視微多""視比多""視尾哆""時毘多"皆為"壽命"梵音 Jīvita 的不同音譯用字。"訶羅""訶囉""訶哩泥""訶唎南"皆為 āhāra 的不同音譯用字。

通過我們考察分析,上兩例中所謂"梁言噏食""梁言神眾"的意譯,皆為南朝梁的僧伽婆羅譯經中首次標注的意譯,并被後代譯經和音義著作繼承。

第二節　梁代纂輯佛教類書中對前人譯經音譯詞首次標注意譯或對前人意譯詞重新標注不同意譯的"梁言"詞

這兩種情況主要體現在南朝梁寶唱等撰集佛教類書《經律異相》中的"梁言"詞標注上。前者如:

"末羅眾——梁言力士"(《經律異相》卷 6,T53/24b)

按:此"梁言力士"是首次對"末羅"標注意譯,其意譯根據似為東晉法顯譯《大般涅槃經》,該經卷下云:"汝今可入鳩尸那城語諸力士道。"(T1/203a)"末羅"梵音作 Malla,本指拘尸那城之人種名,然該"末羅"種姓多有力士,《翻梵語》卷 6:"拘夷那竭摩羅,應云拘尸那伽羅末羅,譯曰拘尸者,茅;那伽羅者,城;末羅者,力。”(T54/1019c)佛荼毘時,“末羅”族諸力士負責舁棺槨。又據劉宋沮渠京聲譯《佛説末羅王經》,末羅為國王名。有大石横於國王之道中,國中人民欲徙之而不能,佛現神通移之,因説四力,以度人民。故“末羅”譯曰力士,又作“魔羅”“麽羅”“末麗曩”“摩離”“滿羅”“婆里旱”等,《慧琳音義》卷12:“魔鬼,上音摩,本是梵語略也,正梵音麽(莫可反)羅,唐云力也,即他化自在天中魔王波旬之異名也,此類鬼神有大神力,能與修出世法者作留難事,名為麽羅,以力為名,又略去羅字。”(T54/376c)唐禮言集《梵語雜名》:“力,**麽攞**(ba)(la)。”(T54/1226b)又作“末麗曩”“摩離”“滿羅”“婆里旱”,唐禮言集《梵語雜名》:“力,末麗曩(va)(le)(na)。”(T54/1224b)《翻梵語》卷2:“摩離,亦云末羅,譯曰力也。”(T54/1000b)《翻梵語》卷9:“末羅,亦云滿羅,譯曰力,亦云姓。”(T54/1035a)《翻譯名義集》卷2:“婆里旱 Malla,梁云力士,又梵云末羅,此云力,言力士者,梵本無文,譯人義立。”(T54/1086b)此外以“末羅”“滿羅”為構詞的有《翻梵語》卷6:“跋祇末羅蘇摩,譯曰跋祇者,有伴;末羅者,力;蘇摩者,月。”(T54/1021b)又同卷:“滿羅蘇摩,應未羅蘇摩,譯曰未羅者,九①。蘇摩者,月。”(T54/1027b)又卷9:“俱尸那末羅王林,譯曰俱尸那者,茅城;末羅者,姓。”(T54/1047a)南朝齊僧伽跋陀羅譯《善見律毘婆沙》:“如來初成道,於鹿野苑轉四諦法輪……於俱尸那末羅王林娑羅雙樹間,二月十五日平旦時入無餘涅槃。”(T24/673b)唐·禮言集《梵語雜名》:“弱,納喇麽羅(du)(ra)(va)(la)。”(T54/1226b)

後者如:

“兜率——梁言知足”(《經律異相》卷1,T53/2b)

按:“兜率”,梵音 Tuṣita,欲界第三天宫名。又作兜率陀、兜率哆、兜術、都史多、覩史多、鬥瑟哆、珊覩史多、珊兜史多、删兜率陀等,具名

① 《大正藏》校勘記云:九,甲本作“人”。按:甲本指高麗藏初雕本,“九”“人”皆為“力”之形訛。

梵音作 Saṁtuṣita，意譯曰上足、妙足、知足、喜足等。佛經音義多有說解：

《玄應音義》卷 18 音《阿毘曇心論》卷 4：“兜率哆，殆我反，經中或作兜駛多，或言兜率陀，皆訛也，正言覩史多，此云知足天，又云妙足也。”(C57/37c)

《慧苑音義》卷上：“兜率陀，具云珊兜率陀，此曰喜樂。集依《俱舍》中有三義得此名：一喜事；二聚集；三遊樂。舊翻為喜足，或云知足，非正翻也。”(K32/343a)

《慧琳音義》卷 6 音《大般若經》卷 505：“珊覩史多，上桑安反。梵語也。上方欲界中天名也。古名兜率陀，或云兜術，皆訛略也。唐云知足，以下天多放逸，上天多闇鈍，受樂不進，故云知足。一生補處最後身菩薩多作此天王。當來彌勒見今在彼天為王。”(T54/342c)

《慧琳音義》卷 12 音《大寶積經》卷 36：“兜率陀，或云兜術，或云兜駛多，皆梵語訛略不正也。唐云知足，或云妙足。《凡聖界地章》云：下天多放逸，上天多闇鈍，故云知足。一生補處菩薩多作此天王，雖復萬行齊功十度之中而偏為地，下去大海三十二萬瑜繕那，人間四百年為彼天中一晝夜，壽命四千歲，身形長二里。”(T54/381c)

《慧琳音義》卷 51 音《大乘起信論》卷下：“兜率陀，梵語上界天名也，唐云知足。”(T54/647b)

《可洪音義》第 1 冊《大般若經》音義卷 1：“妙喜足天，覩史天王也。《大智度論》云：珊兜率陁，秦言妙足。唐言妙喜足，亦云知足。《仁王經》：若菩薩摩訶薩住億佛剎作覩史多天三。”(K34/633c)

《可洪音義》第 10 冊音《大智度論》卷 57：“率陁，上所類、所律二反，下達何反，亦云珊覩史多，兜率陁天王名也。秦言妙足，亦云知足。”(K34/996c)

《可洪音義》第 1 冊音《摩訶般若波羅蜜經》卷 12：“刪兜率陁，上所奸反。《大般若》作‘珊覩史多’，《勝天王經》作‘刪兜率陁’，應和尚音義作‘刪兜’，並先安反，此云‘正喜’，亦云‘正知足’也。兜率，此云妙足，即是兜率天王也。”(K34/657a)

《可洪音義》第12冊音《中阿含經》卷6:"鬪瑟哆,上都豆反,下多左反,亦作覩史哆也。"(K34/1065c)按:今見藏經東晉僧伽提婆譯《中阿含經》卷八作"兜瑟哆①"(T1/469c)。

此外,佛經注疏及《翻譯名義集》也有説解:

符秦鳩摩羅佛提等譯《四阿含暮抄解》卷下:"問:云何執手行婬?答:兜率陀彼展轉發婬,如女共執手,行如是婬生,獨一染著,如相抱不染著,如尊長自有,侍從喜是,故名兜率陀。(秦言止足,天不犯他婬,故曰自有,已慧不仰人,故曰自也。)"(T25/12b)

姚秦鳩摩羅什譯《大智度論》卷54《釋天主品第27》:"删兜率陀,兜率陀天王名也,秦言妙足。"(T25/443b)

隋智顗説《妙法蓮華經文句》卷2:"善時上有兜率陀,此翻妙足。"(T34/24b)

隋遠法撰《大乘義章》卷8:"第四天者,名兜率陀,此名妙足。"(T44/627c)

清靈乘輯《地藏菩薩本願經卷上科注》卷1:"兜率陀天,新云覩史多,《大論》云:删兜率陀,天王名,秦言妙足,於五欲知止足故。"(X21/660a)

《翻譯名義集》卷2:"兜率陀,此云妙足。新云覩史陀,此云知足。《西域記》云:覩史多,舊曰兜率陀、兜術陀,訛也。於五欲,知止足,故《佛地論》名'憙足'。謂後身菩薩,於中教化,多修憙足故。"(T54/1077b)

第三節 繼承和發展前人"秦言""晉言""齊言"類意譯詞的"梁言"詞

南朝梁撰譯佛典中標註的"梁言"詞,大多是梁代譯僧標註的意譯

① 《大正藏》校勘記云:兜瑟哆,宋、元、明本作"兜率哆"。

形式。譯經實踐是歷代逐步承繼遞譯的過程，梁代譯僧在譯經過程中，對前代佛教名物術語詞的意譯形式（如“秦言”“晉言”“齊言”等）必然也有所繼承。如：

“釋提桓因——梁言能作天王”（《經律異相》卷 1，T53/1c）

按：釋提桓因，又云釋迦因陀羅、釋迦羅因陀羅、賖羯羅因陀羅、釋迦提桓因陀羅、釋迦提婆因陀羅、釋迦提婆因達羅，梵音 Śākra devānāmiṁdra，天王名。最早翻譯見三國吴支謙譯《撰集百緣經》《須摩提女經》及《菩薩本緣經》，兩晉、劉宋、元魏、苻秦、姚秦譯經中皆音譯作釋提桓因。“梁言能作天王”當源於姚秦鳩摩羅什譯《大智度論》卷 54，云：“釋提桓因，釋迦，秦言能；提婆，秦言天；因提，秦言主，合而言之：釋提婆那民。”（T25/443b）

炎摩——梁言時（《經律異相》卷 1，T53/2a）

按：《經律異相》卷 1：“炎摩（梁言時①）天宫。風輪所持在虚空中。”（T53/2a）“炎摩”，梵音 Yāma，意譯作“時”，天宫名。炎摩，又作焰摩天、燄摩天，梵音 Yāma，欲界天之名。欲界天中第三重之天處，具稱須焰摩，略稱焰摩，譯曰善時，新稱夜摩，譯曰時分。須夜摩，又作須炎、須炎摩、蘇夜摩。梵音 Suyāma 譯曰妙善，妙時分。“梁言時”當源於姚秦鳩摩羅什譯《大智度論》，其卷 54 云：“須夜磨，夜摩天王名也，秦言妙善。”（T25/443b）

這種意譯形式亦被梁代之後的佛經義疏、翻譯名義、佛經音義及佛學辭典所繼承。有的還在此意譯内容基礎上略作發展。這裏我們仍以上舉“釋提桓因——梁言能作天王”“炎摩——梁言時”為例來説明。

先看“釋提桓因”，姚秦鳩摩羅什譯《大智度論》卷 54 云：“釋提桓因，釋迦，秦言能；提婆，秦言天；因提，秦言主，合而言之：釋提婆那民。”（T25/443b）《經律異相》卷 1 云：“梁言能作天王”（T53/1c），這一意譯内容，其後的佛經注疏、翻譯名義、佛經音義及佛學辭典皆承此意

① 《大正藏》校勘記云：宋本作“時善”，元、明本作“善時”。

譯。佛經注疏有：

隋吉藏撰《法華義疏》卷 2："釋提桓因者，具足外國語應云釋迦提桓因陀羅，釋迦為能，提桓為天。因陀羅為主，以其在善法堂治化稱會天心故，稱為能天主。"(T34/464a)

唐良賁述《仁王護國般若波羅蜜多經疏》卷 1："彼諸天王皆來詣會釋提桓因等者三十三天主也，梵云釋迦提婆因達羅者，釋迦姓也此翻為能，提婆天也因陀羅帝也，此正翻云能天帝也。今此經云釋提桓因，梵語訛略，若餘處云天帝釋者言乃倒耳。"(T33/446c)

佛經音義及翻譯名義有：

《慧苑音義》上曰："釋迦者能也，因陀羅主也，言其能為天主。"

《慧琳音義》卷 25 釋云公撰、慧琳再删補《大般涅槃經音義》卷上："釋提洹因，具云釋迦提婆因陀羅，釋迦云能仁也；提婆云天也；因陀羅此云主。"

《慧琳音義》卷 27："釋提桓因，釋迦提婆因達羅，釋迦刹帝利姓，此云能也；提婆，天也；因達羅帝也；即釋中天帝也。"

《玄應音義》卷 3："因坘，直尸反，或言因提梨，或云因陁羅，正翻名天主，以帝代之，故經中亦稱天主，或稱天帝釋者，並位之與名也。"

《玄應音義》卷 7："因坘，直飢反，帝釋名也，或言因提梨，同一義也，梵言輕重耳。"

《可洪音義》第 1 冊"天帝"條云："《大智度論》云：'釋迦提婆因堤，秦言能天主。'即釋提桓因也。是忉利天王也，《仁王經》云：'若菩薩摩訶薩住千佛刹作忉利天王。'"(K34/633c)

宋法云編《翻譯名義集》卷 2："釋提桓因，《大論》①云：'釋迦，秦言能；提婆，秦言天；因提，秦言主，合而言之，云釋提婆那民。'或云釋迦提婆因陀羅。今略云帝釋，蓋華梵雙舉也。"(T54/1077a)

佛學辭典有：

丁福保《佛學大辭典》"釋提桓因"條云："梵音 Sakra Kevānām

① 按：所謂《大論》指鳩摩羅什譯《大智度論》。

indra,釋羅為名,譯曰能,提婆譯曰天,因陀羅譯曰主,又曰帝,即能天主。住於須彌山頂上,忉利天(即三十三天)之主也。略稱釋帝與帝釋。舊音之釋提桓因者,釋之一字寫釋羅,提桓之二字,寫提婆,因之一字寫因陀羅。”

又“帝釋”條云:“(天名)忉利天之主也,居須彌山之頂喜見城,統領他之三十二天(忉利天譯三十三天),梵名釋迦提桓因陀羅Śakradevānāmindra,略云釋提桓因。新譯之梵名,釋迦提婆因達羅。釋迦譯能,天帝之姓,提桓者天,因陀羅者帝,即能天帝也,今反轉梵語而謂為帝釋,胎藏界曼荼羅釋迦院之一眾也。……《法華玄贊》二曰:‘梵云釋迦提婆因達羅,釋迦,姓也,此翻為能。提婆,天也。因達羅,帝也。正云能天帝。釋提桓因,云天帝釋,俱訛倒也。’”

再看“炎摩”,姚秦鳩摩羅什譯《大智度論》卷54:“須夜磨,夜摩天王名也,秦言妙善。”(T25/443b)《經律異相》卷1云:“梁言時。”(T53/2a)這一意譯內容,其後的佛經注疏、翻譯名義、佛經音義及佛學辭典皆承此意譯。

佛經注疏有:

隋智顗説《妙法蓮華經文句》卷2:“次忉利上有焰摩,此翻善時,《大論》云妙善,去忉利三百三十六萬里。”(T34/24b)

唐法藏述《華嚴經探玄記》卷6:“夜摩,夜摩者,若具云蘇夜摩。蘇者,此云善也;夜摩,此云時也。謂此天無日月可知時節。”(T5/212c)

唐澄觀撰《大方廣佛華嚴經疏》卷5:“四須夜摩天,須者,善也;妙也,夜摩時也。具云善時分天。論云:隨時受樂故名時分天。”(T35/540b)

唐圓暉述《俱舍論頌疏論》本第8:“三夜摩天,此云時分,謂彼天中,時時多分,唱快樂哉。”(T41/863b)

唐釋遁倫集撰《瑜伽論記》卷12:“蘇夜摩者,此言善時分。”(T42/569b)

佛經音義及翻譯名義有:

《慧苑音義》卷上:“須夜摩。須,善也。夜摩,時也。言彼諸天,光明赫奕,晝夜不别。依看花開合以分其時,既非明闇之時,故曰善時也。"

《玄應音義》卷 3:"湏炎,或作湏夜摩天,此云妙善天,又炎摩,此云時分,湏炎摩此言善時分,即天主也。"(C56/856a)

《慧琳音義》卷 9:"須炎,或作須夜摩天,此云妙善天,又炎摩,此云時分,須炎摩此言善時分,即天主也。"

《慧琳音義》卷 21:"須夜摩,須,善也;夜摩,時也。言彼諸天光明赫奕,晝夜不别,但看花開合以分其時,既時非明暗之故曰善時天。"

《可洪音義》第 1 冊音義《大般若經》卷 1:"善時分天,夜摩天王也。《大智度論》云:'湏夜摩,秦言妙善。'唐言善時分,《仁王經》云:'若菩薩摩訶薩住万佛刹作夜摩天王。'"(K34/633c)

《翻梵語》卷 3:"須夜摩,譯曰妙光。"(T54/1001c 按:此為比丘尼名。)

《翻譯名義集》卷 2:"須夜摩,此云善時分,又翻妙善,新云須焰摩,此云時分,時時唱快樂故,或云受五欲境,知時分故。"(T54/1077b)

佛學辭典:詳見丁福保《佛學大辭典》"夜摩""夜摩天""須夜摩"諸條(略)。

第三章 《孔雀王咒經》“梁言”詞釋證

本章主要擷取南朝梁僧伽婆羅譯《孔雀王咒經》中 39 則“梁言”詞進行釋證,在釋證的同時嘗試揭示其研究價值。具體如下:一是指出“梁言”詞的音譯形式對應的梵語轉寫;二是找出歷代佛經中不同的音譯形式和意譯内容,分析音譯形式和意譯内容差異性原因;三是指出“梁言”詞的梵語構詞特點,系聯“梁言”詞的梵語同根詞及詞根或詞綴的構詞情況。在這 39 則“梁言”詞中,前 16 則出現比較集中,具有相同情況的類聚性。為方便起見,每一則釋證中不再反復引用相同文獻,我們這裏先將南朝梁僧伽婆羅譯《孔雀王咒經》中出現的 16 則梁言詞文例迻録如下:

> 願聽我言:鄔斜訶羅(梁言噏食)、部多伽那(梁言神衆)、伽破訶羅(梁言食乳)、捺恥(湯履反)羅訶羅(梁言飲血)、婆娑訶羅(梁言食脂膏)、網娑訶羅(梁言食肉)、弭(亡比反)陀訶羅(梁言食胞)、社多訶羅(梁言食生)、恃毘多訶羅(梁言食壽命)、跋利訶羅(梁言食藤)、摩邏訶羅(梁言食髻發)、幹他訶羅(梁言食香)、弗婆訶羅(梁言食花)、頗羅訶羅(梁言食果)、薩瀉訶羅(梁言食種)、阿欻底訶羅(梁言食火所燒),如是等諂惡可畏取他壽命。我今説此大孔雀王咒,願去諂惡諸可畏,當與華香摩香鄔斜訶羅,願聽我語當善愛慈悲,信佛法僧,願聽我言。
>
> (南朝梁僧伽婆羅譯《孔雀王咒經》卷上 T19/446c)

下面對《孔雀王咒經》39 則“梁言詞”分別釋證:

1. 鄔斜訶羅——梁言噏食

按:“噏食”之“噏”,《大正藏》校勘記云:“噏”,宋、元、明本作“吸”。

"噏""吸"為異文同義。"鄔斜""烏悉""烏殊""烏闍""烏馱""嗚惹"皆為梵音 ojā 或 ojo 的不同音譯用字,"訶羅(āhāra)"為"飲、食"義,《翻梵語》卷 1:"訶羅,譯曰取也。"(T54/988c)所謂"取也"當為"飲取、食取"義,二者相因。"鄔斜訶羅"為食精氣鬼,食精氣鬼是因前世欺詐親友而受此業報,唐道世撰《法苑珠林》卷 6"二十五食人精氣鬼"下云:"由詐為親友,我為汝護,令他勇力没陣而死,竟不救護,故受斯報。"(T53/312a)又"鄔斜訶羅"梵音為 ojāhāra 或 ojohāra,丁福保《佛學大辭典》云梵音為 Ucchvasa-āhāra。不知丁氏 Ucchvasa-āhāra 所據,存疑。詳細釋證見第二章第一節"鄔斜訶羅——梁言噏食"條。

2. 部多伽那——梁言神眾

按:"部多伽那",梵音 pāraka。唐義淨異譯本《佛説大孔雀咒王經》卷上作"多啗迦"(T19/459b)或"多波迦"(T19/462b),音譯音節似有省簡。"部多伽那"又作"波洛伽",唐不空譯《佛母大孔雀明王經》卷中:"波洛伽藥叉,常在林中住。"(T19/424a)又作"部多揭囉訶",唐般剌蜜諦譯《大佛頂如來密因修證了義諸菩薩萬行首楞嚴經》卷 7:"部多揭囉訶——神眾。"(T19/136a)又同卷:"部多揭囉(二合)訶——神鬼眾。"(T19/135a)"梁言神眾"即義淨異譯本之"一切鬼神"(T19/459b)。唐不空異譯本也意譯作"諸鬼"(T19/427c)。

3. 伽破訶羅——梁言食乳

按:"伽破訶羅",梵音 Garbha-āhāra,夜叉名。"食乳"之"乳",《大正藏》校勘記云:"乳",宋、元、明本作"孕"。今謂作"孕"是。從語義來看"食乳"没有"食孕"更能體現夜叉的本性特點。我們可以推知"伽破""揭婆"為梵音 Garbha 的不同音譯用字,"偈婆耶"則為梵音 garbhin(孕)的音譯。雖然漢語中"乳"也有"孕育"義,但作為名詞的"乳"卻没有"胎、胞胎"義,通過上揭梵音音節比較也可證宋、元、明本作"孕"為是。詳細釋證見第一章第四節"伽破訶羅——梁言食乳"條。

4. 捺恥羅訶羅——梁言飲血

按:"捺恥羅訶羅"之"捺",《大正藏》校勘記云:"捺",宋、元、明本作"奈"。"捺""奈",音譯記音字不同。"奈恥羅訶羅",夜叉名,梵音Rudhirāhāra。"捺恥羅訶羅"為飲血鬼,因其前世"殺生血食不施妻子"而受此業報。唐道世撰《法苑珠林》卷6"十二食血鬼"下云:"由殺生血食不施妻子,受此鬼身,以血塗祭方得食之。"(T53/312a)詳細釋證見第一章第四節"捺恥羅訶羅——梁言飲血"條。

5. 婆娑訶羅——梁言食脂膏

按:"婆娑訶羅",藏經僅見此一次,此為梵音音譯,夜叉名。又唐不空譯《大佛頂如來放光悉怛多缽怛囉陀羅尼》卷1作"嚩娑(引)訶(引)囉(引)"。(T19/102a)今據上揭"鄔斜訶羅"梵音Ucchvasa-āhāra、"伽破訶羅"梵音Garbha-āhāra及"捺恥羅訶羅"梵音Rudhirāhāra推知,"婆娑訶羅"之"訶羅"對應梵音音節為āhāra。又據"鄔斜訶羅""伽破訶羅"及"捺恥羅訶羅"意譯的"梁言"(噏食、食乳、飲血)來看,"訶羅(āhāra)"為"飲、食"義。"婆娑訶羅",梁言作"食脂膏","訶羅(āhāra)"為"飲、食"義,則"婆娑""嚩娑"應理解為"脂膏",在梵語音譯中,"婆娑"對應的音節為vāsa,如"優波婆娑"梵音Upavāsa、"頻闍訶婆娑"梵音Vindhyavāsa等。"DDB"佛教梵語術語"V"條(Sanskrit Terms Index: v):"vasā 脂。"准此,"婆娑訶羅"梵音可擬為vasā-āhāra。

又佛教文獻中又有"計陀訶哩",也被意譯為食脂鬼。唐般剌蜜諦譯《大佛頂如來密因修證了義諸菩薩萬行首楞嚴經》卷7:"計陀訶哩泥——食脂鬼。"(T19/135a)"計陀"又作"雞馱",唐跋馱木阿譯《佛說施餓鬼甘露味大陀羅尼經》卷 1:“芑莎①雞馱鬼——食肉食脂等鬼。”(T21/484b)“計陀(雞馱)”對應梵音 kedha,唐禮言集《梵語雜名》:“怒,計陀𑖎𑖸(ke)𑖠(dha)。”(T54/1228b)梵音又作 krodha,“DDB”佛教梵語術語“K”條(Sanskrit Terms Index: k):“krodha 嗔、威怒、嫌、嫌恨、忿、忿害、怒、怒害、恚、恚怒、瞋、瞋心、瞋怒、瞋恚、瞋恨、觸惱。”其同根詞有“krodha-muṣṭi 忿怒拳”“krodhana 忿、忿恚、恚、瞋、瞋恚、瞋恨”等。估計“計陀訶哩泥”得名於“忿怒”,也吸食脂膏,雖與“婆娑訶羅”同意,但語源不同。

6. 網娑訶羅——梁言食肉

按:“網娑訶羅”,藏經僅見此一次,此為梵音音譯,夜叉名。今據上“婆娑訶羅”考證知“訶羅(āhāra)”為“飲、食”義,則“網娑”的對應語義應為“肉”。“肉”對應梵音為 māṃsa,《佛學大辭典》:“摩娑(雜語),Māṁsa,又作莽娑。譯曰肉。《希麟音義》五曰:‘莽娑梵語也,此云是未壞人肉也。’《梵語雜名》曰:‘肉,麼娑。’”《慧琳音義》卷 35 音《菩提場所說一字頂輪王經》卷 3:“莽娑,梵語,此云肉也。”《希麟音義》卷 5 音《菩提場所說一字頂輪王經》卷 3:“人莽娑,中莫朗反,下乘歌反。梵語也,此云是未壞人肉也。”(T54/957a)唐禮言集《梵語雜名》:“肉,麼娑𑖦(ma)𑖽𑖭(ṅsa)。”(T54/1223b)又:“魚,麼娑𑖦(ma)𑖭(sa)。”(T54/1236c)“DDB”佛教梵語術語“M”條(Sanskrit Terms Index: m):“māṃsa 摩娑、肉、身肉、饌。”此處“麼娑𑖦(ma)𑖭(sa)”為“魚”,從音節看無“ṅ”,然音譯皆作“麼娑”,說明在音譯過程中“ṅ”音省略。“網娑訶羅”又作“芒娑訶囉”“芒娑訶哩泥”,唐般刺蜜諦譯《大佛頂如來密因修證了義諸菩薩萬行首楞嚴經》卷 7:“芒娑訶囉——食肉鬼。”(T19/136a)又同卷:“芒娑訶哩泥——食肉鬼。”(T19/135a)又唐不空譯《大佛頂如來放光悉怛多鉢怛囉陀羅尼》卷 1 作“芒(上引)娑(引)訶

① “芑莎”當為“芒莎”,“芑”“芒”形近而訛。詳見下文“網娑訶羅”條。

(引)囉"(T19/102a)。又宋子璿集《首楞嚴義疏注經》卷 7 作"忙娑訶唎南"(T39/918b)。唐跋馱木阿譯《佛説施餓鬼甘露味大陀羅尼經》卷 1:"芑莎雞馱鬼——食肉食脂等鬼。"(T21/484b)據上文考釋可知,此處"芑莎"之"芑"當為"芒"之形訛。僧伽婆羅譯《孔雀王咒經》卷上音譯作"網娑","網""芒""忙"上古音為"明"母字,擬音作[mɑŋ]或[mǐwɑŋ],與梵音音節[mā]非常相近,[ā]是[ɑ]的鼻化音變體,與後鼻音[ɑŋ]接近。"訶羅""訶囉""訶唎南""訶哩泥"皆為 āhāra 的不同音譯用字。

梵音 Māṁsa 又音譯作"瞢娑"。元魏般若流支譯《正法念處經》卷 16:"十三者瞢娑婆叉,食肉餓鬼。"(T17/92b)"網娑""芒娑""忙娑"和"瞢娑"諸音譯形式佛經音義及佛學辭典皆未提及,當據補。

准此,"網娑訶羅"梵音可擬為 Māṁsa-āhāra。"網娑訶羅"為食肉鬼,因其前世"賣買欺誑"而受此業報,唐道世撰《法苑珠林》卷 6"十三食肉鬼"下云:"由以眾生身肉,臠割秤之,賣買欺誑,因受此報,多詐醜惡,人惡見之,祭祀雜肉,方得食之。"(T53/312a)

7. 弭陀訶羅——梁言食胞

按:"弭陀訶羅",藏經僅見此一次,此為梵音音譯,夜叉名。"弭陀訶羅",宋子璿集《首楞嚴義疏注經》卷 7 作"謎陀訶唎南"(T39/918b)。今據上"婆娑訶羅"考證知,"訶羅(āhāra)"為"飲、食"義,則"弭陀"對應語義應為"胞"。"弭"字原注音"亡比反",此處"弭陀訶羅——梁言食胞"與上揭"伽破訶羅——梁言食孕"似重複,可能有誤。南朝梁僧伽婆羅譯《孔雀王咒經》,在唐代有兩個同經異譯本:唐義淨譯《佛説大孔雀咒王經》和唐不空譯《佛母大孔雀明王經》。唐義淨譯《佛説大孔雀咒王經》卷上:"烏悉多喀迦及餘所有一切鬼神亦當善聽,所謂食精氣者、食胎者、食血者、食肉者、食脂膏者、食髓者、食支節者、食生者、食命者、食祭者、食氣者、食香者、食鬘者、食花者、食果者、食五穀者,食火燒者、食膿者、食大便者、食小便者、食唾者、食涎者、食洟者、食殘食者、食吐者、食不淨物者、食漏水者。諸如是等有毒害心,伺斷他命作無利益者,皆來聽我讀誦此《大孔雀咒王經》。"(T19/459b)唐不空譯《佛母大孔雀明王經》卷2:"複有諸鬼食精氣者、食胎者、食血者、食肉者、食脂膏者、食髓者、食生者、食命者、食祭祠者、食氣者、食香者、食鬘者、食花者、食菓者、食苗稼者、食火祠者、食膿者、食大便者、食小便者、食涕唾者、食涎者、食洟者、食殘食者、食吐者、食不淨物者、食漏水者。如是等鬼魅所惱亂時,願佛母明王擁護於我(某甲)並諸眷屬,令離憂苦壽命百年。"(T19/427c)

通過同經異譯比較發現僧伽婆羅譯《孔雀王咒經》時,皆選擇音譯,意譯是通過標注"梁言"形式表達,而唐代義淨及不空異譯本皆為意譯,且意譯的諸鬼神夜叉較多較全,通過比照我們發現兩異譯本中都有"食不淨物者"夜叉,而"不淨"梵音作 mīḍha,指人畜排泄物。"DDB"佛教梵語術語"M"條(Sanskrit Terms Index: m):"mīḍha 不淨。"其同根詞有"mīḍha-sthāna 廁"。梵音 mīḍha 與音譯用字"弭陀""謎陀"語音對應吻合。丁福保《佛學大辭典》:"弭陀訶羅(異類),夜叉名。譯曰食腦。見《孔雀王咒經》上。"今見藏經僧伽婆羅譯《孔雀王咒經》卷1,作"梁言食胞",皆無版本異文,不知丁氏云"譯曰食腦"何據?梵語對應"頭、腦"音節有兩個詞根: masta 和 śiras,"DDB"佛教梵語術語"M"條(Sanskrit Terms Index: m):"masta 頂。"其同根詞有"mastaka 尖、腦、頂、頭""mastaka-luṅga 腦"。"DDB"佛教梵語術語"S"條(Sanskrit Terms Index: s):"śiras 腦、頂、頂上、頭、頭面、頭頂、首、發。"同根詞有"śirasā 頂禮""śirasā praṇipatya 頭面接足""śirasā vanditvā 頭面禮""śirasas 從頭""śiras-kapāla 髑髏"等。但從語音來看,śiras 與音譯詞"弭陀"語音對應顯然不吻合,masta 與漢語音譯用字"弭陀""謎陀"語音雖較相近,然經文夾註"弭(亡比反)"之"亡比反"與"mas"音節也不吻合。

"弭陀訶羅"又作"畢舍遮鬼"。唐跋馱木阿譯《佛說施餓鬼甘露味大陀羅尼經》:"畢舍遮鬼——廁神,云守廁,伺人不淨食。"(T21/484b)

唐不空譯《大佛頂如來放光悉怛多鉢怛囉陀羅尼》卷 1 又作"咩(引)娜(引)訶(引)囉"。(T19/102a)又作"摩社訶囉",唐般刺蜜諦譯《大佛頂如來密因修證了義諸菩薩萬行首楞嚴經》卷 7:"摩社訶囉——食産鬼。"(T19/136a)而所謂"食産鬼"之説似也有誤。

所謂"食不淨""伺便""伺人不淨""守廁",皆與食人排泄物有關。由此推知,"胞"借為"脬",指膀胱。《説文》段注"胞"字下云:"其借為脬字,則讀匹交切。脬者,旁光(膀胱)也,腹中水府也。"文獻中習見借"胞"為"脬"用例,東漢張仲景《金匱要略·婦人雜病》:"此名轉胞不得溺也。"三國魏嵇康《與山巨源絶交書》:"每常小便而忍不起,令胞中略轉乃起耳。"佛典中也見"脬""胞"異文用例,姚秦鳩摩羅什譯《摩訶般若波羅蜜經》卷 5:"身中有發毛爪齒、薄皮厚皮、筋肉骨髓、脾腎心膽、肝肺小腸大腸胃脬、屎尿垢汗淚涕涎唾膿血、黄白淡癊肪𦛨腦膜。"(T8/253c)其中"脬"字,《大正藏》校勘記云:"脬",宋、元、明、宫、聖本作"胞"。宋元照述《四分律含注戒本疏行宗記》卷 2:"脾腎膽肝肺、小腸大腸胃胞(匹交切,合作脬,水府也)。"(X39/841c)

准此,"訶羅""訶囉""訶唎南"皆為 āhāra 的不同音譯用字。"弭陀""謎陀""畢舍遮""咩娜""摩社"皆為梵音 mīḍha 的不同音譯用字,"弭陀訶羅"梵音可擬為 mīḍha-āhāra。"弭陀訶羅"為食不淨鬼,又稱伺便鬼,因其前世"謀誑取財"而受此業報。唐道世撰《法苑珠林》卷 6"十六伺便鬼"下云:"由謀誑取財,不修福業,因受此報,身毛火出,食人氣力不淨,以自存活。"(T53/312a)

8. 社多訶羅——梁言食生

按:"社多訶羅",夜叉名。唐般刺蜜諦譯《大佛頂如來密因修證了義諸菩薩萬行首楞嚴經》卷 7 作"社多訶囉"(T19/136a),又同卷作"闍多訶唎女"(T19/135a)。宋子璿集《首楞嚴義疏注經》卷 7 作"社多訶唎南"(T39/918b)。又作"蛇底鬼",唐跋馱木阿譯《佛説施餓鬼甘露味大陀羅尼經》卷 1:"蛇底鬼——云食初産子鬼。"(T21/484b)又唐不空譯《大佛頂如來放光悉怛多鉢怛囉陀羅尼》卷 1 作“惹跢(引)訶(引)囉”。(T19/102a)“訶羅”“訶囉”“訶唎女”“訶唎南”皆為 āhāra 的不同音譯用字。“社多訶羅”梁言“食生”,“訶羅(āhāra)”為“飲、食”義,則“社多”對應語義應為“生”。“生”梵音語根為“jāta”,如“sujāta 善生”“sujāṭā 善生”“sujāta 妙生”等。“jāta”與音譯漢字“社多”語音對應較為吻合。“社多”為“生”義,佛經義疏中有説解,如唐法全集《大毘盧遮那成佛神變加持經蓮華胎藏菩提幢標幟普通真言藏廣大成就瑜伽》卷1:“社多,生也,言無垢從法而生。”(T18/148b)唐一行記《大毘盧遮那成佛經疏》卷 10:“社多(生也)……《通釋》云:離因緣生也。生由於業,離生即由離業也。”(T39/685c)

准此,“社多”“闍多”“蛇底”“惹跢”為“生”的梵音“jāta”的不同音譯用字,“訶羅”“訶囉”“訶唎女”“訶唎南”皆為 āhāra 不同音譯用字。“社多訶羅”梵音可擬為 jāta-āhāra。

9. 恃毘多訶羅——梁言食壽命

按:“恃毘多訶羅”,梵音 Jivitākāra,夜叉名。又作“視微多訶囉”“視比多訶唎南”“視吠哆訶哩泥”“視尾哆鬼”“爾(引)尾跢(引)訶囉(引)”“視毖多訶囉”等。所謂“恃毘多”“視微多”“視比多”“視尾哆”“時毘多”“爾尾跢”“視毖多”皆為“壽命”梵音 Jīvita 的不同音譯用字。“訶羅”“訶囉”“訶哩泥”“訶唎南”皆為 āhāra 的不同音譯用字。詳細釋證分別參見第一章第四節及第二章第一節“恃毘多訶羅——梁言食壽命”條。

10. 跋利訶羅——梁言食藤

按:“跋利訶羅”,該音譯形式佛典中僅見一次,夜叉名。又作“末略訶囉”,唐不空譯《大佛頂如來放光悉怛多鉢怛囉陀羅尼》卷 1:“末略(裹也反引)訶(引)囉(引)。”(T19/102a)“跋利”又作“婆利”,梵音

Vali,為 Valiśa 省譯,"DDB"佛教梵語術語"V"條(Sanskrit Terms Index: v):"valiśa 婆利。"其同根詞有"valikā 皺""valina 面皺""valita 宛、纏繞"等。《翻梵語》卷 8:"婆利,譯曰騰也。"(T54/1035c)又卷 10:"婆師花,應云婆利師,譯曰騰花。"(T54/1049c)從中可知"梁言食藤"中"藤"指"騰花",又作"藤華""鬘華"。此花實為"茉莉花",藤本科花卉,故又稱藤華,易於編織成華鬘。又音譯作"末利""摩利",《翻譯名義集》卷 3:"末利,亦云摩利,此云柰,又云鬘華,堪作鬘故。《善見律》云:廣州有其華藤生。"(T54/1103c)又音譯作"波師波利""婆梨""婆利師迦""婆師迦""婆利史迦"等,梵音具云作 Vārṣikī,《翻梵語》卷 10:"波師波利華,應云婆利師迦波利尒波利,譯曰婆梨。迦者,憂生。波利者,護。"(T54/1049c)佛經注疏中習見對該花習性、色澤、香味等特性的描述,《翻譯名義集》卷 3:"婆利師迦,亦云婆師迦,又云婆使迦,此云夏生華。又翻雨華,雨時方生,故曰雨華。"(T54/1103c)《慧苑音義》卷下:"婆師迦花,具云婆利史迦,言婆利史者,此云雨也,迦謂迦羅,此云時也,西域呼,夏為雨,其花生于夏時故名也。"(T54/456b)唐李通玄造論、志寧厘經合論《大方廣佛新華嚴經合論》卷 31:"婆利師迦末利香,種種樂音皆具足。"(X4/211b)唐澄觀撰《大方廣佛華嚴經疏》卷 16:"婆利師迦者,此云雨時生華,末利香即華名,其色猶黃金。"(T35/626a)唐澄觀述《大方廣佛華嚴經隨疏演義鈔》卷 89:"次云婆師迦華,具云婆利史迦,言婆利史者,此云雨也。迦謂迦羅,此云時也,雨時生故。"(T36/694c)

准此,"跋利訶羅""末略訶囉"梵音可擬為 Vali-āhāra 或 Valiśa-āhāra。值得指出的是,"食藤"特指食茉莉花藤,即"跋利"之"藤",而不是泛指所有植物之"藤",後者梵音為 vīraṇa,與"跋利""末略"梵音 Vali 或 Valiśa 不同。

11. 摩邏訶羅——梁言食髻發

按:"摩邏訶羅"梁言意譯作"食髻發",與僧伽婆羅譯《孔雀王咒經》同經異譯之姚秦鳩摩羅什譯《孔雀王咒經》、唐義淨譯《佛説大孔雀咒王經》卷 1、唐不空譯《佛母大孔雀明王經》卷中皆意譯作“食鬘”。又元魏般若流支譯《正法念處經》卷 16:“十一者摩羅婆叉,食鬘餓鬼。”(T17/92b)明弘贊輯《四分律名義標釋》卷 5:“十一者摩羅婆叉,此言食鬘。”(X44/440c)知“髻發(髮)”乃為“髻鬘”之誤。“發(髮)”當為“鬘”之形訛,“髻鬘”指結花鬘。

“摩邏”,梵音 māla,又作“摩羅”。“DDB”佛教梵語術語“M”條(Sanskrit Terms Index: m):“māla 摩羅;mālā 纓絡、花鬘、華鬘;mālā 髻、鬘、麼攞、麼羅。”其同根詞有“malayū 麼羅庾”“mālikā 傅飾須”“mālin 鬘”“mālīya 鬘、malya 鬘、mālya 鬘”“mālya-jāta 鬘”等。隋吉藏撰《勝鬘寶窟》卷 1:“言勝鬘者,外國名為屍利摩羅。屍利此翻名之為勝。摩羅名鬘,鬘謂華鬘。”(T37/2b)《慧苑音義》卷下:“摩羅提國,具云摩羅耶提數,此云鬘地。或曰:摩羅耶山名也,提數中也,言此國中央有摩羅耶山,故因名也。”(A91/396b)《玄應音義》卷 1 音《大方廣佛華嚴經》卷 1:“華鬘,梵言俱蘇摩,此譯云華,摩羅,此譯云鬘①,音蠻,案,西國結鬘師多用蘇摩那華,行列結之,以為條貫。無問男女貴賤,皆此莊嚴,或首或身,以為飾好。則諸經中有華鬘市天鬘、寶鬘等,同其事也。字體從髟,音所銜反,㝵聲,㝵音彌然反,經文作髫,非體也。”(C56/814a)《可洪音義》音《正法念處經》卷 16:“食鬘,莫顔反,梵云魔羅,魏言食鬘,今九子母是也。”(K35/52c)《翻譯名義集》卷 7:“摩羅,此云鬘。苑師云:一切華通名俱蘇摩,別有一華,獨名俱蘇摩,此云悦意。其華大小如錢,色甚鮮白,眾多細葉圓集共成。應法師云:西域結鬘師,多用蘇摩羅華,行列結之以為條貫,無問男女貴賤。皆此莊嚴,或首或身,以為飾好。《正法念》云:生天華鬘在額。”(T54/1172b)丁福保《佛學大辭典》:“勝鬘夫人,(人名)舍衛國波斯匿王之女,母云末利,譯為鬘。夫人之梵名尸利摩羅 Mālyaśṛl,尸利,譯曰勝。摩羅,譯曰鬘。”“摩邏”又作“摩離”,唐法藏述《華嚴經探玄記》卷 20:“摩離

① 按:華鬘,梵音 Kusumamālā,音譯作“俱蘇摩摩羅”。

者,具云摩羅底數也。摩羅此云鬘,底數此云中,謂鬘中國也。此近摩羅耶山,故名相同也。"(T35/489c)

"摩邏訶羅"又作"嚩略訶囉"。唐不空譯《大佛頂如來放光悉怛多缽怛囉陀羅尼》卷1:"嚩略(引)訶(引)囉(引)。"(T19/102a)梵音可擬為 māla-āhāra 或 mālya-āhāra。"摩邏訶羅"為食鬘鬼,因前世"盜佛華鬘用自莊嚴"而受此業報。唐道世撰《法苑珠林》卷6"十一食鬘鬼"下云:"以前世時,盜佛華鬘用自莊嚴,若人遭事以鬘賞祭,因得鬘食也。"(T53/312a)

12. 乾他訶羅——梁言食香

按:"乾他訶羅",夜叉名。"訶羅-āhāra"為"食"義,則"乾他"為"香"義。"香"梵音 gandha,"DDB"佛教梵語術語"G"條(Sanskrit Terms Index: g):"gandha 健杜、健達、健陀、塗香、氣味、臭、芬馥、芬陀、香、香氣、齅。"其同根詞有"gandha manojña 美香""gandhakuṭī 健陀俱知、蘗馱矩吒、香室、香室堂""gandhaṃ 聞香""gandhāra 健馱邏、香行、香遍""gandharva 中有、乾遝和、乾遝婆、乾闥、乾闥婆、乾闥婆神、乾陀羅、乾陀羅鬼神、健遝想、健達婆、健達縛"等。唐般剌蜜諦譯《大佛頂如來密因修證了義諸菩薩萬行首楞嚴經》卷7:"健陀訶囉——食香鬼。"(T19/136a)唐跋馱木阿譯《佛説施餓鬼甘露味大陀羅尼經》卷1:"健馱鬼——唐云食香鬼。"(T21/484b)唐不空譯《大佛頂如來放光悉怛多缽怛囉陀羅尼》卷1作"巘馱(引)訶囉(引)"(T19/102a)。《翻梵語》卷8:"健陀俱知,譯曰香室、香台、香殿。"(T54/1041c)《翻譯名義集》卷7:"健陀俱胝 Gaṁdhakuṭi,義淨云:西方名佛堂,為健陀俱胝。此云香室。"(T54/1168b)唐道世集《諸經要集》卷12:"問:何故中有名健達縛?答:以彼食香而存濟,此名唯屬欲界中有。"(T54/114c)《玄應音義》卷3:"乾陁越國,字或作揵,應云:乾陁婆那,此譯云香林,《明度經》云'香淨國',《阿闍世女經》云'香潔',一云'香風',皆一也。"唐一行記《大毘盧遮那成佛經疏》卷9:"健杜是香。"(T39/676b)《翻譯名義集》卷 3:“乾陀羅耶,正言健達,此云香。張華《博物志》云: 有西國使獻香者,漢制不滿斤不得受,使乃私去,著香如大豆許在宮門上,香聞長安四面十裏,經月乃歇。《華嚴》云: 善法天中有香,名淨莊嚴,若燒一圓,而以熏之,普使諸天,心念於佛。”(T54/1104b)

“乾他訶羅”為食香鬼,又稱黃色鬼。隋吉藏撰《法華義疏》卷 12:“毘陀羅,此云青色鬼;建陀,此云赤色鬼;烏摩勒伽,此云食人精氣鬼,亦云大殺也。阿跋摩羅,此云影形鬼,亦云無鎧,注經云轉筋鬼。”(T34/630b)這裏《法華義疏》云“建陀”為“赤色鬼”似有誤。宋聞達解《妙法蓮華經句解》卷 8:“若毗陀羅,此云赤色鬼;若犍馱,此云黃色鬼;若烏摩勒伽,此云黑色鬼;若阿跋摩羅,此云青色鬼。”(X30/622c)宋道威入注《妙法蓮華經入疏》卷 12:“若人若夜叉,俱有此鬼也,毗陀羅,赤色鬼;犍馱羅,黃色鬼;烏摩勒伽,烏色鬼;阿跋摩羅,青色鬼。”(X30/246b)宋守倫注《科注妙法蓮華經》卷 10:“毗陀羅者是赤色鬼;犍馱或云犍陀羅是黃色鬼;烏摩勒伽,黑色鬼;阿跋摩羅是青色鬼。”(X30/844b)宋人《句解》《入疏》《科注》皆為在吉藏撰《法華義疏》的基礎上說解和闡發,可反推知《法華義疏》“赤色鬼”應為上文“毗陀羅,赤色鬼”之倒誤。

“乾他訶羅”為食香鬼,因前世“賣惡香多取酬直”而受此業報。唐道世撰《法苑珠林》卷 6“十四食香鬼”下云:“由賣惡香多取酬直,唯食香煙,後受窮報。”(T53/312a)

13. 弗婆訶羅——梁言食花

按:“弗婆訶羅”,夜叉鬼名。“弗婆”為“華(花)”梵音 pauṣpa 的音譯,“DDB”佛教梵語術語“P”條(Sanskrit Terms Index: p):“pauṣpa 如華、華。”其同根詞有“pauṣpaka 華”“mukha-puṣpaka 花嚴”“arka-puṣpa 白花、白華”“audumbara-puṣpa 優曇花、優曇華”“divya-puṣpa 天華”“khapuṣpa 空華”等。“弗婆”當是梵音 pauṣpa 中 ṣ 音弱化省譯。梵音 pauṣpa 又音譯作“布瑟波”“布史波”“補瑟波”。唐般剌蜜諦譯《大佛

頂如來密因修證了義諸菩薩萬行首楞嚴經》卷7:"布瑟波訶囉——食花鬼。"(T19/136a)唐跋馱木阿譯《佛説施餓鬼甘露味大陀羅尼經》卷1:"布瑟波鬼——唐云食花餓鬼。"(T21/484b)《翻譯名義集》卷3:"布瑟波,此云華。"(T54/1103b)其中"布瑟波",《大正藏》校勘記標注梵音Puṣpa。《陀羅尼集經》卷8:"布瑟波——唐云花也。"(T18/858b)又《大佛頂如來密因修證了義諸菩薩萬行首楞嚴經》卷7作"布史波訶囉"(T19/141a),唐不空譯《大佛頂如來放光悉怛多缽怛囉陀羅尼》卷1作"補瑟波(二合)訶囉(引)"(T19/102a)。此外,包含"布瑟波"音譯構詞的還有"嚧醯陀迦布瑟波""素囉毘布瑟波"等,唐阿地瞿多譯《陀羅尼集經》卷2:"嚧醯陀迦布瑟波形——唐云陵①宵②華也。"(T18/796a)又《陀羅尼集經》卷6:"素囉毘布瑟波——二合此云柏花。"(T18/837a)

14. 頗羅訶羅——梁言食果

按:"頗羅訶羅",夜叉餓鬼名。"頗羅"為"果"梵音phala之音譯,《翻梵語》卷10:"頗羅,《論》曰:菓也。"(T54/1050c)《翻譯名義集》卷3:"頗羅,此云果。"(T54/1102c)《梵語雜名》卷1:"菓,頗羅𑖣(pha)𑖨(ra)③。"(T54/1235b)"DDB"佛教梵語術語"P"條(Sanskrit Terms Index: p):"phala報、子、實、得果、感、所得果、果、果報、果樹、果體、核、沙門果、法果、生果、菓、頗羅。"故"頗羅訶羅"可擬梵音為phalāhāra,丁福保《佛學大辭典》云:"頗羅訶羅(異類),Phalāhara,夜叉名,譯曰食果。見《孔雀王咒經》上。"

"頗羅訶羅"又作"破囉訶囉""頗攞訶囉""頗囉訶囉",《大佛頂如來密因修證了義諸菩薩萬行首楞嚴經》卷7:"破囉訶囉——食五果子

① 《大正藏》校勘記云:陵,明本作"淩"。
② 《大正藏》校勘記云:宵,元、甲、乙本作"霄"。
③ 《大正藏》校勘記云:𑖨(ra),甲本作𑖩(la)。

鬼。”(T19/136a)唐不空譯《大佛頂如來放光悉怛多鉢怛囉陀羅尼》卷1作“頗攞(引)訶(引)囉(引)”(T19/102a)。清劉道開纂述《楞嚴經貫攝》卷7作“頗囉訶囉”(X15/480c)。

15. 薩瀉訶羅——梁言食種

按:“薩瀉訶羅”,夜叉餓鬼名。“薩瀉”為“五穀種子”,梵語作“𑖭𑖭𑖿𑖧”,梵音作 sasya 或 śasya。《梵語千字文》卷1:“𑖭(sa)𑖭𑖿𑖧(sya)薩寫,豆。”(T54/1205c)“DDB”佛教梵語術語“S”條(Sanskrit Terms Index: s):“sasya 果、稻穀、豆、稼、稼穡、穀、苗、苗稼。”又作“śasya 穀、苗稼”。其同根詞有“sasya-jāti 稼穡”。“薩瀉訶羅”又作“薩寫訶囉”。《大佛頂如來密因修證了義諸菩薩萬行首楞嚴經》卷7:“薩寫訶囉——食五穀種子鬼。”(T19/136a)唐不空譯《大佛頂如來放光悉怛多鉢怛囉陀羅尼》卷1:“薩寫(引)訶(引)囉(引)”(T19/102a)。又訛作“婆寫訶囉”。《大佛頂如來密因修證了義諸菩薩萬行首楞嚴經》卷7作“婆寫訶囉”(T19/141a)。清劉道開纂述《楞嚴經貫攝》卷7作“婆寫訶囉”(X15/480c)。據梵音 sasya 音節推斷可知,“婆寫”之“婆”可能是“娑”,佛經中娑、婆常訛混。

16. 阿欻底訶羅——梁言食火所燒

按:“阿欻底訶羅”,餓鬼夜叉名。該音譯形式佛典中只見1例,諸佛教辭典皆未見訓釋。從“梁言食火所燒”來看,此夜叉食火祭。佛教有火祭法,梵音 homa,音譯作護摩、呼摩、呼魔、户摩等。該護摩法往往是祭祀火天諸神,以達到祛災免難的目的。而“火天”梵音作 āgni,音譯作阿祇儞、阿祇尼、阿耆尼等。同時“火祭”梵音作 agni-hotra ,從“阿欻底”漢語音節推斷,“阿”當為 āgni 音譯簡省,“欻底”當為“hotra”的音譯。准此,“阿欻底訶羅”,梵音可擬作 agni-hotra-āhāra。“食火所燒鬼”又意譯作“火爐燒食鬼”。隋慧遠撰《大乘義章》卷8作“火爐燒食鬼"(T44/626b)。然其異譯本唐義淨譯《佛説大孔雀咒王經》、唐不空譯《佛母大孔雀明王經》皆未標注音譯形式,分别意譯作"食火燒"(T19/459b)和"食火祠"(T19/427c)。"阿欻底訶羅"為食火所燒鬼,因前世"慳嫉覆心,喜噉僧食"而受此業報。唐道世撰《法苑珠林》卷6"二十七火燒食鬼"下云:"由慳嫉覆心,喜噉僧食,先墮地獄,從地獄出,受火爐燒身鬼也。"(T53/312b)

17. 阿難波實多——梁言不稱

按:阿難波實多,夜叉名。《孔雀王咒經》卷1:"阿難波實多(梁言不稱)夜叉住偷那國。"(T19/450a)丁佛保《佛學大辭典》:"阿羅波寶多夜叉(異類),alpapota yakṣas,鬼名,譯曰不稱鬼。見《孔雀王咒經》上。"今謂《佛母大孔雀明王經》卷2"阿跋羅爾多"對應梵音為"aparājita"。"aparājita"由"apara"和"jita"兩個詞根構成,"apara"作為詞綴常表示否定義"不能""無能"等,"jita"為"伏、勝、降伏、除"義。《佛學大辭典》擬梵音作"Alpapota",不確。《佛學大辭典》擬音"yakṣas"似為"ayaśas"同根詞。"梁言不稱"意謂該夜叉具有不可稱説、不可思議之力。而"ayaśas 不稱"指"不稱譽、毀呰"義,與經意無關。詳細釋證分别參見第一章第三節及四節"阿難波實多——梁言不稱"條。

18. 彼周羅波尼——梁言金剛手

按:彼周羅波尼,夜叉名。《孔雀王咒經》卷1:"彼周羅波尼夜叉(梁言金剛手),住耆闍崛山。"(T19/450a)據"梁言金剛手"知,南朝梁意譯為"金剛手",而《孔雀王咒經》的唐代兩個同經異譯本《佛説大孔雀咒王經》及《佛母大孔雀明王經》,皆作承此意譯分别作"大神金剛手"和"大聖金剛手"。《佛説大孔雀咒王經》卷2:"大神金剛手住於王舍城。"(T19/464b)《佛母大孔雀明王經》卷2:"大聖金剛手住居王舍城。"(T19/423a)又作"跋闍羅波尼"。唐道宣撰《關中創立戒壇圖經》卷1:"神名跋闍羅波尼(梁言金剛)。"(T45/809a)又作"跋闍羅波膩"。《翻譯名義集》卷2:"跋闍羅波膩,梁云金剛,應法師云:跋闍羅此云金剛,波膩此云手。謂手執金剛杵,以立名。"(T54/1078a)

"金剛手"為梵音"vajrapāṇi"意譯,"彼周羅波尼"為其音譯。又《孔雀王咒經》云該金剛手"住耆闍崛山",其中"耆闍崛"為"rājagṛha"音譯,"王舍城"為梵音意譯,作"耆闍崛山"為梵漢合璧詞。

"大神金剛手"或"大聖金剛手"又稱"執金剛神",又云"執金剛夜叉""金剛力士"。該夜叉神手執金剛杖守護帝釋天宮門。據藏經"梁言"作"金剛手"為其最早意譯,其後隋、唐、宋時期譯經皆承此意譯。如:

隋闍那崛多譯《五千五百佛名神咒除障滅罪經》卷3:"爾時,普賢菩薩、文殊尸利童子、陀羅尼自在王菩薩、執金剛手菩薩。"(T14/329a)

唐善無畏共一行譯《大毘盧遮那成佛神變加持經》卷1〈入真言門住心品〉:"毘盧遮那佛告持金剛祕密主言:'善哉!善哉!執金剛,善哉!金剛手,汝問吾如是義,汝當諦聽,極善作意,吾今說之。'"(T18/1b)

宋施護譯《佛說無二平等最上瑜伽大教王經》卷1:"爾時金剛手大執金剛者,安住一切如來心,修習一切如來行,隨一切如來身所行,順一切如來心所作。"(T18/514c)

又"金剛手"除上揭梵音作"vajrapāṇi"外,梵音"vajradhara"亦常意譯作"金剛手",今試做辨析。

"vajrapāṇi"和"vajradhara",分別是詞根"vajra"加上不同詞根"pāṇi"和"dhara"組合而成,"vajra"為"金剛"之梵語,音譯作"伐折羅""伐闍羅""跋折羅"等。"DDB"佛教梵語術語"V"條(Sanskrit Terms Index: v):"vajra 伐折羅、伐闍羅、和夷羅、嚩日囉、嚩日羅、斡資羅、杵、波闍羅、縛日羅、越闍、跋折囉、跋折羅、跋日羅、跋闍羅、金剛、金剛杵、霹靂。""彼周羅"為"vajra"另一音譯形式,按"彼"上古音為幫母歌部;中古為幫母支韻,擬音作[pǐe]。"周"中古音為章母尤韻字,擬音作[tɕəu]。"闍",中古音有禪母麻韻三等字音,音作[ʑĭa]。對應梵音音節是[va]和[j],梵音音節[j]音譯用字常為"闍,如"jātaka"音譯作"闍多伽""闍多迦""闍陀""闍陀伽"。准此,可以推定"周"為"闍"之形訛。詞根"pāṇi"為"手"義,據"DDB"佛教梵語術語"P"條(Sanskrit Terms Index: p):"pāṇi 手掌。"又:"pāṇī 手。"其詞根構詞有"jāla-pāṇi-pāda 手足網縵""jāla-pāṇi-pādatā 手足網縵相"。其中"jāla"是"網縵"義,"pāṇi"為"手","pāda/ pādatā"為"足"義。又梵語"右手"作"dakṣiṇa-pāṇi"。"-pāṇi"作為構詞後綴常指手部動作"執持、捉持"義,音譯作"播尼"。"DDB"佛教梵語術語"P"條(Sanskrit Terms Index: p):"-pāṇi 執持、手執、捉、播尼。" "dhara"是"執持"意思,"DDB"佛教梵語術語"D"條(Sanskrit Terms Index: d):"dhara 執持、執攬、懷、戴、持、任持、住持、具、受、受持、執。""dhara"又音變作"dhāra 執持",其同根詞有:"ādāna 受、執、執持、得、所取、攝受""dhāraṇa 任持、住、受持""dhāraṇā 受持""dhāraṇa 執、執持、安、憶持""dhāraṇa 持誦、攝持、畜、總持、繫、能持、著、護、護持""dhārayāhi 奉持"等。

又"vajradhara"指"執金剛","DDB"佛教梵語術語"V"條(Sanskrit Terms Index: v):"vajradhāra 伐折羅陀羅。"又"vajra-dhara 執金剛、金剛手""vajradhara 執金剛神""vajradhāra 持金剛"。

19. 魔醯鏃羅——梁言太白

按:魔醯鏃羅,夜叉名。梵音作 mahêśvara。《孔雀王咒經》卷 1:"摩醯首羅夜叉住毘羅多國。魔醯鏃羅夜叉(梁言太白),止羅多國。"(T19/450a)《佛説大孔雀咒王經》卷 2:"大自在藥叉咨羅吒處住。"(T19/464c)《佛母大孔雀明王經》卷 2:"摩醯首藥叉止羅多國住。"(T19/423a)這裏《孔雀王咒經》卷 1 云"摩醯首羅夜叉"住"毘羅多"國。又《經律異相》卷 1:"摩醯首羅天(梁言大自在),又名淨居,過五淨居而有八處皆悉虛寂,是十住大士之所住處。法云菩薩多作此天王,形有八臂三眼,騎大白牛。大云降雨,雨大千界,一切眾生無能知數,唯此天王獨能知之。"(T53/4a)比照《經律異相》"摩醯首羅天,梁言大自在"。我們可以推知"梁言太白"當為"梁言大自在"之省誤。大、太古文不分,白、自字形相近,因"大自"訛作"太白",故又省去"在"。"DDB"佛教梵語術語"M"條(Sanskrit Terms Index: m):"mahêśvara 大自在、自在""Mahêśvara 魔醯首羅""mahêśvaryâdhipatya 大自在"。

又作"魔醯濕縛羅"。延享元年刊豐山大學藏本《白傘蓋大佛頂王最勝無比大威德金剛無礙大道場陀羅尼念誦法要》卷1:"天魔外道眾、魔醯濕縛羅、大力那羅延、并諸餘天類,所有種神通力、喪滅盡無餘。"(T19/399c)又作"摩醯伊濕伐羅"或"莫醯伊濕伐羅"。《成唯識論述記》卷1:"若言莫醯伊濕伐羅,是大自在天。若長言摩醯伊濕伐羅,是事大自在天者。"(T43/262a)《成唯識論述記》卷7:"大自在宮者。謂淨居上有實淨土。即自受用身初於彼起證。是第十地菩薩宮。舊言摩醯首羅。今應言莫醯伊濕伐羅,即大自在也。"(T43/498b)

又具名作"摩訶莫醯伊濕伐羅"和"莫醯伊濕伐羅提婆"。《翻譯名義集》卷2:"摩醯首羅,《大論》此云'大自在',正名摩訶莫醯伊濕伐羅,八臂、三眼,騎白牛。"(T54/1077c)《梵網經記》卷1:"魔醯首羅者,具云莫醯伊濕伐羅提婆,此云大自在。"(X38/245b)《四分律名義標釋》卷6:"摩醯首羅天,此言大自在。正梵音云摩訶莫醯伊濕伐羅。八臂、三眼、騎白牛、執白拂及三股叉。"(X44/448c)

關於自在天夜叉神摩醯首羅,《金光明經照解》卷2說解的最為詳備。云:"及自在天摩醯首羅,疏中謂此摩醯首羅翻為大自在威靈帝等,此乃天台指首羅為天主大自在天也。而霆師諸天傳則不本此說,乃曰經中別有摩醯首羅乃藥叉神,此非天主。如《孔雀經》云:'摩醯首羅藥叉止羅多國住。光明鬼神品內,先言自在天,此即天主首羅也。次云大力鬼王那羅延等摩醯首羅即藥叉神也。'如《本行經》說佛為悉達太子時,合禮天廟,以摩醯首羅其神惡而有靈,太子至其所,擡身下階先禮太子,既云神惡,必非天主矣,所以古來畫像猶豫不決,一作菩薩相,三目八臂合掌執拂等;一作藥叉之相,頭髮鬈起,三目八臂手執弓箭等。然霆師此說後賢更審之。"(X20/522a)

丁福保《佛學大辭典》:"莫醯伊濕伐羅,(天名)Maheśvara,一作摩醯伊濕代羅,略名摩醯濕伐羅,摩醯首羅。摩醯者,大。伊濕伐羅者,自在,即大自在。位於色界頂上之天神名也。《慧苑音義》上曰:'摩醯首羅,正云摩醯濕伐羅。言摩醯者,此云大也。濕伐羅者,自在也。謂此天王於大千世界中得自在故也。'《智度論》二曰:'摩醯首羅天,秦言大自在。八臂、三眼、騎白牛。'《唯識述記》一末曰:'若言莫醯伊濕伐羅,是大自在天。若長言摩醯伊濕伐羅,是事大自在天者也。如言佛陀是覺者。若言抱徒憨,是事佛者。'"《佛學大辭典》:"摩醯,(雜語)Mahā,又作莫醯。譯曰大。《大品般若經義疏》一曰:'摩訶或云摩醯,或云優婆,此言大。'"《佛學大辭典》:"又摩醯首羅,Maheśvara之略。譯曰大自在天。《性靈集》六曰:'桓因所以憑念,摩醯歸之接足。'"

要之,據佛經註疏、佛經音義以及佛學辭典釋義,梵音 Maheśvara 有"摩醯首羅""莫醯伊濕伐羅"等多種音譯形式,其意譯有兩種:一種是大自在天主神;一種是事佛的夜叉神。而梁言作"太白"是因其坐騎為"大白牛"而得名。

20. 髮闍羅牖他——梁言金剛仗

按:"髮闍羅牖他",夜叉名,梵音 vajrayudha。《孔雀王咒經》卷 1:"髮闍羅牖他夜叉(梁言金剛仗①)住毘沙羅國。"(T19/450b)《孔雀王咒經》兩個異譯本皆為意譯,作"金剛杵""金剛杖",《佛説大孔雀咒王經》卷 2:"藥叉金剛杵住在薜舍離。"(T19/464c)《佛母大孔雀明王經》卷 2:"金剛杖藥叉,毘舍離國住。"(T19/423a)該夜叉住在"vaisālī",三種譯本分別音譯作"毘沙羅""薜舍離""毘舍離"。梵音 vajrayudha 是由"vajra"和"ayudha"兩個根詞合成的詞,"vajra"意譯為"金剛",佛經翻譯實踐中其音譯形式有多種用字形式。"DDB"佛教梵語術語"V"

① 仗,宋、元、明本作"杖"。

條(Sanskrit Terms Index：v)："vajra 伐折羅、伐闍羅、和夷羅、嚩日囉、嚩日羅、斡資羅、杵、波闍羅、縛日羅、越闍、跋折囉、跋折羅、跋日羅、跋闍羅、金剛、金剛杵、霹靂。""ayudha"為"器仗、弓箭"的意思，"DDB"佛教梵語術語"A"條(Sanskrit Terms Index：a)："āyudha 仗、刀、刀仗、器仗、弓箭。"梵語中"āyudha"構詞有"pañcâyudha 五箭"，梵音數詞"五"為"pañca"，"DDB"佛教梵語術語"P"條(Sanskrit Terms Index：p)："pañca 五、五種、半者、般遮。"

又有"跋闍羅波膩"，指手執金剛杵的夜叉。《翻譯名義集》卷 2："跋闍羅波膩。梁云金剛。應法師云：'跋闍羅，此云金剛。波膩，此云手，謂手執金剛杵，以立名。'"(T54/1078a)"跋闍羅波膩"梵音 Vajrapāṇi，"pāṇi"為"執持"義，"DDB"佛教梵語術語"V"條(Sanskrit Terms Index：v)："vajra-pāṇi 執金剛、執金剛神""vajrapāṇi 持金剛""vajra-pāṇi 金剛力士、金剛密跡、金剛手、金剛神"。

21. 訶梨氷伽羅——梁言師子青色

按："訶梨氷伽羅"，夜叉名，梵音 haripiṅgala。《孔雀王咒經》卷 1："訶梨氷伽羅夜叉(梁言師子青色)住末羅國。"(T19/450b)《孔雀王咒經》兩個異譯本分別音譯作："訶里氷蘗囉"；"訶利氷揭羅"和"㗚哩氷揭麗"。《佛母大孔雀明王經》卷 2："訶里氷蘗囉，力士城中住。"(T19/423a)《佛説大孔雀咒王經》卷 2："訶利氷揭羅住在力士國。"(T19/464c)《佛説大孔雀咒王經》卷 1："訶利底(丁里反，下皆同)、訶利雞始、㗚[1]哩氷揭麗。"(T19/459b)該夜叉住在"末羅國"，梵音作"malla"，意譯作"力士城"或"力士國"。

梵語"haripiṅgala"是由"hari"和"piṅgala"構成的合成詞，"hari"意譯為"獅子"，因獅子的毛色為金黄色，所以金黄色又稱獅子色。音譯作"訶梨""訶利""訶里""㗚哩""呵梨"等。《孔雀王咒經》卷 2："訶利

① 㗚，宋、元、明本作"喝"。

(梁言師子),訶利枳舍(梁言師子髮),波羅赴(梁言自在),氷伽羅(梁言蒼色)。"(T19/452b)《佛説大孔雀咒王經》卷1:"訶利底(丁里反,下皆同)、訶利雞始、噉[①]哩氷揭麗。"(T19/459b)"DDB"佛教梵語術語"H"條(Sanskrit Terms Index: h):"hari 呵梨、獅子、訶利、訶梨。"其同根詞有"hāridra 黄"。"piṅgala"意譯為"蒼黄色",所謂"蒼黄色"即青黄色,故梁言作"青色"。"DDB"佛教梵語術語"P"條(Sanskrit Terms Index: p):"piṅgala 冰伽羅、蒼、黄。"其源詞為"piṅga 金色"。《孔雀王咒經》卷1:"氷加[②]羅夜叉住婆羅死耶國。"(T19/451c)《佛説大孔雀咒王經》卷2:"氷伽羅大神住在菴跋離。"(T19/466b)《佛母大孔雀明王經》卷2:"氷蘖羅藥叉,菴末離國住。"(T19/425b)此"氷加羅夜叉""氷伽羅大神""氷蘖羅藥叉"皆為"piṅgala"的"音譯+類名"形式,整個意思是"金毛夜叉神"。

22. 修陀里舍那——梁言善見

按:"修陀里舍那",梵音"sudarśaṇa",夜叉名,又為山名。《孔雀王咒經》卷1:"修陀里舍那夜叉(梁言善見)住瞻波國。"(T19/450b)《孔雀王咒經》兩個異譯本皆意譯作"善現"。《佛説大孔雀咒王經》卷2:"藥叉名善現住在占波城。"(T19/464c)《佛母大孔雀明王經》卷2:"藥叉名善現住於占波城。"(T19/423a)該夜叉住在"占波城"或作"瞻波國",梵音作"campā"[③]。"修陀里舍那"又音譯作"修陀利舍那"。《摩訶摩耶經》卷1:"娑伽羅龍王、修陀利舍那鬼王、毘摩質多羅阿修羅王,舍脂迷那天后、阿伽藍波天后、欝波尸天后、胝舍羅雞尸天后、阿葛

---

① 噉,宋、元、明本作"喝"。

② 加,宋、元、明本作"伽"。

③ "campā 瞻婆",佛典中又見音譯作"campa 瞻旬,瞻旬迦""campā 瞻蔔"。梵語具名又作"campaka"。"DDB"佛教梵語術語"C"條(Sanskrit Terms Index: c):"campaka 占匐、占匐華、占博迦、占婆、思夷、思夷華、旃簓迦、旃篾迦、瞻博、瞻博迦、瞻旬、瞻旬迦、瞻蔔、薝蔔。"

邏天后、阿留波底天后、藐底天后、藐底梨沙天后，此諸雜王具大威力，及眾天后容貌絶世。”（T12／1007b）《翻梵語》卷 7：“脩陀利舍那鬼王，譯曰好見①。”（T54／1030a）

又作“蘇達梨舍那”。《翻譯名義集》卷 3：“蘇達梨舍那，此云善見，見者稱善。”（T54／1099b）《慧琳音義》卷 70：“蘇達梨舍那，此云善見，言此山端嚴繡麗，見之稱善，則以名焉。”（T54／765a）《俱舍論疏》卷 11〈分別世品〉：“蘇達梨舍那，此云善見，莊嚴殊妙，見者稱善，故名善見。”（T41／615a）

又作“蘓達梨舍那”“脩騰娑那”。《新集藏經音義隨函録》卷 20：“脩騰，徒登反。脩曝，同上。古《俱舍論》作‘脩騰娑那’，新《俱舍論》作‘蘓達梨舍那’，山名也。此海以山為名耳，唐言善見，言此山端嚴繡麗，見之稱善，故以名之。又蒲報、蒲卜二反，並非，悮久也。”（K35／285b）

又作“蘇跌里舍那”。《根本説一切有部毘奈耶雜事》卷 40：“爾時鄔波笈多以法付囑具壽地底迦（此云有媿），此既弘通正法教已，轉付具壽黑色（梵云訖里瑟拏），次復轉付具壽善見（梵云蘇跌②里舍那）。”（T24／411b－c）《四分律名義標釋》卷 37 引《根本部》云：“佛般涅槃，大迦葉波與五百阿羅漢結集三藏已。與法付囑尊者阿難陀，阿難付囑奢搦迦（舊云商那和修者，譌），奢搦迦付囑鄔波笈多（此云小護），鄔波笈多付囑地底迦（此云有媿），地底迦付囑訖里瑟拏（此云黑色），訖里瑟拏付囑蘇跌里舍那（此云善見）。”（X44／684c）

又作“蘇達離舍那”。《佛本行集經》卷 47〈舍利目連因緣品〉：“彼婆羅門，具有八子，其第一子，名曰優婆低沙；其第二子，名曰大膝；其第三子，名曰純陀；其第四子，名曰姜叉頡唎拔多；其第五子，名曰闡陀；第六名曰閻浮呵迦；第七名曰憍陳尼；第八名曰蘇達離舍那，是名

① “好見”，甲本作“好見，亦云善見”。

② 跌，宫本作“趺”，誤。據“善現”梵音“sudarśaṇa”，“跌”對應音節為[da]，故宫本作“趺”誤。

八子。"(T3/873c)

又省譯作"達梨舍那",《翻譯名義集》卷 6:"達梨舍那,此云見。見有五種:一身見;二邊見;三見取;四戒取;五邪見,具此五種名曰見惑。"(T54/1149b)又可省譯作"須陀扇",《翻梵語》卷 1:"須陀扇,應云修陀梨舍那。經曰決見佛也,譯曰善見。"(T54/982b)

梵語"sudarśaṇa"為"善現色、如意、妙見"等義。"DDB"佛教梵語術語"S"條(Sanskrit Terms Index: s):"Sudarśana 善現色、如意、妙見、樂見、須達梨舍那、善見城、善見天。"其梵音"sudarśaṇa"同根詞有:"Sudarśanāḥ 善見天""sudarśanīya 喜見、妙好、姝好、綺麗"等。

梵語"sudarśaṇa"是由"su"和"darśaṇa"構成的合成詞,"su"作為前綴則有"勝、善、妙、最勝、極"等義。"DDB"佛教梵語術語"S"條(Sanskrit Terms Index: s):"su- 勝、善、妙、妙善、孝、安穩、巧妙、微妙、易、最勝、極、直、美。""darśaṇa"為"見、可見"等義。《翻梵語》卷 5:"陀梨舍菀,應云陀梨舍那,譯曰見也。"(T54/1017a)"DDB"佛教梵語術語"D"條(Sanskrit Terms Index: d):"darśana 可見、執、奉見、如、妄見、得見、慧、所見、深見、現、現見、看、眼、瞻仰、瞻視、瞻覩、示、示現、能見、能顯、著、見、見諦、見諦道、見道、覩、覩見、覲、觀、觀察、觀見、觀視、計、諦觀、證、達梨舍那、顯、顯現。""darśaṇa"來源于根詞"darśa","DDB"佛教梵語術語"D"條(Sanskrit Terms Index: d):"darśa 示現、見。"其同根詞有"darśaka 示、示現"。"darśana-"的合成構詞有:"darśana-bhāvanā 見修""darśana-bhāvanā-heya 見修所斷""darśana-bhāvanā-mārga 見道修道""darśana-bhūmi 具見地、見地、觀地""darśana-heya 見所斷、見諦所滅、見諦道、見道斷""darśana-heyā-dharmāḥ 見所斷法"等。其合成構詞"-darśana"有:"svapna-darśana 夢所見""tādṛśaṃ darśanam 妄見""tathāgata-darśana 奉見如來、見如來""tathāgata-jñāna-darśana 佛慧、佛知見、如實知見""tattva-darśana 實見、證實""uccheda-darśana 斷見""vidarśana 示現、能示、覩見、觀、觀察""vikalpa-darśana 分別見""adarśana 不能見、不見、非見""ādarśana 明鏡"等。

佛經中又見“彌栗頭陀利奢”“波里耶持里舍那”“珊檀那舍”“珊檀梨舍那”等。《佛説灌頂經》卷 3:“四天上遣神名彌栗頭陀利奢(漢言善見主癰腫)。”(T21/502a)《孔雀王咒經》卷 1: “波里耶持里舍那夜叉(梁言樂[①]見)住畢底耶國。”(T19/451c)《慧琳音義》卷 26:“珊檀那舍,應云: 珊檀梨舍那。珊,云正也;檀梨,云施也;舍那,云見謂正見行檀也。”(T54/478b)

23. 毘紕舍那——梁言可畏

按:“毘紕舍那”,梵音 vibhīṣaṇa,夜叉名。《孔雀王咒經》卷 1:“毘紕(敷比反)舍那夜叉(梁言可畏),住擔羅跋魔熟銅色[②]國。”(T19/450b)《孔雀王咒經》兩個異譯本皆意譯作“可畏形”,《佛母大孔雀明王經》卷 2:“可畏形藥叉,住於銅色國。”(T19/423a)《佛説大孔雀咒王經》卷 2:“可畏形藥叉,住在赤銅邑。”(T19/464c)“DDB”佛教梵語術語“V”條(Sanskrit Terms Index: v):“vibhīṣaṇa 怖畏。”該夜叉住在“擔羅跋”國,“擔羅跋”為梵音“tāmraparṇṇī”音譯省譯,意譯作“銅色”或“赤銅”。

24. 末離他羅——梁言持華鬘

按:“末離他羅”,夜叉名,梵音“mālyadhara”。《孔雀王咒經》卷 1:“末離他羅夜叉(梁言持華鬘)、陀瞿縷陀分夜叉皆住勝水國。”(T19/450b)《孔雀王咒經》兩個異譯本皆意譯作“持鬘”。《佛母大孔雀明王經》卷 2:“持鬘藥叉神住在勝水國。”(T19/423b)《佛説大孔雀咒王經》卷 2:“持鬘藥叉神住在勝水國。”(T19/464c)其中“勝水國”梵語作

---

① 樂,宋本作“孚”,元、明本作“愛”。按:“愛”“樂”,異文同義;“孚”乃“愛”之殘缺字形。

② “熟銅色”,元、明本作“梁言熟銅色”,為夾注。甚是。梵語 tāmraparṇṇī 音譯作“擔羅跋魔”,意譯為“熟銅色”,故元、明為夾注“梁言熟銅色”。

"agrodaka","末離他羅"又音譯作"摩羅陀梨"。《大方等大集經菩薩念佛三昧分》卷 1〈序品〉:"爾時,復有諸夜叉大將,其名曰:阿吒婆迦曠野居夜叉大將……摩羅陀梨持華鬘夜叉大將,如是等諸夜叉為首,并餘諸夜叉輩……入耆闍崛山集於佛所。"(T13/830c)又作"摩羅陀利"。《菩薩念佛三昧經》卷 1〈序品〉:"復有阿羅婆迦夜叉、伽陀婆夜叉、金毘羅夜叉、修脂路摩夜叉、摩羅陀利夜叉,如是等夜叉神王有大威力,一一皆有百千眷屬,乘佛神力於一念頃至耆闍崛山。"(T13/793b)《翻梵語》卷 7:"摩羅陀利夜叉,譯曰花持。"(T54/1030a)又作"摩羅陀囉"。《不空罥索神變真言經》卷 22〈大奮怒王品〉:"振吼大奮怒王真言曰:娜莫薩嚩(無可反,下同)……喇怛娜摩矩縿(七十句)、摩羅陀囉(七十一句)、薩嚩腎惹始囉梟(七十二句)……"(T20/348a－c)又作"摩羅陀唎尼"。《佛説隨求即得大自在陀羅尼神咒經》卷 1:"爾時世尊即説咒曰:那牟薩嚾婆怛他揭多囔(一)……摩羅陀唎尼(四十五)……"(T20/638a)

梵語"mālyadhara"是由"mālya"和"dhara"兩個根詞組合的合成詞。"mālya"為"花鬘"義①。"DDB"佛教梵語術語"M"條(Sanskrit Terms Index: m):"mālya 妙華、花鬘、華、華鬘、雜華、飾。"其根詞源於梵語"mālā","DDB"佛教梵語術語"M"條(Sanskrit Terms Index: m):"mālā 瓔絡、花鬘、華鬘、髻、鬘、麼攞、麼羅。"其同源詞有:"malya 鬘""mālya 鬘""māla 摩羅""mālin 鬘""mālīya 鬘"等。其合成構詞有:"mālya-jāta 鬘""danta-mālā 牙齒、齒鬘""puṣpa-mālya 華纓""gandha-mālya 華鬘、香花""gandha-mālya-lepana 塗香""gandha-mālya-vilepana 塗飾香鬘"等。

"dhara"為"執持"義,"DDB"佛教梵語術語"D"條(Sanskrit Terms Index: d):"dhara 執持、執攬、懷、戴、持、任持、住持、具、受、受持、執。"其來源於根詞"dāna","DDB"佛教梵語術語"D"條(Sanskrit Terms Index: d):"dāna 供養、分檀布施、執、執持、奉施、布施、怛那、

① "末離"又作"摩邏"等 10 多種音譯形式,詳見本章"摩邏訶羅"條考釋。

惠捨、惠施、惠益、應施、所可、捨、捨離、授、施、施物、施福、檀、檀施、檀那、能施、行惠施、行施、行檀、陀那。"其同源詞有："ādāna 受、執、執持、得、所取、攝受""dhāra 持、執""dhāraṇa 任持、住、受持""dhāraṇa 持誦、攝持、畜、總持、繫、能持、著、護、護持""dhāraṇā 持、陀羅尼""dhārayāhi 奉持""dhārayaṃto 奉持""dhārayanti 能任持""dhārayati 任持、受、受持、堅持、守護、安、持、結、繫、能持、護持、貯畜""dhārayes 奉持""dhārayeta 奉持""dhārayiṣyanti 宣持""dhārayitavya 執持、應持、應畜、畜"等。

25. 阿難陀——梁言白牙

按："阿難陀"，夜叉名。梵音 ānanda。《孔雀王咒經》卷 1："阿難陀夜叉(梁言白牙)住波羅鉢多國。叔柯羅盪屣多羅夜叉住修跋升①難國(梁言善處)。"(T19/450b)《孔雀王咒經》兩個異譯本皆音譯作"阿難陀"。《佛說大孔雀咒王經》卷 2："阿難陀藥叉、末羅鉢鉢知、白牙齒藥叉住在勝妙處。"(T19/464c)《佛母大孔雀明王經》卷 2："阿難陀藥叉，末羅鉢吒國；白牙齒藥叉，住於勝妙城。"(T19/423b)然《孔雀王咒經》在"阿難陀"下標註"梁言白牙"則誤。"阿難陀"梵音"ānanda"，為"喜樂、慶喜、歡喜"等義。"DDB"佛教梵語術語"A"條(Sanskrit Terms Index: a)："ānanda 喜、喜樂、娛樂、慶喜、樂、樂事、歡喜、無染。"其同根詞有"ānandana 慶悅""ānandanā 慶悅""ānandana 讚歎""ānandanī-vāc 慶悅語""ānandayati 慶悅""anandha 慧眼、明行""anandhakāra 無闇、無闇""ānandī-jāta 慶喜""ānandin 歡喜""ānandita 歡喜"等。《慧琳音義》卷 8："阿難陀，唐云慶喜，舊曰阿難，梵語略也。"(T54/349c)又卷 27："阿難，阿難陀，此云慶喜。"(T54/482c)《翻梵語》卷 3："阿難婆比丘尼，應云阿羅陀，譯曰阿難陀者，歡喜

① 升，宋、元、明本作"斗"。按，"修跋升難"梵語作"suvāstu"，對應音節是"tu"，音節音譯當為"斗"字。

也。"(T54/1002c)又卷6:"阿難陀,譯曰歡喜。"(T54/1026b)其實所謂"白牙"當為錯簡,"梁言白牙"應該是"叔柯羅盪屣多羅"下標註。"叔柯羅盪屣多羅",梵音作"śukradaṁṣṭra",意譯為"白牙齒",《孔雀王咒經》兩個異譯本皆意譯作"白牙齒"。"叔柯羅盪屣多羅"又作"軍多堂屣多羅"。《孔雀王咒經》卷2:"訶梨底羅刹女、難陀羅刹女、殺冰伽羅羅刹女、賞起尼羅刹女、柯里个羅刹女、提婆蜜多羅羅刹女、軍多羅刹女、軍多堂屣多羅羅刹女(梁言白牙)、藍毘个羅刹女、阿那邏羅刹女。"(T19/453b)該夜叉住在"修跋斗難國","修跋斗難"梵音為"suvāstu",《孔雀王咒經》兩個異譯本皆意譯作"勝妙城",這與《孔雀王咒經》標註"梁言善處"意譯吻合。"修跋斗難國——梁言善處"詳見下條説解。

梵語"śukradaṁṣṭra"是由"śukra"和"daṁṣṭra"兩個根詞組合的合成詞。"śukra"為"白色、鮮潔"義。"DDB"佛教梵語術語"S"條(Sanskrit Terms Index: s):"śukra 淨、叔離、太白星、精、精血、金星。"其同源詞有:"śukra-śoṇita 不淨、精血、赤白""śukra-śoṇita-mahābhūta 精血大種"等。此處"śukra"當來源于根詞"śukla","DDB"佛教梵語術語"S"條(Sanskrit Terms Index: s):"śukla 不染污、叔離、善、明、淨、清淨、清白、白、白業、白法、白淨。"其同源詞有:"śuklā 白淨""śukla 白色、精血""śuklā dharmāḥ 白法""śuklamaya 白法"等。其"ṣukla-"構詞有:"ṣukla-dharma 善法""śukla-dharma 淨法、清白之法、清白法、白法""śukla-gaṇa 白法""śukla-janman 勝生""śukla-karma-patha 白業"等。其"-ṣukla"構詞有:"su-śukla 鮮白""su-śukla-danta 齒鮮白"等。

"daṁṣṭra"為"牙齒"義,"DDB"佛教梵語術語"D"條(Sanskrit Terms Index: d):"daṃṣṭra 牙齒。"其根詞為"danta","DDB"佛教梵語術語"D"條(Sanskrit Terms Index: d):"danta 娜多、彈多、憚哆、牙齒、齒。"其同源詞有:"daśana 齒""dantaiḥ kaṭakaṭāyat 齧""dantakāṣṭa 彈多抳瑟搋、憚哆家瑟詫""dantakāṣṭha 憚啄家瑟多""dantakāṣṭha 齒木"等。其"danta-"構詞有:"danta-kāṣṭha 楊枝、牙杖""danta-mālā 牙齒、齒鬘""danta-poṇa 楊枝""danta-yantra 牙齒"等。

26. 修跋斗難國——梁言善處

按:"修跋斗難",城國名。梵音"suvāstu"。《孔雀王咒經》卷1:"阿難陀夜叉(梁言白牙)住波羅鉢多國。叔柯羅盪屜多羅夜叉住修跋升[①]難國(梁言善處)。"(T19/450b)《孔雀王咒經》兩個異譯本皆意譯作"勝妙"。《佛説大孔雀咒王經》卷2:"阿難陀藥叉、末羅鉢鉢知、白牙齒藥叉住在勝妙處。"(T19/464c)《佛母大孔雀明王經》卷2:"阿難陀藥叉,末羅鉢吒國;白牙齒藥叉,住於勝妙城。"(T19/423b)

梵語"suvāstu"是由"su"與"vāstu"構成的合成詞。"su-"作為前綴則有"勝、善、妙、最勝、極"等義。"DDB"佛教梵語術語"S"條(Sanskrit Terms Index: s):"su- 勝、善、妙、妙善、孝、安穩、巧妙、微妙、易、最勝、極、直、美。""vāstu"為"所處、處所"義,音譯作"婆藪斗[②]"或"跋窣堵"。"DDB"佛教梵語術語"V"條(Sanskrit Terms Index: v):"vāstu 所處。"其根詞為"vastu","DDB"佛教梵語術語"V"條(Sanskrit Terms Index: v):"vastu 世事、事、事境、事物、事相、依、依止、依處、具、分、塵、境、境事、境界、婆藪斗、所依、本有、根本、法、法類、物、種、義、處、諸法、財物、跋窣堵、類、體事、體相。"

27. 地里陀那南手——梁言堅名

按:"地里陀那南手",夜叉名,梵音"dṛḍhanāma"。《孔雀王咒經》卷1:"地里陀那南手夜叉(梁言堅名)住末死底柯國。"(T19/450b)《孔雀王咒經》兩個異譯本皆意譯作"堅固名"。《佛説大孔雀咒王經》卷2:"堅固名藥叉住在阿梨底。"(T19/464c)《佛母大孔雀明王經》卷2:"堅固名藥叉,末娑底國住。"(T19/423b)該夜叉住在末死底柯國,《孔雀王

---

① 升,宋、元、明本作"斗"。按,"修跋升難"梵語作"suvāstu",對應音節是"tu",音節音譯當為"斗"字。

② 《翻梵語》卷5:"婆藪,亦云波數,譯曰物,亦云實,亦云地。"(T54/1013a)

咒經》兩個異譯本分別作"阿梨底""末娑底國",對應梵音為"manasvi",推知"阿梨底"並非源於"manasvi",可能另有其得名之由。

梵語"dṛḍhanāma"是由"dṛḍha"與"nāma"構成的合成詞。"dṛḍha"為"堅固,堅密"義。"DDB"佛教梵語術語"D"條(Sanskrit Terms Index: d):"dṛḍha 不動、不退轉、勇猛、堅、堅固、堅密、堅持、堅牢、堅猛、牢固、金剛。"其同源詞有:"dṛḍham 堅牢""dṛḍhāśaya 堅固意樂""dṛḍhatā 堅固""dṛḍhatara 堅固""dṛḍhatva 堅固、堅牢、牢固"等。其"dṛḍha-"構詞有:"dṛḍha-bandha 緊""dṛḍha-grāhitā 堅執""dṛḍha-mati 聰慧""dṛḍha-parākrama 堅固、堅猛""dṛḍha-pratipakṣa 堅固對治""dṛḍha-sāra 堅固""dṛḍha-sthāma 強猛""dṛḍha-sūra 堅猛""dṛḍhâtma-bhāva 堅固""dṛḍha-vrata 堅持禁戒、大苦行""dṛḍha-vyavasāyatā 堅固勇猛"等。"dṛḍha-"又可音變作"dṛḍhī-","dṛḍhī-"構詞有:"dṛḍhī-√ kṛ 令堅固""dṛḍhī-karaṇa 堅固""dṛḍhī-kāraṇa 堅牢""dṛḍhī-karaṇa 得堅固"等。

"nāma"為"名字、名號"義。"DDB"佛教梵語術語"N"條(Sanskrit Terms Index: n):"nāma 假名、號、謂、那摩、雖是。"其同源詞有:"nāman 假名、名、名字、名想、名聞、名聲、名號、名言、娜麼、字、文句、曇麼、號、那摩""nāmâpadeśa 名字""nāmârtha 名義""nāmântara 別名、異名""nāmâdhiṣṭhāna 名字""nāmâdi 名等"等。其"nāma-"構詞有:"nāma vyavasthāpitam 所為立名""nāma-ālambana 名緣""nāma-dheya 假名、名、名字、名聞、名號、號""nāmadheya-grahaṇa 稱名""nāmadheya-grāhaṇa 稱呼""nāmadheya-śravaṇa 聞名""nāma-grāhaṇa 取名""nāma-grahaṇa 稱名"等。其"-nāma"構詞有:"evaṃ-nāman 如是名、某名、某甲""itthaṃ-nāman 某甲""jāti-saṃbandha-nāma 同類相應名""kathaṃ-nāma 何以故""ko-nāma 何所"等。

28. 摩訶耆利——梁言大山

按:"摩訶耆利",夜叉名,梵音"mahāgiri"。《孔雀王咒經》卷 1:

“摩訶耆利夜叉(梁言大山)住耆利那伽羅山城。”(T19/450b)《孔雀王咒經》兩個異譯本皆意譯作“大山”,與“梁言”同。《佛説大孔雀咒王經》卷 2:“大山藥叉主①住在山城處。”(T19/464c)《佛母大孔雀明王經》卷 2:“大山藥叉王住在山城處。”(T19/423b)該夜叉住在“耆利那伽羅山城”,梵音作“girinagara”,兩個異譯本皆意譯作“山城處”。

梵音“mahāgiri”是由“mahā”與“giri”構成的合成詞。“mahā”為“巨、大”義。“DDB”佛教梵語術語“M”條(Sanskrit Terms Index: m):“mahā 大”“maha 大會”“mahā- 巨、廣大、最勝、極、殊勝、無量”“mahā 摩訶、磨訶、莫訶、麼賀”。

“giri”為“山”義,音譯作“耆利”。《翻梵語》卷 2:“耆利摩難,應云耆利摩那,譯曰耆利者,山。摩那者,慢。”(T54/995a)又卷 6:“娑②多耆利,譯曰樂山。”(T54/1025b)又卷 7:“婆多耆利天神,應云婆多耆利,譯曰樂山。”(T54/1029b)又卷 8:“迦耆利大邑,譯曰迦屠,廣。耆利者,山。”(T54/1039c)又卷 9:“伊私耆梨山,應云梨師耆利,譯曰仙山。”(T54/1043c)又卷 9:“支多耆利,傳曰老峨神山。”(T54/1044b)“DDB”佛教梵語術語“G”條(Sanskrit Terms Index: g):“giri 山、山嶽、山谷、峯、巖、祁梨。”其同根詞有“girika 山”。其“giri-”構詞有:“giri-daivata 山”“giri-gahana 深山”“giri-guhā 巖穴、龕窟”“giri-nadī 山水”“giry-agra 山頂”等。其“-giri”構詞有:“ratna-giri 寶山”“ṛṣgiri 仙人掘山”“sumeru-giri 須彌山”“sumeru-giri-mūrdhan 須彌山頂”等。

又梵音“girinagara”是由“giri”與“nagara”構成的合成詞。“giri”為“山”義,説解見上。“nagara”為“城國、城邑”義。“DDB”佛教梵語術語“N”條(Sanskrit Terms Index: n):“nagara 人間、國、國城、城、城邑、城郭、宫、聚落、都。”其同源詞有:“nāgaraka 城邑”“nagarī 城”等。其“nagara-”構詞有: “nagara-nigama 城營”“nagara-nirmāṇa 化城”“nagaraṃ vinirmitam 化城”等。其“-nagara”構詞有:“citta-nagara 心

① 主,據異譯本《佛母大孔雀明王經》,當為“王”字形訛。
② 娑,當為“婆”之誤。

城”“dharma-nagara 法城”“gandharva-nagara 乾達城、乾闥婆城、健達縛城、婆城、尋香城、揵闥婆城”“kuśi-nagara 拘尸城”“nirvāṇa-nagara 平等城、涅槃城”等。

29. 拘摩羅童子夜叉——梁言童子、沙多婆吼夜叉——梁言百肩

按:“拘摩羅”,夜叉名,梵音“kumāra”。《孔雀王咒經》卷 1:“拘摩羅童子夜叉於世有稱譽(梁言百肩),沙多婆吼夜叉皆住闍陀岢羅國。”(T19/450b)《孔雀王咒經》兩個異譯本皆意譯作“童子”,與“梁言”不同。《佛説大孔雀咒王經》卷 2:“童子藥叉神住在名稱國;百臂大藥叉住在頻陀山。”(T19/464c)《佛母大孔雀明王經》卷 2:“此藥叉童子,名聞於大城;百臂大藥叉,住在頻陀山。”(T19/423b)通過《孔雀王咒經》兩個異譯本皆意譯作“童子”及下文皆有“百臂大藥叉”比照,“拘摩羅”當意譯為“童子”。而《孔雀王咒經》標註“梁言百肩”則是“沙多婆吼”的意譯,“沙多婆吼”,《孔雀王咒經》兩個異譯本皆意譯作“百臂”,“百臂”即梁言標註的“百肩”。要之,我們推定《孔雀王咒經》“拘摩羅童子夜叉”當為“拘摩羅(梁言童子)夜叉”,是夾注“梁言童子”竄入正文,又將下文“沙多婆吼”本夾注“梁言百肩”,錯簡到前面了。《孔雀王咒經》校訂後的文字當為:“拘摩羅(梁言童子)夜叉於世有稱譽,沙多婆吼(梁言百肩)夜叉皆住闍陀岢羅國。”

“kumāra”音譯為“拘摩羅”,意譯為“童子”。《慧琳音義》卷 26:“拘摩羅天,此云童子天。”(T54/477a)《翻梵語》卷 2:“拘摩羅迦葉,譯曰拘摩羅者,童也。”(T54/994c)又卷 7:“拘魔和羅,應云拘摩羅婆羅,譯曰童子力也。”(T54/1030b)又卷 8:“耆婆拘摩羅,譯曰耆婆者,命。亦云壽也。拘摩羅者,童。”(T54/1042a)《翻譯名義集》卷 2:“拘摩羅。《西域記》云:唐言童子。”(T54/1083a)此處“梁言童子”當承《大智度論》標註“秦言童子”而來。其卷 2〈序品〉云:“如鳩摩羅天(秦言童子),是天擎雞持鈴,捉赤幡,騎孔雀,皆是諸天大將。”(T25/73a)後來唐代

佛典承續這一意譯。《大唐西域記》卷 10:"今王本那羅延天之祚胤,婆羅門之種也,字婆塞羯羅伐摩(唐言日胄),號拘摩羅(唐言童子)。"(T51/927b)

梵音"kumāra"為"童子、嬰兒"義。"DDB"佛教梵語術語"K"條(Sanskrit Terms Index: k):"kumāra 俱摩羅、俱摩羅天、嬰兒、子、孩、拘摩羅、矩摩羅、童子、童男、童真、鳩摩羅、鳩摩羅伽。"其同源詞有:"kumāraka 小兒、童、童子、鳩摩羅伽""kumārarāja 太子""kumārī 童女"等。其"kumāra -"構詞有:"kumāra-lāta 童子""kumārī-bhūtā 童女""kumāra-bhāva 精童""kumāra-bhūta 法王子、童、童子、童子地、童真、童真地、鳩摩羅伽地、鳩摩羅浮多"等。其"-kumāra"構詞有:"dāraka-kumāratva 童子""deva-kumā 童男""mahāsattva-kumāra-rā 摩訶薩埵王子""puṇyabala-kumār 福子""puṇyamaya-kumāra 福子"等。

又"沙多婆吼",夜叉名,梵音"śatabāhu"。《孔雀王咒經》兩個異譯本皆意譯作"百臂"。"沙多婆吼"又作"捨多婆吼"。《孔雀王咒經》卷 2:"阿難汝當取大羅剎女名,其名如是: 迦比羅……奢婆羅欝、惰呵闍多、捨多婆吼、捨多涅多羅……尼羅質多羅。"(T19/453c)此"捨多婆吼",《孔雀王咒經》兩個異譯本《佛母大孔雀明王經》卷 2(T19/430a)和《佛說大孔雀咒王經》卷 2(T19/469c),皆意譯作"百臂羅剎女",正與"梁言百肩"合。《佛本行集經》卷 27〈魔怖菩薩品〉:"爾時,左邊復一魔子,名為百鬪,即更以偈白其父言: 我身髆上百臂生,一臂能射三百箭,父王但去莫愁惱,我獨能破彼沙門。"(T03/779c)

梵語"śatabāhu"是由"śata"與"bāhu"構成的合成詞。"śata"為數詞"百"義。"DDB"佛教梵語術語"S"條(Sanskrit Terms Index: s):"śata 百、一百。"。其同根詞有:"Śatabhiṣā 舍多毘沙""śatadhā 百分""śatapuṇya 百福法""śatamdharma 百法""śataśas 百分、百種""aṣṭaśatam 一百八"等。其"śata-"構詞有:"śata-guṇa 百倍""śata-kiraṇa 百千光明""śatam śikṣā-karaṇi 百衆學""śatam śikṣā-karaṇīya 百衆學法""śata-pañcaka 五百""śata-puṇya-lakṣaṇān 百福相、百福莊嚴相""śata-rasa 百味""śata-rasa-bhojana 百味飲食""śata-sahasra 億、

十萬、百千、百千數、百萬""śata-sahasra-guṇa 億倍、百千倍""śata-sahasra-guṇaṃ samākhyātam 說百千數""śata-sahasratama 百千分""śatatamīṃ-kalām 百倍"等。其"-śata"構詞有:"varṣa-śata 百年""yojana-śata 百由旬""aṣṭôttara-śata 一百八""brahma-śata 梵衆""duḥkha-śata 衆苦""kalpa-śata 百劫""kalpa-śatânvaya 百劫""koti-śata-sahasr 俱胝百千、十萬億""pañca-śata 五百"等。

"bāhu"為"臂"義。"DDB"佛教梵語術語"B"條(Sanskrit Terms Index: b):"bāhu 手臂、臂、臂肘腕。"其同根詞有:"bāhukena 掉臂"等。其"bāhu -"構詞有:"bāhu-balika 有力""bāhu-pracālaka 掉臂""bāhu-śilā 臂""bāhu-vikṣepaka 掉臂"等。

再有《孔雀王咒經》于"沙多婆吼"下標註"梁言百肩",而其兩個異譯本皆意譯作"百臂"。今謂"百肩"與"百臂"雖然詞義近似,但梵音"śatabāhu"意譯作"百臂"更為準確。梵語"臂"作"bāhu",梵語"肩"作"aṃsa"。"DDB"佛教梵語術語"A"條(Sanskrit Terms Index: a):"aṃsa 肩、髆。"其同源詞及合成構詞有:"ekâṃsa 右肩""ekâṃśa-kṛta 偏袒右肩""ekâṃśam uttarâsaṅgaṃ kṛtvā 偏露右肩""ekâṃsam uttarâsaṅgaṃ kṛtvā 偏袒"等。

梵語"臂"作"bāhu","肩"作"aṃsa",二者分別清楚。可能是在中土譯經實踐中將二者混淆了,或是《孔雀王咒經》中"肩"為"臂"之殘省或形訛。

30. 頭漏庾陀那——梁言大車不可繫

按:"頭漏庾陀那",夜叉名,梵音"duryodhana"。《孔雀王咒經》卷1:"頭漏庾陀那夜叉(梁言大車不可繫)住遏祁柰國;遏受那夜叉住遏受羅林。"(T19/450b)《孔雀王咒經》兩個異譯本皆意譯作"能征戰",與"梁言"不同。《佛母大孔雀明王經》卷2:"能征戰藥叉,窣鹿近那國;雄猛大藥叉,遏祖那林住。"(T19/423b)《佛說大孔雀咒王經》卷2:"能征戰藥叉,窣鹿近那國;遏樹那藥叉住在雄猛國。"(T19/464c)又據《孔雀王咒經》,頭漏庾陀那夜叉住遏祁柰國,而其兩個異譯本皆音譯作“窣鹿近那”,對應梵語為“śrughna”。“祁柰”“近那”對應音節“ghna”,“窣鹿”對應音節“śru”,而與“遏”音不相對應。“遏”字是受下文“遏受那”“遏受羅”影響而誤書。根據梵語音節,此處當為“窣鹿”或其他音同音近字,也有可能是“窣鹿”或其他音同音近字合音。又“遏受那”“遏受羅”“遏祖那”“遏樹那”梵語作“arjunāvana”,簡作“arjuna”,意譯為“雄猛”。

梵語“duryodhana”是由“duryo”與“dhana”構成的合成詞。“duryo”為“遠離、難於、不可”義,其根詞是“dūra”。“DDB”佛教梵語術語“D”條(Sanskrit Terms Index: d):“dūra 久久、久遠、最遠、極遠、深、深遠、遥、遠、遠處”。其同根詞有:“dūram 遥、遠”“dūrāt 遠、遠處”“dūratā 遠”“dūratara 最遠、遠”“dūratas 遠”“durabhisaṃbhava 難得、難生”“durādhāra 難持”“duradhigama 難得”“durājñāna 不能測、難可知”“durājñeya 難可知”“durākhyāta 不好、惡說”“duramanaskatā 憂婆提舍”“duranubodha 難入、難解難入”“dūrânugata 久遠、深、深入”“dūrânupraviṣṭa 深入、深心”“durārādha 難事”“durāsada 不可得思議、不可知、難得、難親”“durāsadatā 難得”“duratikrama 難行”“duravagāha 不能知、甚難思、難入、難可測、難度、難測”“duravāpya 難得”“duravatara 難入”等。其“dūra-”構詞有:“dūra-ga 遠”“dūra-stha 遠”“dura-dhigama 難證”等。“dhara”是“執持”的意思,“DDB”佛教梵語術語“D”條(Sanskrit Terms Index: d):“dhara 執持、執攬、懷、戴、持、任持、住持、具、受、受持、執。”“dhara”的同源詞及構詞特點參見“末離他羅”條,其中對梵語“mālyadhara”中“dhara”的說解部分。

“頭漏庾陀那”梵語作“duryodhana”,《孔雀王咒經》認為梁言作“大車不可繫”,所謂“大車不可繫”當指大軍不可繫縛,“大車”指古代戰車,轉指軍隊,或是“大軍”形訛。“不可繫縛”才是“duryodhana”的對應意譯。“不可繫縛”即為“不可降伏”義。“DDB”佛教梵語術語“D”條(Sanskrit Terms Index: d):“duryodhana 不可壞、不可降伏。”

31. 僧伽波羅——梁言師子力虎力

按:"僧伽波羅",夜叉名,梵音"siṁhavyaghrabala"。《孔雀王咒經》卷1:"僧(蘇拯反)伽波羅二夜叉(梁言師子力虎力)住拘底波里沙國。"(T19/451a)《孔雀王咒經》兩個異譯本分别意譯作"師子力彪力"及"虎力師子力并大師子力",與"梁言"近同。《佛説大孔雀咒王經》卷2:"師子方彪①力,俱知勃里涉。"(T19/465c)《佛母大孔雀明王經》卷2:"虎力師子力并大師子力、俱胝年大將,他勝宫中住。"(T19/424b)

梵語"siṁhavyaghrabala"是由"siṁha""vyaghra"與"bala"構成的合成詞。"siṁha"為"獅子"義,"DDB"佛教梵語術語"S"條(Sanskrit Terms Index: s):"siṃha 僧伽、僧訶、師子、師子王、獅、獅子、獅子王。"其同根詞有:"siṃhaka 師子""siṃhala 師子""siṃhanāda 師子吼""siṃhâsana 師子床、師子座、寶座""siṃhāsana 師子寶床、師子牀"等。其"siṁha-"構詞有:"siṃha-hanu 頷如師子""siṃha-hanuta 頷如師子""siṃha-mṛga-rāja 師子坐""siṃha-nāda 獅子吼""siṃha-nāda-nādin 師子吼""siṃha-nādi 師子吼""siṃha-pūrvārdha-kāyatā 身上半如師子王""siṃha-vijṛmbhita 師子奮迅""siṃha-vijṛmbhita-samādhi 師子奮迅三昧""siṃha-saudāsa 師子""siṃha-vijṛmbhito nāma samādhiḥ 師子奮迅三昧""siṃha-vikrīḍita-samādhi 師子奮迅三昧、師子遊戲三昧"等。

"vyaghra"為"虎"義。"DDB"佛教梵語術語"V"條(Sanskrit Terms Index: v):"vyāghra 弭也竭羅、虎、虎狼。"

"bala"為"力"義。"DDB"佛教梵語術語"B"條(Sanskrit Terms Index: b):"bala 力、氣力、功能、強力、有力、有大勢力、本力、勢、勢用、堪、大勢、婆羅、跋藍。""bala"梵音又轉作"malla""vala"和"valena"等。其音譯用字作"末羅""魔羅""麼羅""麼攞""末麗曩""沫麗曩""沫麗""摩離""滿羅""婆羅""波羅""婆里旱"等。詳見第一章第四節及第二

① 方彪,當是"力虎"之形訛。

章第二節中對“末羅眾——梁言力士”條的説解。

“拘底波里沙”“俱知勃里涉”皆為梵語“koṭīvarṣa”的音譯形式。“俱胝年”則為梵語“koṭīvarṣa”的“音譯＋意譯”形式。梵語“koṭīvarṣa”是由“koṭī”與“varṣa”構成的合成詞。“koṭī”為“萬億、兆”等義，音譯形式有“拘利”“拘胝”“拘致”“俱胝”“俱利”“戈追”等。“DDB”佛教梵語術語“K”條(Sanskrit Terms Index：k)：“koṭī 拘利、拘胝、拘致、俱胝、俱利、京、百萬、千百億、萬億、億、兆、一俱胝、一億、邊際、際、側、實際。”“koṭī”又可轉寫作“koṭi”。“DDB”佛教梵語術語“K”條(Sanskrit Terms Index：k)：“koṭi 俱胝、拘胝、戈追、億萬、十萬、千萬、億、一十萬、萬億、本際、際、頂上、京、句、側、實際。”其同根詞有：“koṭika 句、極、際”“koṭimbaka 細氎”“koṭiṃvaka 細氎”“koṭiśas 俱胝數”“koṭīśatasahasrâvartī 百千萬億旋”等。其“koṭī-”或“koti-”構詞有：“koṭī-gata 究竟”“koṭī-nayuta 俱胝那庾多、俱胝那由他”“koṭi-samākhyāta 説俱胝數”“koṭī-nayuta-śata-sāhasrāṇi 無量百千萬億”“koṭī-śata-sahasra 千俱胝”“koṭi-śata-sahasra 俱胝百千”“koti-śata-sahasra 十萬億”“koṭi-śata-sahasra-guṇa 俱胝百千”“koṭī-śata-sahasra-saṃkhyā 千俱胝數”“koṭīśatasahasrâvartā... dhāraṇī 若干百千億周旋總持”“koṭī-viṃśa 二十億”等。

“varṣa”為“年、坐夏、夏”義。古印度夏季即為雨季，僧人於夏季三個月中安居不出，坐禪靜修，稱“坐夏”。因其時正當雨季，亦稱“坐雨安居”。“坐夏”的具體日期因地而異。唐玄奘《大唐西域記・印度總述》：“印度僧徒，依佛聖教，坐雨安居，或前三月，或後三月。前三月當此從五月十六日至八月十五日，後三月當此從六月十六日至九月十五日。前代譯經律者，或云坐夏，或云坐臘。”佛教以“坐夏”一次為一年，僧尼受戒後的年歲則稱“僧臘”。“DDB”佛教梵語術語“V”條(Sanskrit Terms Index：v)：“varṣa 伐里沙、夏、夏安居、夏時、夏臘、雨、雨安居、雨際、風雨。”“varṣa”又可轉寫作“varṣā”。“DDB”佛教梵語術語“V”條(Sanskrit Terms Index：v)：“varṣā 婆利師、坐夏、夏、夏安居。”其同根詞有：“anuvarṣam 年年”“varṣâgra 夏臘”“varṣaka 拔師”

"varṣāka 拔師""varṣākāla 婆師""varṣâkāra 行雨""varṣakī 拔師""varṣās 跋利沙、雨安居、雨時""varṣavasāna 雨安居""vārṣika 夏時、婆使迦、婆利史迦羅、婆利師迦、婆利師迦花、婆師、婆師波利、婆師迦""varṣika 拔師""varṣikā 拔師""vārṣika 雨、雨安居""varṣipālī 婆師"等。其"varṣa-"構詞有:"varṣa-kāla 夏""varṣām upagacchati 雨安居""varṣa-sahasra 千年、千載""varṣa-śata 百年""varṣā-vāsana 夏安居""varṣā-vusta 夏安居"等。其"-varṣa"構詞有:"aśa-varṣa 十年""daśa-varṣâyus 十年""saḍ-varṣa 六年""ṣaḍ-varṣa 沙婆婆瑟"等。

此外,"他勝宮",梵語作 parapurañjaya。梵語"parapurañjaya"是由"para""purañ"與"jaya"構成的合成詞。"para"為"他、别、彼"義。"DDB"佛教梵語術語"P"條(Sanskrit Terms Index: p):"para 上、上跡、人、他、他人、别、勝、取、已下、彼、彼人"。"pura"引申義很多,主要有:"para 所餘、最勝、極、決、無上、異、異法、究竟、能取、餘、餘人、餘物。"其同根詞有:"pāra 彼岸、究竟""parādhyeṣaṇa 請他""Pāraga 波羅迦""parahita 利人""pārājayika 他勝、波羅夷、無餘""pārājika 他勝、他勝罪、他勝處、他勝處法、勝、四波羅夷、無餘""parakīya 他所有、屬他""parājita 他勝、得勝、摧伏、敗、為他所勝、降伏"等。其"para-"構詞有:"para-anugraha 能攝受他""para-artha 他利、為他""para-artha-anumāna 他比、他比量、為他比量""para-artha-āśraya 依他""para-bala 他力""para-bhāga 餘分""para-bhaṇita 他語""para-bhāryā 他妻妾""para-bhāva 他性、他處、依他""para-bhāva-śūnyatā 他性空""para-bhedana 壞他""para-bhoga 他財""para-bhūmika 餘地""para-cakra 他國、怨敵、怨賊、敵""para-citta 他心""paracitta-dhī 他心智""paracitta-jñāna 他心智""para-darśana 示""para-deśanā 他說"等。

又"purañ"來源於根詞"pura",為"國土、城邑"義,"DDB"佛教梵語術語"P"條(Sanskrit Terms Index: p):"pura 國土、土、城、城邑、城郭、宫、宫室、往"。其同根詞有:"devapura 天宫""īśānapura 伊沙""maṇipura 臍輪"等。其"-pura"構詞有:"rājño-ntaḥ-puraḥ 王宫"

“amara-pura-bhavana 天宫”“antaḥ-pura 内、妾、宫、宫人、王宫”“brahma-pura 梵宫”“deva-pura 天宫”“gandharva-pura 乾城、乾闥婆城”“nirvāṇa-pura 涅槃城、涅槃宫、涅槃道”“nirvāṇa-pura-gāmin 令入涅槃城”等。

又“jaya”為“勝地、最勝”義。“DDB”佛教梵語術語“J”條(Sanskrit Terms Index: j):“jaya 勝、得勝、摧破、最勝、滅、破、能伏、闍夜、降。”。其同根詞有:“parājaya 勝、摧伏、破、負、降伏、除”“pārājayika 他勝、波羅夷、無餘”“saṃniyojayati 勸令修習、安處、成就、授、正安處、能正安立、能正安處”“sudurjaya 難勝”“sudurjayā 難勝地”“sujaya 善勝”“vaijayanta 勝幡、勝殿、天宫、帝釋宫、殊勝、軒飾”“jāyamāna 正生、生位”“jayanta 闍演帝”“jayanti 闍演帝”“Jayānti 闍演底”“jāyate 可生、寄生”“jayâvaha 得勝”“jayôṣṇīṣa 最勝”“jayôttama 善勝、最勝”等。“jaya-”的構詞有:“jaya-datta 得勝”“jaya-mati 勝意”“jaya-vijaya 最勝”“vaijayantaḥ prāsādaḥ 殊勝殿”等。

32. 那伽羅——梁言那竭

按:“那伽羅”,城國名,梵音“nāgara”。《孔雀王咒經》卷1:“瞿瑜瞿夜叉、具婆都夜叉、修徒那夜叉住那伽羅國(梁言那竭)。”(T19/451a)《孔雀王咒經》兩個異譯本分别音譯作“那羯羅”及“那揭羅”,與“梁言”近同。《佛母大孔雀明王經》卷2:“鉢跋多藥叉,瞿瑜伽處住;蘇曬那藥叉,那羯[1]羅國住。”(T19/424b-c)《佛説大孔雀咒王經》卷2:“鉢跋多藥叉住在瞿瑜伽;蘇師奴藥叉於那揭羅住。”(T19/465c)據兩個異譯本文字,《孔雀王咒經》當有錯混。首先該經叙述諸夜叉的格式都是“某某夜叉,住某某處”。“瞿瑜瞿夜叉、具婆都夜叉”對應兩個異譯本分别是“鉢跋多藥叉,瞿瑜伽處住”和“鉢跋多藥叉住在瞿瑜伽”。“鉢跋多”梵語作“parvata”,“瞿瑜伽”梵語作“goyoga”。兩相比照可

① 羯,宋、元、明本作“蘖”。

知,"瞿湳瞿"當為梵語"goyoga"的音譯,"具婆都"當為梵語"parvata"音譯,"具"當對應梵語音節是"par",可推知"具"為"貝"之形訛。準此,"瞿湳瞿夜叉、具婆都夜叉"當校正為:"貝婆都夜叉住瞿湳瞿國。"

又《孔雀王咒經》中"修徒那夜叉住那伽羅國(梁言那竭)","修徒那",兩個異譯本分別音譯作"蘇灑那"和"蘇師奴"。"蘇灑那"和"蘇師奴"梵語均作"suṣena"。"徒"對應的梵語音節是"ṣe",顯然語音上不能對應,"徒"當為"徙"字,形近而訛。"徙""灑""師"的上古擬音如下:

	王力(2008)	李方桂(1980)	白一平、沙加尔(Baxter & Sagart 2014)	郑张尚芳(2005)	潘悟云(2000)
灑	ʃe	srigh	* sre-s	sreels	sreels
師	ʃĭei	srjid	* srij	sri	sri
徙	sĭe	sjigx	* [s]ajʔ	selʔ	selʔ

據上表可知,"徙""灑""師"均可以作為梵語音節[ṣe]的音譯用字。

梵語"nāgara"為"城、京畿"義,音譯作"那伽羅""那羯羅""那揭羅"等。而所謂"梁言那竭"則有誤,我們通過對南朝撰譯佛經中標註"梁言"詞的考察,發現標註"梁言"的文字皆為意譯。僅"梁言"作"那竭"一例,而"那竭"為梵語"nāgara"的音譯。這種音譯形式不符合"梁言"的標註手段和目的。故此處"梁言那竭"當改為梵語"nāgara",意譯作"梁言城"或"梁言京畿"。《翻梵語》卷 2:"剌那那伽羅菩薩,《論》曰寶積,譯曰剌那者,寶。那伽羅者,京畿。"(T54/991b)又卷 6:"拘夷那竭摩羅,應云拘尸那伽羅末羅,譯曰拘尸者,茅。那伽羅者,城。末羅者,力。"(T54/1019c)又卷 8:"俱夷那竭國,亦云俱尸那伽羅,亦云㧾尸那竭,《雜阿含》曰草城,譯曰俱尸者,少茅。那伽羅者,城。"(T54/1034b)又同卷:"那伽羅國,譯曰地也。"(T54/1036a)又同卷:"拘尸那竭大城,應云拘尸那伽羅,譯曰茅城。"(T54/1038c)又同卷:"達摩那伽羅,譯曰法城。"(T54/1039a)又同卷:"拔吒那竭城,應云拔吒那伽羅。

譯曰跋吒者,長。那伽羅,城。"(T54/1039c)又同卷:"拘季那羅村,應云拘尸那伽羅,譯曰茅城。"(T54/1040c14)"DDB"佛教梵語術語"N"條(Sanskrit Terms Index: n):"nagara 人間、國、國城、城、城邑、城郭、宫、聚落、都。"。其同根詞有:"nagarâvalambikā 乞兒""nagarī 城""nāgaraka 城邑"等。其"nagara-"構詞有:"nagara-nigama 城營""nagara-nirmāṇa 化城""nagaraṃ vinirmitam 化城"等。"-nagara"的構詞有:"mahā-nagara 城""kuśi-nagara 拘尸城""nirvāṇa-nagara 平等城、涅槃城""paurāṇa-nagara-path 古城平坦正道""anto-nagaram 城内""citta-nagara 心城""dharma-nagara 法城""gandharva-nagara 乾達城、乾闥婆城、健達縛城、婆城、尋香城、揵闥婆城"等。

33. 娑干社——梁言無别頭姓高式

按:"娑干社",梵音"skanda/skandākṣa",夜叉名。《孔雀王咒經》卷1:"般之介夜叉住劫賓國,有五百子有大軍大力,其最大者名般止介住止那地(止那即中夏地也);娑干社夜叉(梁言無别頭姓高式)住修多羅地;欝多波陀(梁言駱駝足)住鳩陳陀國;曼陀羅夜叉住曼陀羅婆①那國;朗枳莎羅夜叉(梁言堅自在)住迦毘尸國;摩里止夜叉(梁言光明)住羅摩起羅國;揵②摩波摩(梁言守法)住迦舍國。摩訶部社夜叉(梁言大肩)住婆訶梨國。"(T19/451b)《孔雀王咒經》兩個異譯本皆意譯作"長子名肩目",與"梁言"不同。《佛母大孔雀明王經》卷2:"半支迦藥叉,羯濕彌羅國③,具足五百子,有大軍大力。長子名肩目住在支那國,諸餘兄弟等,憍尸迦國住。牙足藥叉神,羯陵迦國住;曼荼羅藥叉住曼荼藥國;楞伽自在神住於迦畢試;摩利支藥叉,羅摩脚差住;達摩波羅神住在於疎勒;大肩藥叉神,薄佉羅國住。"(T19/425a)《佛説大孔雀咒

① 《大正藏》校勘記云:"婆",宋、元、明本作"娑"。
② 《大正藏》校勘記云:"揵",宋、元、明本作"揵"。
③ 《大正藏》校勘記云:"國",宋、元、明本作"際"。

王經》卷2:"半支迦女神,羯濕彌羅際,現有五百子,大軍有大力。長子名肩目住羯陵伽國,及餘諸兄弟住在憍尸迦;牙足藥叉神住羯陵伽國;曼荼羅藥叉住曼荼羅處;楞迦自在神住在迦畢試;摩利支藥叉住曼囉麼林;達摩波羅神住在於疎勒;大肩藥叉神住薄渴羅國。"(T19/466a)

其對應關係如下表:

《孔雀王咒經》	梁言	《佛母大孔雀明王經》	《佛説大孔雀咒王經》	梵 音
般之介夜叉		半支迦藥叉	半支迦女神	pāñcika
住劫賓國		羯濕彌羅國	羯濕彌羅際	Kaśmira
有五百子有大軍大力		具足五百子有大軍大力	現有五百子大軍有大力	
其最大者名般止介				
住止那地	止那即中夏地也			
娑干社夜叉	無别頭姓高式	長子名肩目	長子名肩目	skandākṣa
住修多羅地		住在支那國	住羯陵伽國①	cīnabhūmi
		諸餘兄弟等	及餘諸兄弟	
		憍尸迦國住	住在憍尸迦	kauśika
欝多波陀	駱駝足	牙足藥叉神	牙足藥叉神	draṁṣṭrāpāda
住鳩陳陀國		羯陵伽國住	住羯陵伽國	Kaliṅga
曼陀羅夜叉		曼荼羅藥叉	曼荼羅藥叉	maṇḍala
住曼陀羅婆那國		住曼荼藥國	住曼荼羅處	maṇḍalāsana
朗枳莎羅夜叉	堅自在	楞伽自在神	楞迦自在神	laṅkeśvara

① 《大正藏》校勘記云:"在羯陵伽國",元、明本作"在大唐地"。

續　表

《孔雀王咒經》	梁言	《佛母大孔雀明王經》	《佛説大孔雀咒王經》	梵　音
住迦毘尸國		住於迦畢試	住在迦畢試	kāpiśī
摩里止夜叉	光明	摩利支藥叉	摩利支藥叉	mārīcī
住羅摩起羅國		羅摩脚羌住	住曼囉麼林	rāmakākṣī
撻摩波摩	守法	達摩波羅神	達摩波羅神	dharmapāla
住迦舍國		住在於踈勒	住在於踈勒	Khāsa/Khāsyalipi
摩訶部社夜叉	大肩	大肩藥叉神	大肩藥叉神	mahābhuja
住婆訶梨國		薄佉羅國住	住薄渴羅國	vahlā

“娑干社/杜”標註梁言作“無别頭姓高式”與夜叉名不契合，且“無别頭姓高式”與對應的《佛母大孔雀明王經》《佛説大孔雀咒王經》中“長子名肩目”，語義也不相類。“娑干社/杜”梵音“skanda”，俱名“skandākṣa”，巴利文作“khandha”。音譯作“乾度”“犍度”“建陀”。據梵音“skandha”，又音譯作“娑犍圖”“塞犍圖”“塞建陀”等。《佛説大孔雀咒王經》卷2：“賢耳大藥叉，住塞建陀國。”(T19/465b)《大寶積經》卷110：“譬如有人為諸天神或乾闥婆等及塞建陀等鬼神所著。”(T11/614a)《金光明最勝王經》卷8〈大辯才天女品15〉：“塞建陀天妙辯才，摩那斯王妙辯才。”(T16/438a)《佛説大孔雀咒王經》卷2：“藥叉南莎訶、遏洛刹娑南莎訶、必麗多南莎訶、必舍遮南莎訶、步多南莎訶、俱槃茶南莎訶、布單那南莎訶、羯吒布單那南莎訶、塞建陀南莎訶、嗢摩陀南莎訶、車夜南莎訶、阿波三摩囉南莎訶、嗢悉多咯迦南莎訶、旃陀羅蘇里耶南莎訶、諾刹怛羅南莎訶。”(T19/470a)

又《翻譯名義集》卷4：“揵度。正音娑犍圖。此云法聚。”(T54/1113c)“揵度”，《大正藏》校勘記標註音作“khaṁḍa”，此當為巴利文“khandha”音。“婆犍圖”當為“娑犍圖”，“婆”“娑”，形近而訛。“娑犍圖",《大正藏》校勘記標註音"skaṁdha",此當為梵音"skandha/skandākṣa"。又作"娑干度",《翻梵語》卷1:"揵度,應云娑干度,譯曰體,亦云除,亦云品。"(T54/984b)

"skandha/skandākṣa"意譯作"聚、蘊、積、藏、結、節、肩、胸、莖、藏、蘊、衆、身、陰"等。"DDB"佛教梵語術語"S"條(Sanskrit Terms Index: s):"skandha 取蘊、哥大、嗹董、塞建陀、多集、娑揵圖、性、所依、犍度、犍陀、種種、聚、聚落、肩、胸、莖、藏、蘊、衆、身、陰。"其同根詞有"skandhāḥ 諸陰""skandhaka 乾度、品、建圖、建陀、揵度、犍度、蘊、陰""skandhâlaya 五蘊宅""skandhâvāra 兵"等。其"skandha-"構詞有"skandha-dhātv-āyatana 蘊界處、蘊處界、陰入界、陰界入""skandha-māra 蘊魔、身魔、陰魔""skandha-mātra 即五蘊、唯有諸蘊、蘊、諸陰""skandha-pañcaka 五蘊、五陰""skandha-paripāka 根熟""skandha-vyavasthāna 五陰""skandhâyatana-dhātu 蘊處界、陰入界、陰界入"等。

關於"娑干社/杜"夜叉,《孔雀王咒經》中習見,其音譯形式稍異。作"娑干陀",如《孔雀王咒經》卷1:"夜叉羅刹娑、卑離多、比捨遮、部多、鳩槃茶、富多那、柯吒富多那、娑干陀、欝摩陀、車耶、阿鉢娑摩羅、欝多羅柯、願聽我言。"①(T19/446c)又同卷:"夜叉羅刹娑、卑離多、毘舍闍、部多、鳩槃茶、富多那、娑干陀、欝摩馱、車耶、阿鉢摩羅、欝多羅以稚柯、若陀優已羅、俾多羅不可使。"②(T19/447a)又同卷:"若卑離多、若毘舍闍、部多、拘槃茶、富多那、柯多富多那、娑干陀、緼摩陀、身耶、阿鉢娑摩羅等。"(T19/448c)③又卷2:"藥叉落叉、波離多、比沙者、部多、鳩槃茶、富多那、柯多富多那、娑干陀、蘊摩陀、車耶、阿貝摩羅、欝娑多羅羅胷等。"(T19/455b)④作"娑干多",《孔雀王咒經》卷2:"藥叉罰羅刹、俾禮多(梁言餓鬼)、毘舍闍(梁言顛鬼)、部多、鳩槃茶、富單那、柯多富多那、娑干多、怨摩他、車耶、阿鉢莎摩羅、欝多羅柯鞞多羅

① 按:《大正藏》校記:"娑干",宋、元、明本作"婆于"。
② 按:《大正藏》校記:"娑干",宋、元、明本作"婆于"。
③ 按:《大正藏》校記:"娑干",宋本作"沙干"、元、明本作"沙于"。
④ 按:《大正藏》校記:"娑干",明本作"娑于"。

羅闍。”(T19/456c)

對應《佛説大孔雀咒王經》,“婆干陀”則音譯作“塞建陀”,《佛説大孔雀咒王經》卷1:“藥叉曷喀刹娑、畢麗多、畢舍遮、步多、俱槃茶、布單那、羯吒布單那、塞建陀、嗢摩柁、車夜、阿波三摩羅、烏悉多喀迦、諸刹怛羅黎波為如是等。”(T19/459c)又卷3:“藥叉羅刹、畢麗多、畢舍遮、步多、鳩槃茶、布單那、羯吒布單那、塞建陀、嗢摩柁、車夜、阿波三摩羅、烏悉多路迦、成就明咒并諸眷屬。”(T19/473c)又卷2:“藥叉所執遏洛刹娑、畢麗多、畢舍遮、步多、所執俱槃茶、布單那、羯吒布單那、塞建陀、嗢摩柁、車夜、阿波三摩羅、烏悉多喀迦、諸刹怛羅梨波為如是等所執録時。”(T19/467c)

通過排比對應的音譯、意譯形式和語義分析,我們發現梵音“skanda”或“skandākṣa”,音譯作:“娑干社/杜”“塞建陀”“娑干陀”等。巴利文“khandha”,又音譯作“乾度”“犍度”“建陀”等。但其意譯與“梁言無别頭姓高式”語義不相關。通過兩種同經異譯本對比,我們發現《孔雀王咒經》文本有錯亂脱漏,所謂“梁言無别頭姓高式”當與“憍尸迦”意譯吻合。而《孔雀王咒經》脱漏了“諸餘兄弟等,憍尸迦國住”,故而本該在“憍尸迦”下標註的“梁言無别頭姓高式”文字,就緊貼在了“娑干社夜叉住修多羅地”後。顯然“修多羅地”對應的語義是“cīnabhūmi 支那/羯陵伽國”,對應意譯是“中夏地”,即古代東方華夏(中國)。因為與“梁言無别頭姓高式”語義不契合,故又將“梁言無别頭姓高式”文字移到“娑干社夜叉”下。今謂“無别頭姓高式”當作“無别頭姓高氏”,意為梵天第一種姓,此即是“憍尸迦”的意譯。“憍尸迦”,梵天名,梵音作“kausika”。又云“憍支迦”,為帝釋種姓。《翻梵語》卷6:“拘私夜,應云憍尸迦,譯曰天王。”(T54/1023b4)《一切經音義》卷2:“憍尸迦,上薑妖反,下薑佉反,梵語即天主,帝釋之别號也。”(T54/320a)

34. 欝多波陀——梁言駱駝足

按:“欝多波陀”,梵音“draṁṣṭrāpāda”,夜叉名。《孔雀王咒經》卷

1:"欝多波陀(梁言駱駝足)住鳩陳陀國。"(T19/451b)《孔雀王咒經》兩個異譯本皆意譯作"牙足",與"梁言駱駝足"略有不同。《佛母大孔雀明王經》卷2:"牙足藥叉神,羯陵迦國住。"(T19/425a)《佛説大孔雀咒王經》卷2:"牙足藥叉神住羯陵伽國。"(T19/466a)"欝多波陀",對應的兩個異譯本《佛母大孔雀明王經》和《佛説大孔雀咒王經》皆意譯作"牙足"。而"牙足"對應梵音"draṁṣṭrāpāda",與"梁言駱駝足"語義不相類。"駱駝",梵文作"𑖄𑖬𑖿𑖘𑖿𑖨",梵音轉寫作"uṣṭra"。《梵語雜名》卷1:"駱駝,烏瑟吒羅,𑖄(u)𑖬𑖿𑖘𑖿𑖨(ṣṭra)。"(T54/1235c)從對應梵音譯字"欝多"來看,與梵音"uṣṭra"相諧,與梵音"draṁṣṭrā"不相諧。其實梵語"牙"與"駱駝"讀音相同,"DDB"佛教梵語術語"U"條(Sanskrit Terms Index: u):"uṣṭra 牙。""draṁṣṭrā"與"uṣṭra"為同根詞,詞根為"ṣṭrā"。

梵語"draṁṣṭrāpāda"是由"draṁṣṭrā"與"pāda"構成的合成詞。"draṁṣṭrā"為"牙齒"義,"draṁṣṭrā"當與"uṣṭra""danta/dānta"同源。"DDB"佛教梵語術語"D"條(Sanskrit Terms Index: d):"danta 娜多、彈多、憚哆、牙齒、齒""dānta 調、調伏、調善、調順、降伏"。"danta/dānta"的同源詞有:"dantakāṣṭa 彈多抳瑟搋、憚哆家瑟詑""dantakāṣṭha 憚啄家瑟多""dantakāṣṭha 齒木""dantaiḥ kaṭakaṭāyat 齧"等。

其"danta-/dānta-"構詞有:"danta-kāṣṭha 楊枝、牙杖""danta-mālā 牙齒、齒鬘""danta-poṇa 楊枝""danta-yantra 牙齒""dānta-bhūmi 寂定地、淳善地、調定地、調柔地"等。"pāda"為"足"義,詞根為"pad"。"DDB"佛教梵語術語"P"條(Sanskrit Terms Index: p):"pad 足""pada 足、妙迹、步、脚跡、路、道、波陀、鉢曇、鉢陀""pāda 脚、足"。

其同根詞有:"padâgāmin 足行""pādaka 句、足""pādapīṭh 寶机""padârtha 句、句義""padatva 句""padānāmarthaḥ 句義""padāti 篋藏""pādau 雙足"等。其"pad-/pāda-/pada-/"構詞有:"pad-dhati 道路""pada-kāya 句、句身""pada-kāyika 足、足行""pada-sthāna 依處、基趾、所依處""pāda-gāmin 足行""pāda-mrakṣaṇa 塗足油""pāda-mūlika 屬""pāda-pārṣṇi 足跟趺""pāda-prakṣālana 洗足""pādapratiṣṭhāpana 履""pāda-tala 足下、足處""pāda-talayor 於雙足下""pāda-vanda 禮拜""pāda-veṣṭanikā 襪""padā-vihāra 遶"等。

其"pādau-/pādāṃ-"構詞有:"pādau śirāsā vandati 接足作禮""padau śirasā vandati 頭面作禮""pādau śirasā vanditvā 頭面禮足""pādau śirasâbhivandya 頭面禮足""pādāṃ cchirasā vandati 頭面禮足""padam naiṣṭhikam 究竟"等。

其"-pāda"構詞有:"mīmāṃsa-ṛddhi-pāda 慧如意足""mṛdu-taruṇa-pāṇi-pāda 手足細軟""mṛdu-taruṇa-hasta-pāda-talatā 手足細軟相"等。

35. 朗枳莎羅——梁言堅自在

按:"朗枳莎羅",梵音"laṅkeśvara",夜叉名。《孔雀王咒經》卷 1:"朗枳莎羅夜叉(梁言堅自在)住迦毘尸國。"(T19/451b)《孔雀王咒經》兩個異譯本皆以音譯與意譯混合的形式譯作"楞伽自在"。《佛母大孔雀明王經》卷 2:"楞伽自在神住於迦畢試。"(T19/425a)《佛說大孔雀咒王經》卷 2:"楞迦自在神住在迦畢試。"(T19/466a)

梵語"laṅkeśvara"是由"laṅke"與"īśvara"構成的合成詞。"laṅke"來源於"lañkā/laṁka/laṅkā",楞伽"。丁福保《佛學大辭典》標註梵音作"lañkā",本為地名,在師子國(即今錫蘭島),為山名,今名作"Adam speak"。"楞伽"為寶名,為"不可到、難入"之義,即此山得名於楞伽寶,喻指險絶,常人難入。佛嘗在此說大乘經,名《楞伽經》。"楞伽"又作"駿迦",《大唐西域記》卷 11:"國東南隅有駿迦山,巖谷幽峻,神鬼遊舍,在昔如來於此說《駿迦經》,舊曰《楞伽經》,訛也。"(T51/934b)《翻譯名義集》卷 3:"駿(勒鄧)迦,《西域記》云:'僧伽羅國東南隅有駿迦山,巖谷幽峻,神鬼游舍,昔佛於此說《駿迦經》,舊曰《楞伽經》,訛也。'"(T54/1099a)"駿迦",《大正藏》校勘記標註梵音作"laṁka"。今謂"lañkā""laṁka"皆為"laṅke"的來源,"lañkā/laṁka"參與組合構詞,元音[ā/a]開口度變小,高化作[e],[ī]音脱落,"laṅke"與"īśvara"組合拼讀后,[āī]/[aī]> [e]。

所謂"不可到、難入"之義,即意譯"堅"義的來源。"lañkā/laṁka/laṅkā",為"堅固"義。平川彰《佛教漢梵大辭典》:"楞,laṅkā。"①其同源詞有"laṅkâdhipati 楞伽王""laṅkâvatāra 楞伽經"等。其"laṅkā-"構詞有"laṅkâvatāra-sūtra 楞伽阿跋多羅寶經""laṅkā-pura 楞伽城""laṅkā-malaya-parvata 楞伽摩羅耶城""laṅkā-purī 楞伽國""laṅkā-parivāsin""laṅkā-nivāsin 楞伽眾""laṅkā-patha 楞伽道"等②。

"īśvara"為"自在、主宰、自在天"義。"DDB"佛教梵語術語"I"條(Sanskrit Terms Index: i):"īśvara 主宰、尊豪、統、統攝、自在、自在作者。""īśvara"的同源詞有"aīśvara 不自在""aiśvarya 威力、富樂、富貴、富貴自在、最勝、自在""anīśvara 無有自在、無有自在""īśvaratva 得自在"等。其"īśvara-"構詞有"īśvara-kṛta 自在化、自在天生、自在天作""īśvara-rupa 自在天身""īśvara-cestita 自在事""īśvara-cchanda 自在欲""īśvara-hetuka 自在為因""Īśvara eva câpi 善天子""Īśvara devaputro 善天子"等。其"-śvara"構詞有"rajêśvara 世界主""pṛthivîśvara 人王、國王""rāṣtrêśvara 國主""tribhavêśvara 世尊""bhujagêśvara 龍王""cakravartîśvara 轉輪王""dhanêśvara 財富""dharmêśvara 法自在""jagêśvara 人王、自在""kāmêśvara 欲自在""avalokitêśvara 觀自在""lokêśvara 世自在""lokeśvara 盧迦委斯諦""lokêśvara 觀自在""mahêśvara 大自在、自在、魔醯首羅、摩醯濕伐涅""mahêśvaryâdhipatya 大自在""mārêśvara 魔王""nandikêśvara 大聖歡喜天、歡喜天""paramêśvara 勝自在、大自在"等。

36. 摩里止——梁言光明

按:"摩里止",梵音"mārīcī",夜叉名。《孔雀王咒經》卷1:"摩里止夜

① 參見:平川彰(1997:659)。
② 同上。

叉(梁言光明)住羅摩起羅國。”(T19/451b)《孔雀王咒經》兩個異譯本皆音譯作“摩利支”。《佛母大孔雀明王經》卷2:“摩利支藥叉羅摩脚差住。”(T19/425a)《佛説大孔雀咒王經》卷2:“摩利支藥叉住曼囉麼林。”(T19/466a)“摩利支”又為天名和菩薩名,作“摩利支天”“摩利支菩薩”“摩利支提婆”,意譯作“陽燄”,以其形相不可見不可取,故名。《翻譯名義集》卷2:“摩利支,此云陽炎,在日前行。”(T54/1077c)又作“末利支”,《末利支提婆華鬘經》卷1:“有天名末利支,常在日前行。”(T21/255c)又作“麼利支”,《攝大毘盧遮那成佛神變加持經入蓮華胎藏海會悲生曼荼攞廣大念誦儀軌供養方便會》卷2:“麼利支天,(一)摩利支,(二)娑嚩(二合)賀。”(T18/80c)又作“摩梨支”,《佛本行集經》卷31〈二商奉食品〉:“爾時,世尊從眼不瞬塔所起已,安庠漸至向摩梨支(隋言陽炎)經行之處。到經行已,加趺而坐,復經七日,受解脱樂。”(T3/800a)

“mārīcī”為“光、陽焰”義,音變作“marīci/marīcy”。“DDB”佛教梵語術語“I”條(Sanskrit Terms Index: i):“marīci 光”“mārīcī 摩利支”“marīci 渴愛、炎、焰、燄、野馬、除闇、陽炎”。其同源詞有“marīcika 摩利支”“marīcikā 焰、野馬、陽焰”“marīcin 太陽”等。其“marīci-/marīcy-”構詞有“marīcy-upama 如熱時焰”“marīci-mālin 光圈、光線、日暈”“marīci-pratiśrutka 焰響”等。“-marīci”的構詞有“phena-marīci 水沫泡焰、芭蕉”“phena-marīci-kalpa 沫泡”等。

據上文同源詞和組合構詞可知,“摩里止 mārīcī”,梁言作“光明”,此意譯不夠準確。故隋代天竺三藏闍那崛多譯《佛本行集經》時標註“摩梨支——隋言陽炎”。

37. 撻摩波摩——梁言守法

按:“撻摩波摩”,梵音“dharmapāla”,夜叉名。《孔雀王咒經》卷1:“撻摩波摩(梁言守法)住迦舍國。”(T19/451b)《孔雀王咒經》兩個異譯本皆音譯作“達摩波羅”。《佛母大孔雀明王經》卷2:“達摩波羅神住在於疎勒。”(T19/425a)《佛説大孔雀咒王經》卷2:“達摩波羅神住在於

疎勒。”(T19/466a)《翻梵語》卷 7:“曇無知羅,應云達摩波羅,譯曰法護。”(T54/1030b)

梵語“dharmapāla”是由“dharma”與“pāla”構成的合成詞。“dharma”音變作“dhārma/dharmā”,為“法、教法、經法”義。“DDB”佛教梵語術語“D”條(Sanskrit Terms Index: d):“dharma 法誼、法門、法體、深法、物、相、真法、福、福德、答哩磨、經、經典之要、經業、經要、義、聖法、衆同分、行相、要法、諦、諸法、道、道法、達摩、法塵、法性、法教、法界、法相、法義、法要、佛教、佛法、佛經、典模、功德、善、善法、妙法、安樂行、實法、德、心、性、教法、教義、是法、曇、曇摩、曇無、曇磨、有法、果、法”“dhārma 法、法要”“dharmā 達摩”。其同源詞有“adharma 惡、惡法、殺罪、無法、罪、非法”“anudharma 隨法”“anudhārmika 有法”“dharmâbhiniveśa 著法”“dharmâbhiprāya 為法”“dharmâbhirati 樂法”“dharmâbhisamaya 大法利、得法”“dharmābhisamaya 諸法現觀”“dharmâbhisamaye 大法利”“dharmābhiṣeka 法灌頂”“dharmāḥ 現在、諸法”“dharmaḥ 非法”等。

其“dharma-”構詞有“dharma viśuddha 甘露淨法”“dharma-adharma 罪福”“dharma-adhimukti 信法”“dharma-ādhipateya 法增上”“dharma-alambana 所緣法”“dharma-antara 餘法”“dharma-antara-prādurbhāva 餘法生”“dharma-anudharma-pratipanna 正修行法隨法行”“dharmâanupratipatti 隨法行”“dharma-āraṇyaka 達磨阿蘭若迦、阿蘭若”“dharma-artha 法境”“dharma-āyatana 法入、法界”“dharma-bāṇika 説法者”“dharma-bhaiṣajya 法藥”“dharmabhāṇaka 大法師”“dharma-bhāṇaka 師、教誨者、法師、經師、能善、説法、説法師”“dharma-bhāṇakatva 法師”“dharma-bhāṇake pudgale 説法師”“dharmâbhāsa 法明”“dharma-bhāva 法有”“dharma-bherī 法鼓”“dharma-bherī-saṃpratāḍana 擊大法鼓”等。

其“-dharma”構詞有“prajñapti-dharma 假”“praṇīta-dharma 勝妙法”“prāpta-dharma 得法”“prāpti-dharma 證法”“prāpti-dharmatā 所得法”“prasava-dharma 生法”“pratipatti-dharma 所行法”

"pratītya-dharma 因緣法""pratītyasamutpanna-dharma 因緣生法""pratyātma-dharma 内身證法""pratyātma-dharma-sthititā 内身證法性、緣自得法住""pravacana-dharmatā 教法""pudgala-dharma 我法""puruṣa-dharma 人法""rāja-dharma 王法""sad-dharma 妙典、妙法、實法、微妙法、正法、正要、法、法寶、淨法、真實法""saddharma 薩達剌摩、薩達喇摩、薩達摩""sad-dharma 藏法""sad-dharma 雅典"等。

"pāla",音變作"pala",音譯作"婆羅""鉢羅"等,意譯為"守護、守持"義。"DDB"佛教梵語術語"P"條(Sanskrit Terms Index: p)中"pāla 婆羅、守、守護、持、饒益、監、護""pala 鉢羅、鐃益。"其同源詞有"palāda 鉢羅""pālaka 守、擁護""pālana 能持""pālanīya 可護""palāśa 波羅伽、綠、華、鉢羅奢""pālaya (den.) 守""paripālaka 守護""paripālana 守護""paripālanā 守護""paripālana 擁護""paripālaya (den.)擁護""paripālayati 養育""rāṣṭrapāla 賴吒、賴吒羅""vihārapāla 婆羅、毘訶羅波羅、護寺""anupālana 守護""anupālanā 護持"等。其"-pāla"構詞有"dharma-pāla 護正法""dvāra-pāla 守門天""loka-pāla 四天王、護世四王、護世者""loka-pālāḥ 諸天、諸天衆""loka-pālatva 護世""mahiṣī-pāla 牧牛人""naraka-pāla 地獄卒、獄卒、那洛迦卒""rāṣṭra-pāla 護國""pari-pālaya(den.)守護"等。

據上文同源詞和組合構詞可知,"波摩",對應梵音作"pāla",《孔雀王咒經》兩個異譯本皆音譯作"波羅","波羅"與"pāla"語音對應準確,音譯作"波摩"不確。

又"撻摩波摩 dharmapāla"夜叉住在"迦舍",《孔雀王咒經》兩個異譯本皆音譯作"疎勒"。對應梵語為"Khāsa/Khāsyalipi",與音譯"迦舍"相諧,與"疎勒"不諧。這是新舊譯經不同造成的。丁福保《佛學大辭典》:"疏勒,(地名)國名。《慧苑音義》下曰:'疏勒國,正名佉路數怛勒,古來此方在略呼為疏勒。又訛數音為疏。然此名乃是彼國一山之號,因立其稱,又或翻為惡性國,以其國人性多獷戾故也。'今之Kashgar 也。""迦舍"又音譯作"珂沙""佉沙""佉路數怛勒"。《佛本行集經》卷 11〈習學技藝品〉:"珂沙書,疏勒。"(T3/703c)《法苑珠林》卷

29:"又從國西北,上大沙嶺,度徙多河(舊名辛頭河),行五百里至佉沙國(舊名疏勒國),其俗生子押頭匾遞。"(T53/497a)《一切經音義》卷22:"疏勒國,正云佉路數怛勒,古來此方存略,呼為疏勒人。又訛數音為疏,然此名乃是彼國一山之號,因立其稱。又或翻為惡性國,以其國人性多獷戾故也。"(T54/447c)《新華嚴經論》卷30〈菩薩住處品〉:"疏勒國,正云佉路數怛勒,此方存略但云疏勒。"(T36/931b)"疏勒"當來源於"佉路數怛勒"之"數怛勒"之省譯。又《翻譯名義集》卷3:"佉沙,《西域記》云:'舊謂疏勒者,乃稱其城號,言猶訛也,正音云室利訖乾栗多底。'"(T54/1098a)所謂"云室利訖乾栗多底",對應梵音作"Śrīkrītatī","Śrī"為前綴構詞,為"吉祥、妙德"義,音譯作"室利""室哩""室離""尸利""師利"等。"DDB"佛教梵語術語"S"條(Sanskrit Terms Index: s):"śrī 修利、光澤、功德、勝、吉、吉祥、妙、妙德、妙相、威德、室利、室哩、室離、富樂、尸利、師利、德、昔哩、最尊、殊勝、瑞相、祥、禄、福、福德。""krītatī"當是"Khāsa/Khāsyalipi"的音變或音訛。

38. 摩訶部社——梁言大肩

按:"摩訶部社",梵音"mahābhuja",夜叉名。《孔雀王咒經》卷1:"摩訶部社夜叉(梁言大肩)住婆訶梨國。"(T19/451b)《孔雀王咒經》兩個異譯本皆意譯作"大肩"。《佛母大孔雀明王經》卷2:"大肩藥叉神,薄佉羅國住。"①(T19/425a)《佛説大孔雀咒王經》卷2:"大肩藥叉神住薄渴羅國。"(T19/466a)又同卷2:"大臂藥叉神,住在憍薩羅。"(T19/465b)《佛母大孔雀明王經》卷2:"大臂藥叉王,憍薩羅國住。"②(T19/424a)今謂《孔雀王咒經》音譯作"摩訶部社",而《孔雀王咒經》兩個異譯本對應意譯皆作"大肩"。又《佛説大孔雀咒王經》《佛母大孔雀明王經》亦見作"大臂藥叉",對應梵音為"mahābhuja"。

---

① 按:"大肩",《大正藏》校勘記標注梵音作"mahābhuja"。

② "大臂",《大正藏》校勘記標注梵音作"mahābhuja"。

“肩”,梵語為“skandha/ skandākṣa”。“skandha/ skandākṣa”意譯作“聚、蘊、積、藏、結、節、肩、胸、莖、藏、蘊、衆、身、陰”等。“DDB”佛教梵語術語“S”條(Sanskrit Terms Index: s):“skandha 取蘊、哥大、嗹董、塞建陀、多集、娑揵圖、性、所依、犍度、犍陀、種種、聚、聚落、肩、胸、莖、藏、蘊、衆、身、陰。”“肩”,梵語又作“aṃsa”。“DDB”佛教梵語術語“A”條(Sanskrit Terms Index: a):“aṃsa 肩、髆。”其“-aṃsa”構詞有“ekâṃsa 右肩”“ekâṃśa 决定、無二、無異”“ekâṃśa-kṛta 偏袒右肩”“ekâṃśam uttarâsaṅgaṃ kṛtvā 偏露右肩”等。

“臂”,梵語為“bāhu/ bahu/ bhuja”。“DDB”佛教梵語術語“B”條(Sanskrit Terms Index: b):“bāhu 臂、手臂、臂肘腕”“bhuja 臂、胛。”其“bhuja-”構詞有“bhuja-ga 龍”“bhujagêndra 龍王”“bhujagêśvara 龍王”“bhujaṃ-ga 龍神”“bāhukena 掉臂”等。

通過梵音音譯、意譯對應比較,我們發現《孔雀王咒經》兩個異譯本《佛母大孔雀明王經》卷 2 及《佛説大孔雀咒王經》卷 2,皆意譯為“大肩”,其實當為“大臂”,對應梵語作“mahābhuja”。而《佛説大孔雀咒王經》《佛母大孔雀明王經》亦見作“大臂藥叉”,對應梵音為“mahābhuja”不誤。梵語“mahābhuja”是由“mahā”與“bhuja”構成的合成詞。“mahā”為“巨、大”義,“DDB”佛教梵語術語“M”條(Sanskrit Terms Index: m):“mahā 大”“maha 大會”“mahā- 巨、廣大、最勝、極、殊勝、無量”“mahā 摩訶、磨訶、莫訶、麼賀”。

佛典中亦見“妙臂明王”“金剛臂明王”“臂明王”“大臂明王”。《大方廣菩薩藏文殊師利根本儀軌經》卷 2〈序品〉:“所謂最上明王,有明明王能成就明王,妙臂明王勝軍明王……金剛臂明王金剛手明王……臂明王大臂明王……阿怛哩鉢多明王塢芻摩明王等。”(T20/840a)其中據《大正藏》校勘记標注梵音,“妙臂”梵音作“Subāhu”,“金剛臂”梵音作“vajra-bāhu”,“臂”梵音作“bāhu”,“大臂”梵音作“mahā-bāhu”。

然佛典中另有“大肩”一詞,為“廣肩胛”義。梵音作“kharaskanda”或“khalaskaṁdha”,音譯作“佉羅騫馱”“佉羅騫大”“佉羅騫陀”等。《佛説華手經》卷 6〈驗行品〉:“彼國有佛,號曰大肩,一會説法,諸聲聞眾九十六億。"(T16/174c)《金光明最勝王經》卷 9〈諸天藥叉護持品〉:"婆稚羅睺羅,毘摩質多羅;母旨苫跋羅,大肩及歡喜;及餘蘇羅王,并無數天眾;大力有勇健,皆來護是人。"(T16/446a)"大肩",《大正藏》校勘記標注梵音作"Kharaskanda"。《金光明經照解》卷 2:"佉羅騫陀,疏中翻為吼如雷。《法華句》云:佉羅騫馱,此翻廣肩胛,亦云惡陰,此阿修羅力能湧大海水。"(X20/523a)《金光明經文句記》卷 5:"佉羅騫陀,此云廣髀[①]。"(T39/149c)

《妙法蓮華經》卷 1〈序品〉:"有四阿修羅王——婆稚阿修羅王、佉羅騫馱阿修羅王、毘摩質多羅阿修羅王、羅睺阿修羅王,各與若干百千眷屬俱。"(T9/2a)"佉羅騫馱",《大正藏》校勘記標注梵音作"kharaskanda"。《孔雀王咒經》卷 1:"有四阿修羅王——婆稚阿修羅王、佉羅騫馱阿修羅王、毘摩質多羅阿修羅王、羅睺羅阿修羅王,各與若干百千眷屬俱。"(T19/482c)《妙法蓮華經文句》卷 2〈序品〉:"佉羅騫馱,此云廣肩胛,亦云惡陰,涌海水者,《正》本云寶錦。本住權、實二智,慈荷眾生故,亦為廣肩胛。"(T34/25a-b)《法華經義記》卷 1〈序品〉:"佉羅騫馱者,譯言廣肩胛也。"(T33/582a)《法華義疏》卷 1〈序品〉:"佉羅騫太者,此云廣肩甲,又云寶錦,又云欲錦也。"(T34/465c)《妙法蓮華經玄贊》卷 2〈序品〉:"佉羅騫馱者,佉騫皆去聲,馱平聲呼,古云廣肩髆,形貌更大。"(T34/676b)

又《翻梵語》卷 7:"佉羅騫大阿脩羅王,譯曰佉羅蹇大,智惡陰。"(T54/1028c)《慧琳音義》卷 27:"佉羅騫馱,騫為去音,下為陀音,此云廣肩[②]髆。"(T54/483a)《翻譯名義集》卷 2:"佉羅騫馱,《文句》此云廣肩胛,亦云惡陰,湧海水者。"(T54/1079b)"佉羅騫馱",《大正藏》校勘記標注梵音作"khalaskaṁdha"。

梵語"kharaskanda/khalaskaṁdha"是由"khara/khala"與"skanda/skaṁdha"構成的合成詞。梵音"khara"音變作"Khala",轉

① 按:"髀",當為"胛"之形近而訛。

② 按:"肩",即"肩"字。

寫稍異,梵語“Khara/ Khala”為“堅固、麤大”義。“DDB”佛教梵語術語“K”條(Sanskrit Terms Index: k):“khara 剛強、劇、嗔、堅固、堅鞕、強盛、惡、極痛、硬、苦難、重、麤。”其同根詞有“kharatā 硬”“akhara 不強”等。其“khara-”構詞有“khara-skandha 佉羅騫馱”“khara-kharâvasakta-kaṇṭha 喘息”等。梵音“skanda”音變作“skaṁdha”,轉寫稍異,梵語“skanda/ skaṁdha”為“肩”義。詳上。

第四章　《經律異相》"梁言"詞釋證

最早的佛教類書是成書于南朝梁代的《經律異相》。其收録的佛經,故事性強,語言也較為通俗,較全面地反映了東漢至梁代豐富的語言事實,是中古漢語研究的重要語料之一。運用各種文獻材料對《經律異相》進行校理,彙集其異文類語料,考察分析異文材料的性質,對其異文材料進行取捨和辨析,是中古漢語語料建設和語言研究的重要課題之一。董志翹師曾以"《經律異相》整理與研究"為題,申請了2006年全國高等院校古籍整理研究工作委員會重點項目,獲准立項資助。在具體課題研究進程中,通過比較目前流行的幾種版本後,選取《大正藏》作為底本,以趙城金藏(中華大藏經底本)、高麗藏、資福藏、磧砂藏、普甯藏、永樂南藏、徑山藏、清藏等八個版本作為對校本,對《經律異相》進行了較全面的校勘整理,撰成課題成果專著《〈經律異相〉整理與研究》一書。

《經律異相》中標注"梁言"詞共計54則,我們這裏選釋其中的29則。具體從三個方面進行釋證:一是指出"梁言"詞的音譯形式對應的梵語轉寫形式;二是找出歷代佛經中不同的音譯形式和意譯内容,分析"梁言"詞的音譯形式和意譯内容在佛經注疏、翻譯名義、佛經音義及佛學辭典中的承續情況;三是指出"梁言"詞的梵語構詞特點,系聯"梁言"詞的梵語同根詞及詞根或詞綴的構詞情況。

39. 釋提桓因——梁言能作天王

按:《經律異相》卷1:"忉利天居須彌山頂。有三十三天宮。王名釋提桓因(梁言能作天王),身長一由旬,衣長二由旬,廣二由旬,衣重六銖。壽天千歲少出多減。"(T53/1c)"釋提桓因",梵音"Śākra devānāmiṁdra",天王名。又云"釋迦因陀羅""釋迦羅因陀羅""賒羯羅因陀羅""釋迦提桓因陀羅""釋迦提婆因陀羅""釋迦提婆因達羅"。較早見於三國吴支謙譯《撰集百緣經》《須摩提女經》及《菩薩本緣經》,兩晉、劉宋、元魏、苻秦、姚秦譯經皆音譯作"釋提桓因"。梁言"能作天王",當源於姚秦鳩摩羅什譯《大智度論》。其卷 54 云:"釋提桓因,釋迦,秦言能;提婆,秦言天;因提,秦言主。合而言之:釋提婆那民。"(T25/443b)後來的佛經注疏、翻譯名義、佛經音義及佛學辭典皆承此意譯。詳細釋證參見第二章"釋提桓因——梁言能作天王"條。

40. 炎摩——梁言時

按:《經律異相》卷 1:"炎摩(梁言時①)天宫,風輪所持在虚空中。"(T53/2a)"炎摩",梵音 Yāma,意譯作"時",天宫名。炎摩,又作"焰摩天""燄摩天",梵音"Yāma",欲界天之名。欲界天中第三重之天處,具稱"須焰摩",略稱"焰摩",譯曰"善時",新稱"夜摩",譯曰"時分"。"須夜摩",又作"須炎""須炎摩""蘇夜摩"。梵音"Suyāma"譯曰"妙善""妙時分"。"梁言時"當源於姚秦鳩摩羅什譯《大智度論》。後來佛經注疏、翻譯名義、佛經音義及佛學辭典皆承此意譯。詳細釋證參見第二章"炎摩——梁言時"條。

41. 兜率——梁言知足

按:"兜率",梵音"Tuṣita",欲界第三天宫名。《經律異相》卷 1:"兜率(梁言知足)天宫,風輪所持在虚空中。"(T53/2b)"兜率"又作"兜率陀""兜率哆""兜術""都史多""覩史多""鬥瑟哆""珊覩史多""珊兜史多""删兜率陀"等,具名梵音作"Saṁtuṣita",意譯曰"上足""妙足""知足""喜足"等。詳細釋證參見第二章"兜率——梁言知足"條。

---

① 《大正藏》校勘記云:宋本作"時善",元、明本作"善時"。

42. 尸棄——梁言火已

按:"尸棄",天王名,梵音"Sikhin",《經律異相》卷 1:"大梵天王,名曰尸棄(梁言火已[1]),與前天同,若修上禪則生此也。"(T53/3a)又音譯作"式詰""式棄"。《增壹阿含經》卷 45〈十不善品〉:"復次,三十一劫有佛出世,名式詰如來至真等正覺。"(T2/790a)《翻梵語》卷 1:"尸棄佛,亦云式語,亦云式棄,譯曰尸棄者,大,亦云勝也。"(T54/981c)按:"式語"為"式詰"之訛。《新集藏經音義隨函録》卷 8:"式棄,上尸力反。亦云尸棄。亦云式詰。亦直云式。"(K34/922a)

"Sikhin"來源於梵語根詞"śikhā",梵語"śikhā"為"頂"義。同源詞有"śikhara 尖、山頂、嶺、頂""śikhā-jaṭā 辮髮""pañca-śikhin 五頂"。"śikhin"梵語為"螺髻、羸髻","尸棄"天王因頂有螺髻而得名。《法苑珠林》卷 2:"梵天王名曰尸棄,秦言大頂,別云大器。"(T53/283a)《慧琳音義》卷 21:"尸棄,具云尸棄那,此云有髻,或曰頂髻也。"(T54/435b)《續一切經音義》卷 6:"尸棄,梵語訛略也,正云式棄那,此云持髻,或云有髻,即持髻如來也。"(T54/958b)《維摩經略疏》卷 2〈佛國品〉:"尸棄者,此云火,或云火首。又言蠡髻,肉髻似蠡故也。"(T38/581c)《注維摩詰經》卷 1〈佛國品〉:"肇曰:尸棄,梵王名,秦言頂髻也。"(T38/331b)《續華嚴經略疏刊定記》卷 2〈世主妙嚴品第一〉:"言尸棄者,此云持髻,謂此梵王頂有肉髻似螺形故。《長阿含》云:於梵眾中,以梵音語故立其名,其貌如少童,身白銀色,長半由旬,衣金色衣,非男非女,禪悅為食,壽命一劫。"(X3/610b)《續華嚴經略疏刊定記》卷 5〈昇須彌山頂品第十三〉:"五中尸棄者,正云或[2]棄那,此云持髻,或云有髻。"(X3/660c)《華嚴經合論》卷 13〈世主妙嚴品第一〉:"又尸棄者,或云持髻,或云螺髻,或云火頂,以火災至此天故。"(X4/96a)

---

① 已,宋、元、明、宫本作"色"。按,作"色""已"皆誤。

② 按:"或"當為"式"之誤。

因其頂髻炎如火光，又意譯作“火”“火首”“火頂”。《大智度論》卷9〈序品〉：“第三十一劫中有二佛：一名尸棄(秦言火①)。”(T25/125a)《大智度論》卷54〈天主品〉：“此間一梵天王名尸棄，秦言火②。”(T25/443b)《維摩經義疏》卷1〈佛國品〉：“尸棄譯為頂髻，又翻為火。吉藏謂：頂有炎如火光，在頂如髻，義既兼兩，故譯人互翻。”(T38/923b)《翻譯名義集》卷2：“尸棄③，《大論》云：秦言火，或翻火首。《法華疏》云：外國喚火為樹提尸棄。此王本修火定，破欲界惑，從德立名。又云：經標梵王，復舉尸棄，似如兩人，依《大論》正以尸棄為王，今舉位顯名，恐目一人耳。肇曰：尸棄，梵王名，秦言頂髻。”(T54/1077c)《華嚴經疏注》卷6〈世主妙嚴品第一〉：“尸棄，此云持髻，謂此梵王，項有肉髻，似螺形故。亦名螺髻，或云火頂，以火災至此故。貌如童子，身白銀色，衣金色衣，禪悅為食。”(X7/659c)《翻梵語》卷2：“迦羅尸棄，應云歌羅尸棄。譯曰歌者，時。尸棄者，火。”(T54/993b)《翻譯名義集》卷1：“尸棄④，亦名式棄，《大論》翻火，依《佛名經》，過三千劫。”(T54/1058a)

佛典中“火”常被形訛作“大”。如《翻梵語》卷1：“剌那尸棄佛，譯曰剌那者寶，尸棄者，大，亦云勝也，亦最上。”(T54/981b)《翻梵語》卷6：“牢羅尸棄，譯曰牢羅者，動。尸棄者，大，亦云髻也。”(T54/1024a)此“大”皆為“火”之形訛。

“尸棄”又稱“尸棄菩薩”“罽那尸棄”。也可意譯為“妙意”。《翻梵語》卷2：“尸棄菩薩，《論》曰妙意。”(T54/991b)《翻譯名義集》卷1：“罽那尸棄⑤，名出《俱舍大論》，則⑥名剌那尸棄，此云寶髻，亦云寶頂。吾佛世尊初僧祇滿時，值此佛，與七佛中第二尸棄，隔二僧祇，先達謂同，故今辯異。”(T54/1058a)“尸棄”天王本緣剎利種，姓拘利若。《祖庭指

① 火，聖本作“大”。形訛。
② 同上。
③ 《大正藏》標註梵音作 Śikhin.
④ 同上。
⑤ 《大正藏》標註梵音作 Ratnaśikhin。
⑥ 按：“則”當為“具”之誤。

南》卷 1:“尸棄佛……人壽七萬歲時,此佛出世,種刹利,姓拘利若,父明相,母光耀,居光相城,坐分陀利樹下。説法三會,度人二十五萬,神足二:一阿毗浮;二婆婆。”(X87/146b)

佛典中還有“尸棄毘”,音樂天名。《慧琳音義》卷 12:“尸棄毘,梵語音樂天名也,部屬東方持國天王也。”(T54/379c)又有“般遮尸棄”,“般遮”梵音“pañca”,梵語數詞“五”。“DDB”佛教梵語術語“P”條(Sanskrit Terms Index: p):“pañca 五、五種、半者、般遮。”《成唯識論述記》卷 1:“後住多劫,婆羅痆斯國有婆羅門,名摩納縛迦,此云儒童。其儒童子名般遮尸棄,此言五頂。頂髮五旋,頭有五角,其人七德雖具,根熟稍遲,既染妻孥,卒難化導,經無量歲,伺其根熟。後三千歲因入戲薗,與其妻室競花相忿,鵂鶹因此乘通化之,五頂不從,仙人且返。又三千歲化又不得,更三千年兩競尤甚,相厭既切,仰念空仙。仙人應時神力化引,騰虚迎往所住山中。”(T43/255c)

43. 摩醯首羅天——梁言大自在

按:“摩醯首羅”,佛教天宫名。位於東北方伊舍那(“(i)(śa)(na)”)天。《經律異相》卷 1:“摩醯首羅天(梁言大自在)又名淨居,過五淨居而有八處皆悉虚寂,是十住大士之所住處。”(T53/4a)“摩醯首羅”,梵音作“Mahêśvara”,“DDB”佛教梵語術語“M”條(Sanskrit Terms Index: m):“mahêśvara 大自在、自在”“mahêśvara 魔醯首羅”“mahêśvaryâdhipatya 大自在”。“mahê”為“大、最勝”義,語源來於“摩訶”,“DDB”佛教梵語術語“M”條(Sanskrit Terms Index: m)中有“mahā 大”“maha 大會”“mahā- 巨、廣大、最勝、極、殊勝、無量”“mahā 摩訶、磨訶、莫訶、麼賀”。又“śvara”音譯作“首羅”,梵語同源詞有“śūra 首羅”“asura 須羅、首羅、鬼神”等。丁福保《佛學大辭典》:“(雜語)Mahā,又作莫醯。譯曰大。《大品般若經義疏》一曰:‘摩訶或云摩醯,或云優婆,此言大。’又摩醯首羅(Maheśvara)之略,譯曰大自在天。《性靈集》六曰:‘桓因所以憑念,摩醯歸之接足。’”

大自在天又稱光明天,因于此天“於一切法普遊法門,而得自在”,故意譯作“大自在”。《大方廣佛華嚴經》卷1〈世間淨眼品〉:“善海摩醯首羅天,於法界虛空寂静方便光明法門,而得自在;大自在稱光明天,於一切法普遊法門,而得自在。”(T9/397b)又作“伊舍那天”,梵文作“𑖂𑖫𑖡”,梵音作“iśana”。《金剛頂瑜伽護摩儀軌》卷1:“東北方伊舍那(“𑖂(i)𑖫(śa)𑖡(na)”)天。舊云摩醯首羅天,亦云大自在天。乘黃豐牛,左手持劫波坏盛血,右手持三戟創,淺青肉色,三目忿怒,二牙上出,髑髏為瓔珞,頭冠中有二仰月,二天女持花。”《大聖妙吉祥菩薩説除災教令法輪》卷1:“摩醯首羅天王真言,此云大自在天。”(T19/346a)《慧琳音義》卷26:“摩醯首羅天(此云大自在天)。”《孔雀王咒經》卷1:“摩醯首羅夜叉住毘羅多國。魔醯鏃羅夜叉(梁言太白)止羅多國。”(T19/450a)關於“摩醯首羅”與“魔醯鏃羅”之間的關係我們在下節“魔醯鏃羅”條中專門分析,此處從略。又訛作“摩醘首羅天”,“醘”與“醯”形近而訛。《大佛頂如來放光悉怛多般怛羅大神力都攝一切咒王陀羅尼經大威德最勝金輪三昧咒品》卷1〈大威德最勝金輪三昧咒品〉:“復有日天子、月天子、四大天王、忉利天王、釋提桓因、大自在天、並大梵天、兜率天、首陀會天、摩醘首羅天、功德天、毘首羯摩天、并及眷屬。”(T19/180a)

44. 波須弗——梁言善覺

按:“波須弗”當為“須波弗”之誤倒,國王名。梵語具名作“supravedita”,梵音“supravedita”由前綴“su-”和“pravedita”構成。“su-”作為前綴則有“勝、善、妙、最勝、極”等義。“DDB”佛教梵語術語“S”條(Sanskrit Terms Index: s):“su- 勝、善、妙、妙善、孝、安穩、巧妙、微妙、易、最勝、極、直、美。”“pravedita”梵語為“覺悟”義,與梵語“buddhija”近義。其同根詞有“pravedanā 覺”“pravedayati 覺受、説、辯、開覺”。

“supravedita”音譯作“須波弗”“須波佛”等,意譯作“善覺”。《經律異相》卷 4:"太子年至十七,王為納妃,簡選數千,最後得一小國王,姓瞿曇氏。波須弗(梁言善覺)女名瞿夷,端正無比,淨如蓮花。"(T53/15c)《四分律名義標釋》卷 22"執杖釋種"條下引《普曜經》云:"有小國王姓瞿曇氏。名波須弗,女名瞿夷。"(X44/572a)此兩處"波須弗"皆為"須波弗"之誤倒。

所謂"梁言善覺"是承漢代以來的意譯,後代的譯經基本承續此意譯。後漢竺大力共康孟詳譯《修行本起經》卷 1:"須波佛——漢言善覺。"(T3/465b)南朝梁僧祐撰《釋迦譜》卷 1:"無可意者,有小國王,名須波弗,漢言善覺。"(T50/6b)《翻梵語》卷 3:"須波佛王,應云脩波羅佛陀,經曰善覺。"(T54/1011b)

45. 鉢兜那波吒——梁言絹

按:"鉢兜那波吒",絹名。梵音"paṭṭaka",具名作 Pattuṇṇa-paṭṭapaṭa。《經律異相》卷 5:"以三衣施佛、三衣施僧白疊各一雙。又施絳欽婆羅各一張。又施鉢兜那波吒(梁言絹)一。藥膏各滿一器。"(T53/20c)《翻梵語》卷 10:"鉢兜那婆吒,律曰絹也。譯曰鉢兜那者,細。波吒者,絹。"(T54/1052a)《翻譯名義集》卷 7:"兜那波吒,此云絹。"(T54/1172b)又作"鉢肆酖嵐婆""盋兜那波吒""鉢耽嵐婆"等。《經律異相》卷 15:"佛言:安金塔銀塔寶塔雜寶塔中,繒綵鉢肆酖①嵐婆衣頭羅衣裹。"(T53/76b)《四分律名義標釋》卷 35:"鉢肆酖嵐婆,或作'鉢耽娑婆',《善見》云'盋兜那波吒',漢言絹也。此亦國號,衣出彼國,故受斯名(酖,音耽;盋,同鉢)。"(X44/669c)《善見律毘婆沙》卷 6〈舍利弗品〉:"婆羅門雖作如是施已,心猶未止,復更施絳欽婆羅一張,又鉢兜那波咤(漢言絹也)。佛與比丘截斷欽婆羅,各作帶及禪鉢囊襻,又斷裂鉢兜那波咤,作腰繩漉水囊二種。"(T24/710b－c)《四分律》卷 1:"空處者,若風吹毳、若劫貝拘遮羅、若差羅波尼、若芻摩、若麻、若

① 酖,宋、元、明、宮本作"耽"。

綿、若鉢耽嵐婆、若頭頭羅、若雁、若鶴、若孔雀、鸚鵡、鸜鵒，若復有餘所須之物有主，以盜心取五錢、若過五錢離本處，初離波羅夷；方便欲取而不取，偷蘭遮。"(T22/574a)《四分律名義標釋》卷4："鉢耽嵐婆，亦作'鉢肆酖嵐婆'，《善見》云'盋兜那波吒'，漢言絹也。《佛阿毗曇經》云：'波兜羅衣，有蟲著波兜羅樹葉，為窠子，取此窠絲，織為衣也。'"(X44/436b)

又省譯作"波兜羅"。《佛阿毘曇經出家相品》卷2："若有長施，絹衣、白氎簡衣、輕衣、絲衣、納衣、芻磨衣(細軟衣也)、憍奢耶衣(野蠶繭織為衣也)……波兜羅衣(有蟲著波兜羅樹葉為窠子，取此窠絲織為衣也)、提婆田底衣(提婆田底樹取皮織為衣，作驢毛色)、高磨利衣(古貝花、憍奢耶、波兜羅三種雜織為衣也)……阿叛那衣(庳麻雜吉貝衣也)。"(T24/970b)

梵語"paṭṭaka"是由"paṭṭa"與"ka"構成的合成詞。"paṭṭa"來源於詞根"paṭa"，為"娟、繒、氎"義，"DDB"佛教梵語術語"P"條(Sanskrit Terms Index: p)："paṭa 布、幀、所著衣、氎、疊、絹、縠、鉢吒、衣""paṭṭa 板、絹、縵衣、繒、繒幡、茵褥、衣。"其同源詞有"paṭṭabaddha 道服飾""paṭṭaka 絹、衣"、"paṭṭâmśu 羅"等。"paṭṭa-"構詞有："paṭṭa-dāma 華幡""paṭṭa-sūtra 絲"等。"-paṭṭa"構詞有："avaśyāya-paṭṭa 羅""duṣya-paṭṭa 氍毹"等。又梵語"ka"為"綿、葛"義，"DDB"佛教梵語術語"K"條(Sanskrit Terms Index: k)："ka 葛、迦。"其同源詞有："kaca 綿""kāca 迦柘、纊"等。梵語"ka"又音變作"ja"，"-ja"構詞有"kīṭa-ja 絹"。

46. 末羅眾——梁言力士

按："末羅"，力士名，梵語作"Malla"。《經律異相》卷6："佛涅槃後。時波波國諸末羅眾(梁言力士)遮羅頗國諸跋離眾。"(T53/24b)"末羅"本指拘尸那城之人種名，然該"末羅"種姓多有力士。佛荼毘時，"末羅"族諸力士負責舁棺槨，故"末羅"譯曰力士。又作"魔羅""麼羅""末麗曩""摩離""滿羅""婆里早"等。此外用"末羅""滿羅"構詞的有"跋祇末羅蘇摩""滿羅蘇摩""俱尸那末羅"等。(詳見第一章第四節"佛教名物術語詞的研究價值 · 語音學價值"及第二章第二節"末羅眾——梁言力士"條説解。)

其同根構詞有:

唐禮言集《梵語雜名》:"弱,納喇麼羅,𑖟𑖲(du)𑖨(ra)𑖪(va)𑖩(la)。"(T54/1226b)

《翻梵語》卷1:"跋陀婆羅經,應云跋陀羅婆羅,譯曰跋陀羅者,賢;婆羅者,力也。"(T54/984a)

又卷2:"鉢建提,應云鉢利私建提,譯曰力也。"(T54/994b)

又同卷:"陀驃摩羅子,應云陀蔭毘耶摩羅,譯曰陀蔭毘耶者,物;摩羅者,姓,亦云力也。"(T54/996c)

又卷5:"難陀婆羅,譯曰歡喜力也。"(T54/1012c)

又卷7:"拘魔和羅,應云拘摩羅婆羅,譯曰童子力也。"(T54/1030b)

又同卷:"伊那婆羅,應云因陀羅婆羅,譯曰天主力也。"(T54/1030c)

又同卷:"婆羅馬王,譯曰力也。"(T54/1032a)

47. 摩訶波闍波提——梁言大愛①

按:"摩訶波闍波提",比丘尼名,梵音"mahāprajāpatī"。《經律異相》卷7:"佛還迦維羅衛國。摩訶波闍波提(梁言大愛),姓瞿曇彌求佛出家,哀請至三。"(T53/33a)《雜阿含經》卷11:"爾時,有如是像類大聲聞尼眾住舍衛國王園中。比丘尼眾其名曰:純陀比丘尼……優鉢羅色比丘尼、摩訶波闍波提比丘尼,此等及餘比丘尼住王園中。"(T2/73c)《慧琳音義》卷25:"摩訶波闍波提,此云大愛道,是佛姨母,亦名大勝生主也。"(T54/468c)又卷27:"摩訶波闍波提,摩訶鉢剌闍鉢底,此

① 愛,宋、元、明、宮本作"愛道"。

云大勝生主。"(T54/482c)

又作"波闍波提瞿曇彌"。《翻梵語》卷3:"波闍波提瞿曇彌,譯曰波闍者,世。波提者,主。瞿曇者,如上說。"(T54/1001b)

又作"鉢邏闍鉢底",亦可省譯作"憍曇彌"。《翻譯名義集》卷1:"摩訶波闍波提,此云大生主,又云大愛道,亦云憍曇彌,此翻眾生。《西域記》云'鉢邏闍鉢底',唐言生主。舊云'波闍波提'者,訛也。"(T54/1065b)《大唐大慈恩寺三藏法師傳》卷3:"次復有塔,是佛姨母鉢羅闍鉢底唐言生主,舊曰波闍波提,訛也。"(T50/234c)《大唐西域記》卷6:"法堂側不遠,故基上有窣堵波,是佛姨母鉢邏闍鉢底(唐言生主。舊云波闍波提,訛也)苾芻尼精舍,勝軍王之所建立。"(T51/899a)

又作"摩訶鉢剌闍鉢底喬答彌"。《大方廣佛華嚴經不思議佛境界分》卷1:"復有無量千苾芻尼,摩訶鉢剌闍鉢底喬答彌,為上首,為欲調伏下劣有情故,雖現女身,具丈夫業。"(T10/905b9)

又作"鉢喇闍鉢底""鉢剌闍鉢底",又省譯作"鉢闍鉢底"。《佛說大孔雀咒王經》卷2:"鉢喇闍鉢底(世主),頗羅墮社(姓)伊舍那(自在天)。"(T19/467b)《觀彌勒上生兜率天經贊》卷1:"梵云摩訶鉢剌闍鉢底,摩訶云大,鉢剌闍云生,鉢底云主,即大生主。舊云婆闍婆提,此云大愛道。"(T38/284b)《文殊師利菩薩及諸仙所說吉凶時日善惡宿曜經》卷1〈序日宿直所生品〉:"畢圖,畢五宿形如半車,鉢闍鉢底神也。姓瞿曇,食鹿肉。"(T21/388c)

梵語"mahāprajāpatī"是由"mahā""prajā"與"patī"構成的合成詞。"mahā"為"巨、大"義,"DDB"佛教梵語術語"M"條(Sanskrit Terms Index: m):"mahā 大""maha 大會""mahā- 巨、廣大、最勝、極、殊勝、無量""mahā 摩訶、磨訶、莫訶、麼賀"。

"prajā"為"世人、衆生"義,"DDB"佛教梵語術語"P"條(Sanskrit Terms Index: p):"prajā 世、世人、世界、世間、人、大衆、子、有情、民、率土、衆生、衆生類。"其同根詞有:"prajāna 聖達""prajêśvara 世界主"等。其"prajā-"構詞有:"prajā-pati 世主、世界主、梵天、梵天王、梵王""prajāta-mātra 初生、生"等。其"-prajā"構詞有:"mahā-prajā-patī 衆

主""mahā-prajā-patī gautamī 衆主"等。

"pati"為"王、尊"義。"DDB"佛教梵語術語"P"條(Sanskrit Terms Index: p):"pati 君、夫、守、官、御、波帝、管、鉢底。"其同根詞有:"mahipati 豪尊""nāgâdhipati 龍王"等。其"-pati"構詞有:"mṛga-pati 獅子""mahā-prajā-patī 衆主""muni-pati 牟尼王""nara-pati 人主、人王""nṛ-pati 帝王""dāyakānāṃdāna-patīnām 施主"等。

48. 調達(又名提婆達多)——梁言天熱①

按:"調達",具名"提婆達多",比丘名,梵音"devadatta"。《經律異相》卷 7:"調達曰(又名提婆達多,梁言天熱):我王子弟今棄世榮出家居道正頓服飾極世之妙,象馬車乘價直萬金。"(T53/35c)此"梁言天熱"當為南朝齊梁間之意譯。提婆達多比丘因生時人天心熱而得名。《釋迦譜》卷 2:"調達亦名提婆達多,齊言天熱。以其生時,人天心皆忽驚熱,故因為名。"(T50/58c)丁福保《佛學大辭典》:"提婆達多(人名)Devadatta……譯曰天熱,天授。斛飯王之子,阿難之兄,佛之從弟也。出家學神通,身具三十相,誦六萬法藏,為利養造三逆罪,生墮於地獄。但其本地為深位之菩薩,於法華受天王如來之記別。"《妙法蓮華經文句》卷 8〈釋提婆達多品〉:"提婆達多亦言達兜,此翻天熱,其破僧將五百比丘去,身子厭之……以其應行逆,生時人天心熱,從是得名,故言天熱,此迹也。"(T34/115a)《妙法蓮華經文句》卷 8〈釋提婆達多品〉:"生時人天心熱,因此立名,即因緣釋名也;因行逆而理順,即圓教之意,非餘教意也。本地清涼,迹示天熱,同衆生病耳。"(T34/114c)又同卷 8〈釋提婆達多品〉:"提婆達多亦言達兜,此翻天熱,其破僧將五百比丘去,身子厭之。"(T34/115a)《法華玄論》卷 9:"提婆達多此言天熱,提婆言天,達多名熱。初生之時天人心熱,以其將造逆罪故。"(T34/436a)

---

① 熱,宫本作"熱執"。

提婆達多比丘本緣為斛飯王子,隋天竺沙門達摩笈多譯《起世因本經》卷 10〈最勝品〉:"甘露飯王亦生二子,一阿難陀,二提婆達多。"(T1/419b)"提婆達多"又作"提婆達兜""禘婆達多""㝠陁達多""地婆達多""地婆達兜""調婆達多"等。《大般涅槃經》卷 33〈迦葉菩薩品〉作"調婆達多"(T12/563a;565b;809b)。《佛説興起行經》卷 2 作"地婆達兜"(T4/170b)。《慧琳音義》卷 14:"㝠陁達多,梵語是提婆達多,眷屬等五百比丘名也。"(T54/393b)又卷 18:"提婆達多,唐言天授。"(T54/419c)又卷 54:"禘婆達兜,梵語即提婆達多名也。"(T54/667b)《阿耨風經》卷 1:"彼時世尊告尊者阿難:阿難! 有放逸者禘[1]婆達兜,失其處當墮惡趣,泥犁中住一劫,難可救。"(T1/854a)《翻梵語》卷 7:"禘婆達白兒[2]泥梨,應云提婆達多,譯曰提婆者,天。達多者,與。"(T54/1033b)《可洪音義》卷 21"揥婆"下云:"梵言揥婆達兜,或云提婆達多,或云地婆達兜,唐言天授。"(K35/340a)又卷 25"揥吠"下云:"梵言禘䟸達提,亦云提婆達多,亦云地婆達兜,皆一義也。"(K35/510b)《祖庭事苑》卷 5:"調達,梵云調達,或云提婆達多,或云提婆達兜,此並飜天熱。以其生時,人天心皆忽驚熱,故因為名,或飜為天授。"(X64/383b)

或簡稱"調達""達兜"。《翻梵語》卷 2:"提婆達,亦云提婆達多,亦云調達。譯曰提婆者,天。達多者,與。"(T54/993b)《慧琳音義》79:"達兜,斗侯反。梵語訛也,即提婆達多也。"(T54/820b)《翻譯名義集》卷 1:"提婆達多,亦名調達。亦名提婆達兜。"(T54/1062c)

梵語"devadatta"是由"deva"與"datta"構成的合成詞。"deva"為"天、天尊、天神"義,"DDB"佛教梵語術語"D"條(Sanskrit Terms Index: d):"deva 天、天尊、天神、天處、天趣、天龍、提和、提婆、提桓、提波、神。""devī"為"deva"之陰性詞。"DDB"佛教梵語術語"D"條(Sanskrit Terms Index: d):"devī 后、天女、女天、提鞞、明妃、王妃、夫

---

① 禘,宋、元、明本作"提"。

② "白兒"當是"兜"之離析字形之訛。

人、賢聖。"其同根詞有:"devatā 天、天人、天子、天神、天神地祇、本尊、神、神明、聖、聖天、諸天、賢聖、邪神、鬼神""devanāgarī 天迦""devānāṃpriya 天愛""devala 天羅國""devālaya 天祠""devaloka 天宮""devāḥ 天衆、諸天、長壽天"等。其"deva-"構詞有:"deva-janman 生天""deva-kanyā 天女、童女""deva-kumāra 童男""deva-loka 天上""deva-loka 天界、諸天""deva-mānuṣa 人天""deva-manuṣyôpapatti 生人天""deva-māra 天魔""deva-nāga 天龍""deva-nikāya 天趣""devā unmattāḥ 狂者""deva-bhava 天有""deva-bhavana 天宮""deva-deva 天中之天、天中天""deva-bhūta 天身"等。其"-deva"構詞有:"dīrghâyuṣka-deva 長壽天""iṣṭa-devatā 本尊""kāma-deva 欲界天""mahā-deva 大自在""mokṣa-deva 解脱天""nara-deva 天人""nirmāṇarati-deva 化樂天"等。

"datta"為"施、授、施"義,"DDB"佛教梵語術語"D"條(Sanskrit Terms Index: d):"datta 供上、奉上、布施、授、施、施與。"其同根詞有:"dattaka 授""dattvā 施已、給施、繫""dattâdāna 施、與取""dattvâdāna 與奪""samādatta 受、受持""sudatta 善授""upādatta 有、有受""adatta 不受、不與""adattâdāna 不與取""adattādāna 不與取""adattâdāna 偷盜、劫盜、盜、盜竊罪"等。其"datta-"構詞有"datta-phalatva 與果"等。其"-datta"構詞有:"brahma-datta 梵德、梵摩達""vimala-datta-samādhi 施離垢三昧"等。

49. 旃陀婆羅脾[①]——梁言月光

按:"旃陀婆羅脾",月光,梵語作"candraprabha"。《經律異相》卷14:"此閻浮提有一國王,名旃陀婆羅脾(梁言月光)。"(T53/72a)此則文字標註"出《賢愚經》第五卷及《方便佛報恩經》,大同小異"。今見大正藏經《賢愚經》卷6:"有一大國王,名旃陀婆羅脾(晉言月光),統閻浮

① 旃,宮本作"栴";脾,元、明本作"鞞"。

提八萬四千國，六萬山川，八十億聚落。”(T4/388b)可知“梁言月光”是承續“晉言月光”而來。又今見藏經失譯(附後漢録)《大方便佛報恩經》未見此相似文字，也未見“旃陀婆羅脾”，僅見九例“旃陀羅”。《經律異相》標註出的“《方便佛報恩經》”當為另一個譯本。而今本唐澄觀述《大方廣佛華嚴經隨疏演義鈔》卷 46 引文見“旃陀婆羅脾”，并標註“晉言月光”，云：“此閻浮提有一國王，名旃陀婆羅脾(晉言月光)，統閻浮提八萬四千國。”(T36/355a)可知唐澄觀隨疏演義鈔所據本，與《經律異相》標註出的“《方便佛報恩經》”本子近似。這也説明西晉時期有另一個異譯本。

“旃陀婆羅脾”又作“戰達羅鉢剌婆”。《大唐大慈恩寺三藏法師傳》卷 2：“是如來昔行菩薩道，為大國王，號戰達羅鉢剌婆(唐言月光)，志求菩提捨千頭處。”(T50/230c)《大唐西域記》卷 3：“是如來在昔修菩薩行，為大國王，號戰達羅鉢剌[①]婆(唐言月光)，志求菩提，斷頭惠施。”(T51/884c)又作“旃達羅鉢喇嬔”，省譯作“旃達鉢喇嬔”。《佛説大孔雀咒王經》卷 2：“旃達羅鉢喇嬔。”(T19/467a)又卷 1：“旃達鉢喇嬔。”(T19/461b)又訛作“栴阿婆羅脾”，“阿”為“陀”之形訛。《翻梵語》卷 4：“栴阿婆羅脾，應云栴陀羅波羅脾，經曰月光。”(T54/1010b)

“旃陀”為梵音“candra”之省譯，又省譯作“栴達”，具名音譯為“戰捺羅”“戰達羅”“栴達羅”“栴陀羅”“旃陀羅”等。《翻梵語》卷 2：“旃陀，譯曰月，亦云勇。”(T54/996b)《大毘盧遮那成佛神變加持經蓮華胎藏悲生曼荼羅廣大成就儀軌供養方便會》卷 2〈菩提幢密印幖幟祕密漫荼羅法品〉：“龍王妃眷屬，那羅毘紐妃，辯才塞建曩，月妃戰捺羅。”(T18/122c)《唐梵兩語雙對集》卷 1：“月蝕，戰捺羅誐囉賀。”(T54/1242c)《梵語雜名》卷 1：“月，莾(引)娑。又戰捺羅𑖦𑖯(mā)𑖭(sa)𑖓(ca)𑖡𑖿𑖟𑖿𑖨(ndra)。”(T54/1233b)《梵語千字文》卷 1：“𑖓(ca)𑖡𑖿𑖟𑖿𑖨(bhdra)，戰達羅(二合)，月。”(T54/1198b)《成唯識論述記》卷 1：“六梵云成陀戰達羅，唐言淨月……十梵云若那戰達羅，唐言智月。”(T43/231c－232a)

---

① 按：剌，甲本作“賴”。

《大唐大慈恩寺三藏法師傳》卷 2:"入其國,詣那伽羅馱那寺,有大德旃達羅伐摩(此云月胄①),善究三藏,因就停四月,學《眾事分毘婆沙》。"(T50/232b)《觀所緣緣論釋記》卷 1:"一旃達羅,旃達羅者,此云月,意謂眼識不能於一月上。"(X51/828c)

"波羅脾"為梵音"prabha"之音譯,又音譯作"鉢剌婆""鉢喇娩"。《慧琳音義》卷 83:"鉢剌婆,中闌怛反。梵語,唐言月光也。"(T54/844c)《佛說大孔雀咒王經》卷 2:"旃達羅鉢喇娩。"(T19/467a)又卷 1:"旃達鉢喇娩。"(T19/461b)

梵語"candraprabha"是由"candra"與"prabha"構成的合成詞。"candra"為"光、明月"義,"DDB"佛教梵語術語"C"條(Sanskrit Terms Index: c):"candra 光、戰捺羅、戰達羅、栴達、栴達羅、栴陀羅、旃陀羅、明月、月、月天。"其同根詞有:"candrâbhibhū 月像""candraka 輪""candrama 月天子""candrôdgata 月出""candrôttara 月上"等。其"candra-"構詞有:"candra-aṃśu 滿月""candra-bhāsa 月精、月精摩尼""candra-bhāsa-maṇi-ratna 月光摩尼""candra-bimba 月像""candra-dīpa-samādhi 月燈三昧""candra-kānta 月愛珠""candra-maṇḍala 三昧月輪相、月輪""candra-maṇi 月精摩尼""candra-mas 月天子""candra-prabha 月明""candrârka-tāra 日等""candra-upama 如月光""candra-vaṃśa 月種、月統""candor-śukla-pakṣe 明分月"等。其"-candra"構詞有:"jala-candra 水中月""jñāna-candra 智光""pūrṇa-candra 明月""sūryā-candramas 日月""ambu-candra 水中月""ambu-candraka 水月"等。

"prabha"為"光、光明"義。"DDB"佛教梵語術語"P"條(Sanskrit Terms Index: p)中有"prabha 光、光明、所放光明""prabhā 光、光明、光曜、光照、圓光、威神光明、放光、明、炎明、焰、焰明、熒、燈明、莊嚴"。

其同根詞有"prabhāsa 光、光明、婆頗裟、明、明照、金光、開示""prabhākarī 發光地""prabhākarī bhūmiḥ 明地""prabhāṣāmi 散告"

① 胄,宋、宮本作"曹"。

“prabhāsa-śrī 光德”“prabhāsayat 法光”“prabhāsayati 照”“prabhāṣita 名”“prabhāsvara 光徹、光明、光淨、光照、光音、光麗、嚴淨、明、明曜、明朗、明淨、明顯”“prabhāsvarā 明顯”“prabhāsvara 淨、清淨、能照”“prabhāsvaratā 光明、明淨、清淨”“prabhāsvaratara 光麗、明了、明淨”“prabhāsvaratva 明淨”“prabhāṣyate 照”“prabhāta 明旦”“prabhāva 光明”“prabhava 出、力”“saprabha 明”等。

其“prabhā-”構詞有：“prabhāta-kāla 晨朝”“prabhā bhavati 發明”“prabhā saṃbhavati 發光明”“prabhā...devatānām 光”“prabhā-devatānām 天光”“prabhā-kara 光”“prabha-kara 光麗”“prabhā-kara 明、照、發光、能照”“prabhā-karī 發光”“prabhā-karin 明“prabhāṃ prāpya 日出時”“prabhā-maṇḍala 光座、圓光”“prabhaṃ-kara 光明、日、然燈、照耀、燃燈”“prabhā-raśmi 光明”“prabhā-rūpa 形”等。

其“-prabhā”構詞有“śuddha-raśmi-prabha 放光”“sūrya-prabha 日光”“vajra-prabha 金剛光明”“vidyut-prabha 電光”“vimala-prabha 無垢光、無垢光明”“vimala-prabhā 無垢光明”“vimala-prabhāsa 淨光、淨光明、離垢光”“vipra-prabha 大光”“acintya-prabha 不思議光”“amita-prabha 無量光、無量光明、無量光明土”“apratihata-prabha 無礙光”“asaṅga-prabha 無礙光”“atulya-prabha 無稱光”“avabhāsa-prabha 光明、照”“candra-prabha 月明”“dīpa-prabha 燈明”“dīpa-prabhā 燈明”等。

50. 須摩檀——梁言華施

按：“須摩檀”，人名，梵音“sumanādāna”。《經律異相》卷 14：“王有二萬夫人婇女，其第一夫人名須摩檀(梁言華施)。”(T53/72a)此則文字標註有“出《賢愚經》第五卷及《方便佛報恩經》，大同小異”。今見大正藏經《賢愚經》卷 6：“王有二萬夫人婇女，其第一夫人，名須摩檀(晉言花施)。”(T4/388b)可知“梁言華施”是承續“晉言花施”而來。又今見藏經失譯(附後漢録)《大方便佛報恩經》未見此相似文字，也未見

“須摩檀”及其他異譯形式。《經律異相》標註出的“《方便佛報恩經》”當為另一個譯本。而今本唐澄觀述《大方廣佛華嚴經隨疏演義鈔》卷46引文見“須摩檀”,并標註“晉言華施”,云:“第一夫人名須摩檀(晉言華施)。”(T36/355a)可知唐澄觀隨疏演義鈔所據本與《經律異相》標註出的“《方便佛報恩經》”本子近似。這也說明西晉時期有另一個異譯本。

“須摩”是“sumanā”省譯,具名音譯形式有“蘇摩那”“蘇末那”“須摩那”“蘇蔓那”“須曼那”“須末那”等,省譯作“須曼”“須摩”等。此花為陸地上所生長花卉第一等,其花形色俱媚,令見者心悦,故名“悦意花”或“稱意花”。《中阿含經》卷34〈大品〉:“猶諸陸華,須摩那華為第一。”(T1/647c)《慧琳音義》卷23:“蘇摩那花,此云悦意花,其花形色俱媚,令見者心悦,故名也。”(T54/456b)又卷26:“須曼那花,亦云蘇摩那,此云好意花也。”(T54/480c)又卷50:“華鬘,梵言摩羅,此譯云鬘,音蠻。案:西國結鬘師多用蘇摩那花,行列結之,無問貴賤,皆此莊嚴,以為飾好也。”(T54/640c)《翻譯名義集》卷3:“須曼那,或云須末那,又云蘇摩那,此云善攝意,又云稱意華。其色黄白而極香,樹不至大高三四尺,下垂如蓋。須曼女,生於須曼華中。”(T54/1103b－c)

“須摩那”又常稱為“俱蘇摩”。“俱蘇摩”梵語“kusuma”,具名當為“kusumana”。“DDB”佛教梵語術語“K”條(Sanskrit Terms Index: k):“kusuma 俱蘇摩、拘蘇摩、枸蘇摩、華、衆妙。”《翻譯名義集》卷7:“俱蘇摩,此云華。摩羅,此云鬘。苑師云:一切華通名,俱蘇摩,别有一華,獨名俱蘇摩。此云悦意,其華大小如錢,色甚鮮白,眾多細葉圓集共成。”(T54/1172b)《慧琳音義》卷22“俱蘇摩德藏菩薩”下云:“俱蘇摩者,花名也。具云俱蘇摩那,俱蘇,此云悦也。摩那,意也。其花色美氣香,形狀端正,見聞之者無不悦意,今此菩薩取之為名。”(T54/445a)《續一切經音義》卷2:“拘蘇摩,梵語花名。正云俱蘇摩那,此云悦意也。其花色美氣皆香,形狀端正,見聞之者無不悦意也。”(T54/939a)

梵語“sumanādāna”是由“sumanā”與“dāna”構成的合成詞。梵語

“sumana”為“稱意華”義,“DDB”佛教梵語術語“S”條(Sanskrit Terms Index: s)中有“sumana 拘蘇摩”“sumanā 稱意華、蘇摩那、蘇末那、蘇蔓那、須摩那、須曼、須曼那、須末那”。其同根詞有“sumanas 善意、喜、喜心、意悅、歡喜心、須曼”“sumanasikṛta 善思惟”“sumanaska 令其歡喜”“sumanaska 歡喜”“sumanaskatā 喜、喜心”“sumānita 親近”“sumanojña 可愛”“sumanorama 悅意”“upekṣā-sumanaskatā 喜捨”等。

“dāna”為“施、施捨、供養”。佛經翻譯實踐中,“dāna”的音譯和意譯形式多樣。“檀”是“dāna”之省譯。“DDB”佛教梵語術語“D”條(Sanskrit Terms Index: d):“dāna 供養、分檀布施、執、執持、奉施、布施、怛那、惠捨、惠施、惠益、應施、所可、捨、捨離、授、施、施物、施福、檀、檀施、檀那、能施、行惠施、行施、行檀、陀那。”

其同根詞有“dānādāna 取與”“dānadātṛ 大施主”“dānâdi 施等”“dānagāthā 陀那伽他”“dānamaya 惠施”“dānapati 大施主”“dānapati 檀主、檀越、檀那鉢底、陀那鉢底”“dānaṃ dadāti 物施、行惠施”“dānaṃ dattam 布施”“dānaṃ dattvā 施已”“dattâdāna 施、與取”“dattvâdāna 與奪”“kāmôpādāna 欲取”“karmadāna 綱維、羯磨陀那”“mahādānapati 大施主”“pareṣusatkṛtyadānam 施”“pradāna 奉施、布施、廣施、所施、授、施、施他、賞”等。

其“dāna-”構詞有“dāna-bhūta 施德”“dāna-citta 施心”“dāna-dātṛ 施主”“dāna-kṛta 行惠施”“dāna-maya 施性”“dānamayaṃ śubham 施福”“dānāni dadāti 行施”“dāna-paṭala 施品”“dāna-pati 施主”“dāna-phala 施果”“dāna-prada 布施、施他”“dāna-pratibandha 施障”“dāna-puṇya 施福”“dāna-saṃvibhāga 乞者”“dānasya dātā 行布施”“dāna-vibandha 施障”“dāna-vipakṣa 捨所對治”“dāna-vipratibandha 施障”等。

其“-dāna”構詞有“aṇḍa-dāna 執杖”“dharma-dāna 法布施、法施”“dharma-dāna-pati 施主、法施”“dravya-dāna 物施”“dravya-dānaṃ 財施”“mahā-dāna 大施”“laukika-dāna 世間檀”“mānatva-dāna 摩那埵”

"parivāsa-dāna 别住""phala-dāna 與果""pramudita-dānatā 歡喜惠施""saṃkliṣṭaṃ-dānam 雜染施""saṃniśraya-dāna 作所依"等。

51. 摩旃[①]陀——梁言大月

按:"摩旃陀",人名,梵音"mahācandra"。《經律異相》卷 14:"一萬大臣,其第一者名摩旃陀(梁言大月)。"此則文字標註"出《賢愚經》第五卷及《方便佛報恩經》,大同小異"。今見大正藏經《賢愚經》卷 6:"一萬大臣,其第一者,名摩旃陀(晉言大月)。"可知"梁言大月"是承續"晉言大月"而來。又今見藏經失譯(附後漢録)《大方便佛報恩經》未見此相似文字,也未見"摩旃陀"及其他異譯形式。《經律異相》標註出的"《方便佛報恩經》"當為另一個譯本。而今本唐澄觀述《大方廣佛華嚴經隨疏演義鈔》卷 46 引文見"摩旃陀",并標註"晉言大月",云:"一萬大臣,其第一者名摩訶旃陀(晉言大月)。"(T36/355a)可知唐澄觀隨疏演義鈔所據本與《經律異相》標註出的"《方便佛報恩經》"本子近似。這也説明西晉時期有另一個異譯本。

梵語"mahācandra"是由"mahā"與"candra"構成的合成詞。"mahā"為"巨、大"義。"DDB"佛教梵語術語"M"條(Sanskrit Terms Index: m)中有"mahā 大""maha 大會""mahā- 巨、廣大、最勝、極、殊勝、無量""mahā 摩訶、磨訶、莫訶、麼賀"。"candra"為"光、明月"義。"DDB"佛教梵語術語"C"條(Sanskrit Terms Index: c):"candra 光、戰捺羅、戰達羅、栴達、栴達羅、栴陀羅、旃陀羅、明月、月、月天。"

52. 尸羅跋陀——梁言戒莫[②]

按:"尸羅跋陀",人名,梵音"sīlabhadra"。《經律異相》卷 14:"王

① 旃,宫本作"抗"。按:"抗"當為"栴"之形訛。
② 戒,宫本作"成";莫,宋、元、明本作"賢"。

有五百太子，最大太子，名曰尸羅跋陀(梁言戒莫①)。"(T53/72a)此則文字標註"出《賢愚經》第五卷及《方便佛報恩經》，大同小異"。今見大正藏經《賢愚經》卷 6："王有五百太子，其最大者太子，名曰尸羅跋陀(晉言戒賢)。"(T4/388b)可知"梁言戒賢"是承續"晉言戒賢"而來。又今見藏經失譯(附後漢録)《大方便佛報恩經》未見此相似文字，也未見"尸羅跋陀"及其他異譯形式。《經律異相》標註出的"《方便佛報恩經》"當為另一個譯本。而今本唐澄觀述《大方廣佛華嚴經隨疏演義鈔》卷 46 引文見"尸羅跋陀"，并標註"晉言戒賢"，云："有五百太子：大者曰尸羅跋陀(晉言戒賢)。"(T36/355a)可知唐澄觀隨疏演義鈔所據本與《經律異相》標註出的"《方便佛報恩經》"本子近似。這也説明西晉時期有另一個異譯本。

另"梁言戒莫"之"莫"，據異譯本及宋、元、明本《經律異相》當作"賢"。據對應梵語"bhadra"，其意譯亦當作"賢"，作"莫"無據。然何以訛誤作"莫"，未見説解。今試作説之。"莫"當為"賢"之草書楷化之形訛字。"賢"之草書字形如下：

晉王羲之《闊别帖》

晉王羲之《承足下帖》

晉王獻之《七月二日帖》

唐懷素《草書千字文》

唐李懷琳《嵇康與山巨源絶交書》

唐孫過庭《書譜》

宋米芾《德忱帖》

通過比較，顯然"莫"為"賢"之草書誤認而版刻楷定誤字。

"尸羅跋陀"意譯作"戒賢"，自"晉言""梁言"後，唐代佛典也承續此意譯形式。如《大唐西域記》卷 8："尸羅跋陀羅(唐言戒賢)。"(T51/914c)《大唐大慈恩寺三藏法師傳》卷 10："到中天竺那爛陀寺，逢大法師名尸羅跋陀，此曰戒賢。"(T50/278c)《釋迦方志》卷 2："有論師尸羅跋陀羅，唐言戒賢。"(T51/962a)《翻譯名義集》卷 1："尸羅跋陀羅，《西

① 戒，宫本作"成"；莫，宋、元、明本作"賢"。

域記》云："唐言戒賢。"（T54／1067b）

梵語"sīlabhadra"是由"sīla"與"bhadra"構成的合成詞。"sīla"為"戒、戒律、戒行"義。"DDB"佛教梵語術語"S"條（Sanskrit Terms Index：s）中有"śīla 具、可、善戒、善行、學處、尸、尸羅、律、性、戒、戒律、戒性、戒法、戒行、戒類、所受戒、持戒、授戒、根。"sīla 正戒、淨尸羅、淨戒、道禁、界、禁戒、稟性""śila 護習、自性""śilā 試羅、頗梨珠"。

其同根詞有"suśīla 善戒""adhiśīla 增上戒、增上戒學、增戒學""adhiśīlam 戒學""aśīla 非戒""śīlaya 戒""śīlin 修戒、護戒""śīlavrata 受持禁戒""śīlatva 為法""śīlâcārya 戒師""śīlamaya 戒類、持戒""śīlaṃrakṣati 持戒""śīlâṅga 戒、戒品""śīlânusmṛti 念戒、戒隨念"等。

其"śīla-"構詞有"śīla-bhāvanā 修戒""śīla-bhraṃśa 壞戒""śīla-bhraṃśa 破戒""śīla-nimitta 戒相""śīla-pada 戒見""śīla-prasāda 淨尸羅""śīlā-putra 磨""śīla-samādhi-prajñā 戒定慧""śīla-skandhika 戒蘊""śīla-śuddhi 聖戒""śīla-traya 三聚戒""śīla-vat 淨持戒""śīlāyāṃ piṣṭvā 擣礦、擣篩""śīla-vipanna 毀犯淨戒""śīla-viśuddhi 尸羅清淨、戒淨""śīla-vrata 戒禁""śīla-vrata-upādāna 戒禁取"等。

其"-śīla"構詞有"duḥ-śīla 毀犯淨戒""buddha-śīla 佛戒""kṣānti-śīla 戒忍""mṛga-śīla 鹿戒""paripūrṇa-śīla 具足戒、受具""susamāpta-śīla 具足戒、受具""svabhāva-śīla 自性戒""upāsaka-śīla 優婆塞戒""vijñapti-śīla 作戒""vyaya-śīla 可滅""anāsrava-śīla 無漏戒""ārya-śīla 聖戒""aṣṭâṅga-śīla 八戒""avijñapti-śīla 無作戒"等。

"跋陀"是"bhadra"之省譯，具名為"跋陀羅"。音譯形式還有"跋達羅""颰陀""颰陀羅""跋捺羅""婆捺囉"等。《翻梵語》卷2："跋陀羅，譯曰賢也。"（T54／997b）其有很強的構詞能力。如："曼多跋陀羅"，又卷1："三曼颰陀，應云三曼多跋陀羅，經曰普賢。"（T54／982b）"跋陀羅帝"，又："跋地羅帝，應云跋陀羅帝，譯曰跋陀羅者，賢。羅帝者，意。亦云智。"（T54／983c）又作"跋陀羅婆羅"。《翻梵語》卷1："跋陀婆羅經，應云跋陀羅婆羅，譯曰跋陀羅者，賢。婆羅者，力也。"（T54／984a）"bhadra"為"仁、仁賢"義。"DDB"佛教梵語術語"B"條（Sanskrit

Terms Index：b)中有“bhadra 仁、仁者、仁賢、勝、善、妙、微妙、正、聖、聰明、賢、跋達羅、跋陀、跋陀羅、颰陀、颰陀羅”“bhadrā 賢”。

其同根詞有“bhadratā 仁賢”“bhadrâśvâjāneya 良馬”“bhadraka 善勝、大賢、最勝、有賢、端嚴、賢聖”“Bhādrapada 婆達羅鉢陀、跋捺羅婆娜”“bhadrâsana 寶座”“bhādra-pada 孟秋”“bhadrika 善勝、大賢、最勝、有賢”“Bhādrapadamāsa 婆捺囉婆捺麼洗、婆達羅鉢陀、孟秋、跋婆捺囉娜、跋陀娜婆娜”“subhadraka 賢聖”“bhadrika 善勝、大賢、最勝、有賢”等。

其“bhadra-”構詞有“bhadra-cari 普賢行”“bhadra-carī-praṇidhāna 普賢菩薩行願讚”“bhadra-cariya 普賢行”“bhadra-caryā 賢善行”“bhadra-ghaṭa 天德瓶、德瓶”“bhadra-jit 有賢”“bhadra-kalpa 善劫、波陀劫、賢劫、颰陀劫”“bhadra-kalpika 賢劫”“bhadra-kumbha 賢瓶”“bhadra-mitra 善友、善知識”“bhadra-mukha 仁者”“bhādra-pada 六月”“bhadra-pīṭha 寶座”“bhadra-rūpa 妙事”“bhadra-śrī 善”等。

其“-bhadra”構詞有“kuśala-bhadra-śrī 賢”“dhyāna-bhadra 指空”“mahā-bhadra 大德”“mahābhadra 大智德”“māṇi-bhadra 寶王”“mitra-bhadraka 善知識”“prakṛti-bhadratā 性仁賢、性自仁賢”“catur-bhadrā 四河”等。

53. 跋陀耆婆——梁言賢壽

按:“跋陀耆婆”,城名,梵音“bhadrajiva”。《經律異相》卷 14:“王所住城名跋陀耆婆(梁言賢壽),其城縱廣四百由旬,周匝凡有百二十門。”(T53/72a)此則文字標註“出《賢愚經》第五卷及《方便佛報恩經》,大同小異”。今見大正藏經《賢愚經》卷 6,云:“王所住城,名跋陀耆婆(晉言賢壽),其城縱廣,四百由旬,金銀琉璃頗梨所成,四邊凡有百二十門,街陌里巷,齊整相當。”(T4/388b)可知“梁言賢壽”是承續“晉言賢壽”而來。又今見藏經失譯(附後漢録)《大方便佛報恩經》未見此相似文字,也未見"跋陀耆婆"及其他異譯形式。《經律異相》標註出的"《方便佛報恩經》"當為另一個譯本。而今本唐澄觀述《大方廣佛華嚴經隨疏演義鈔》卷46引文見"跋陀耆婆",并標註"晉言賢壽",云:"王所住城名跋陀耆婆(晉言賢壽),廣説莊嚴。王思善因,廣行大施。"(T36/355a)可知唐澄觀隨疏演義鈔所據本與《經律異相》標註出的"《方便佛報恩經》"本子近似。這也説明西晉時期有另一個異譯本。

《翻梵語》卷8:"跋陀耆婆國,應云跋陀羅時婆,經曰賢壽,譯曰賢命。"(T54/1036c)佛經音義中關於"耆婆"的説解較多,其構詞能力也很強。《翻梵語》卷1:"耆婆品,譯曰壽命。"(T54/984b)又同卷:"伽羅耆婆利頭,應云弗伽羅時婆禪斗,譯曰弗伽羅者,人。時婆者,命也。禪斗者,畜生。"(T54/987a)又卷2:"究摩羅耆婆,譯曰究摩羅者,童。耆婆者,命,亦云壽也。"(T54/994a)又同卷:"耆婆,譯曰命也。"(T54/994b)又同卷:"究摩羅耆婆,譯曰究摩羅者,童。耆婆者,命,亦云壽也。"(T54/994a)又卷6:"耆婆先那,譯曰耆婆者,命。先那者,軍。"(T54/1021a)又同卷:"樹提迦耆婆,譯曰樹提伽者,大,耆婆者,命。"(T54/1025b)又同卷:"耆婆先童子,譯曰耆婆先者,壽軍。"(T54/1026b)又卷7:"耆婆耆婆,譯曰命命。"(T54/1032b4-5)又卷9:"嗜婆林,譯曰命,林名也。"(T54/994b)

《慧琳音義》卷4:"命命鳥,梵音耆婆。耆婆鳥,此云命命。據此即是從聲立名,鳴即自呼耆婆耆婆也。"(T54/331c15)又卷12:"命命,梵言耆婆,耆婆鳥此言命命鳥是也。"(T54/412c)又卷26:"大醫耆婆,此云能活是闍王家兄奈女之子初王手執藥印及其長大乃是醫王也。"(T54/475b)

梵語"bhadrajiva"是由"bhadra"與"jiva"構成的合成詞。"bhadra"為"仁、仁賢"義。"DDB"佛教梵語術語"B"條(Sanskrit Terms Index: b)中有"bhadra 仁、仁者、仁賢、勝、善、妙、微妙、正、聖、聰明、賢、跋達羅、跋陀、跋陀羅、颰陀、颰陀羅""bhadrā 賢"。詳見上條"尸羅跋陀"。

"jiva"具名作"jivaka",為"壽、命"義,其音譯形式有"時婆""嗜婆"

“嗜婆伽”“時縛迦”“祇域”“耆域”“耆毱”等。《翻梵語》卷1:“耆婆品,譯曰壽命。”(T54/984b)又卷6:“嗜婆伽,譯曰壽者,亦云命者。”(T54/1020b)又卷7:“嗜婆鳥,應云時婆,譯曰時婆者命。”(T54/1032b)《經律異相》卷31:“此國王之子而執持醫器,必醫王也,名曰祇域(《涅槃》等諸經皆云‘耆婆’,《請磐特比丘經》云‘耆域’)。”(T53/167a)《慧琳音義》卷13:“時縛迦,梵語也。此譯云能活,或言更活。古譯云‘時婆’,或云‘耆婆’,皆一言耳也。”(T54/386b)《翻譯名義集》卷2:“耆婆,或云耆域,或名時縛迦,此云能活,又云故活。”(T54/1083c)《慧琳音義》卷51:“耆毱,上音祇,下居六反。梵語人名也。即《涅槃經》中醫王耆婆是也,此乃翻譯者華質不同梵音訛轉也。”(T54/646b)

“DDB”佛教梵語術語“J”條(Sanskrit Terms Index: j):“jīva 人、命、命我、命者、壽命、壽者、存、活、活命、生、神、神我。”“jīva”及“jīvi”同根詞有“jīvajīva 共命鳥”“jīvajīvaka 時婆時婆迦,耆婆耆婆迦”“jīvaka 時縛迦、活、活命”“jīvana 壽、壽命”“jīvañjīva 共命鳥”“jīvantika 生”“jīvakajīvaka 命命”“jīvâkhyā 命者”“jīvin 命、命者、壽命、活命”“jīvitād 殺”“jīvat 現”“jīvati 活命、自活”“jīvikā 事業、命、業”“jīvika 活、活命”“jīvikā 活計、身命”“jīvitêndriya 命”“jivitêndriya 命根”“jīvitêndriya 命根、壽命”“jīvitôparodh 殺害、殺生”“jīvitvā 活”“mithyâjīva 邪命”“nirjīva 無壽、無壽命”“pariśuddhâjīva 淨命”“saṃjīv 等活地獄”“sañjīv 等活”“śuddhâjīva 淨命”“viṣamâjīva 邪命”“ājīva 命、活命、淨命”等。

“jīva-”及“jīvi-”構詞有“jīva-dṛṣṭika 壽者見”“jīva”-loka 世間”“jīvaṃ-jīva 鳳”“jīvaṃjīvaka 命命”“jīvaṃ-jīvaka 命命鳥、生生鳥、耆婆耆婆、耆婆鳥、闍婆耆婆”“jīvikāṃ kalpayanti 自活”“jīvitād vyaparopayati 奪命”“jīvitād vyaparopayet 斷命”“jīvitād vyavaropayati 奪命 jīvita-hetoḥ 命難因緣”“jīviṭa-nirapekṣa 不惜身命”“jīvitântarāya 命難、奪命”“jīvita-pariṣkāra 命緣、資具”“jīvita-saṃskāra 命行、壽命”等。

“-jīva”及“-jīvi”構詞有“samyag-ājiva 正命”“prajñā-jīva 慧命”

"yāvaj-jīvam 一期、盡壽、終身、至命終""yāvaj-jīvena 乃至命終、盡壽"等。

又作"耆婆羅",與"耆婆"同源。《阿毘曇毘婆沙論》卷32〈使揵度〉:"昔有二大師,一名耆婆羅,二名瞿沙跋摩。尊者耆婆羅,作如是說。"(T28/234b)《翻梵語》卷6:"耆婆羅,譯曰壽命。"(T54/1023c)"耆婆羅"梵語當為"jīvita"。"DDB"佛教梵語術語"J"條(Sanskrit Terms Index: j):"jīvita 儞尾單、命、命根、命行、壽、壽命、壽量、有命、活命、淨命、生命、生在、生活、身命、長壽。"其同根詞有"jīvitād 殺""jīviṭa-nirapekṣa 不惜身命""jīvitêndriya 命""jivitêndriya 命根""jīvitvā 活"等。

54. 阿波笈多——梁言不[1]正護

按:"阿波笈多",城名,梵音"abhāvagupta"。《經律異相》卷16:"若我生兒當隨長老,乃至笈多生兒,名阿波笈多(梁言不正護)。"(T53/83a)此則文字標註"出《阿育王經》第八卷"。《阿育王經》卷8〈佛弟子五人傳授法藏因緣品〉:"乃至笈多生兒,名阿波笈多(翻不正護),至其長大。"(T50/157b)《阿育王經》為梁扶南三藏僧伽婆羅譯,可知"不正護"為南朝梁較為通用的意譯形式。又"笈多"為"護"義,又見《阿育王經》卷8及《經律異相》卷16:"乃至第二生,名陀[2]那笈多(翻寶護),復從其求如是不與。"(T53/83a)。《翻梵語》卷7:"阿波羅,譯曰不護。"(T54/1030c)

梵語"abhāvagupta"是由"abhāva"與"gupta"構成的合成詞。"abhāva"為"不、不有、除、滅"義。"DDB"佛教梵語術語"A"條(Sanskrit Terms Index: a):"abhāva 不、不住、無、無性、無有、不實、不成就、不有、不生、寧有、未有、滅、無有物、無有生、無法、無物、無相、

---

① 不,宋、元、明本無。

② 陀,宋、元、明本作"阿"。據所出《阿育王經》文字,作"陀"為是。

無自性、無體、空、空寂、除、離、非、非性。”“abhāva”來源於根詞“abha”。“DDB”佛教梵語術語“A”條(Sanskrit Terms Index: a):“abha 阿婆。”“abha”同根詞有“abhakṣya 不得食、不食”“abhaṅga 不壞、合”“abhāga 同類”等。“abha-”構詞有“abhājanī-bhūta 非器、非法器”“abhājanī-bhūtatva 非器”“ābhakṣaṇa-saṃbhakṣaṇa 集會”等。“abha-”又音變為“apa”和“ava”。“DDB”佛教梵語術語“A”條(Sanskrit Terms Index: a)中有“apa 阿婆”“apa-除”“ava 阿婆”“ava-下”其“abhāva”同根詞有“ābhâvabhāsa 光明”“abhaviṣyat 當”“abhāvita 非修”“abhavya 不、不堪任、不得、不應、無、無力”“abhavyatva 不感”“abhaya 施無畏、無怖、無所畏、無畏”“abhayā 無畏”“abhaya 非怖”等。其“abhāva-”構詞有“abhāva-gatika 無自性”“abhāva-lakṣaṇa 無有相、無相”“abhāva-mātra 全無、唯無”“abhāva-mukha 無門”“abhāva-śūnyatā 無性空、無法空、無物空”“abhva-svabhāva 無性、無性為性”“abhāva-svabhāva-śūnyatā 無性自性空、無法有法空”“abhāva-svabhāvatā 無性為性”“abhavyaḥ kartum 不造”“abhavyaḥ-saṃmukhīi-kartum 不能現起”“abhavya-rūpa 無所堪能”等。

55. 婆娑達[①]——梁言天主與[②]

按:“婆娑達”,具名當作“婆娑婆達多”,人名,梵音“vasapatidatta”。《經律異相》卷 16:“時摩偷羅國,有婬女婆娑達[③](梁言天主與),其有一婢,往優波笈多處買香多得。”(T53/83a)此則文字標註“出《阿育王經》第八卷”。《阿育王經》卷 8〈佛弟子五人傳授法藏因緣品〉:“是時摩偷羅國有婬女。名婆娑婆達多(翻天主與)。”(T50/157c)《阿育王經》

① 婆娑達,宋、元、明、宮本作“婆娑婆達”。
② 與,宮本作“德”。形訛。
③ 婆娑達,宋、元、明、宮本作“婆娑婆達”。

為梁扶南三藏僧伽婆羅譯,可知"天主與"為南朝梁較為通用的意譯形式。

"婆娑達"當據宋、元、明、宮本作"婆娑婆達"為是。"婆娑婆達"是梵音"vasapatidatta"的音節省譯形式。梵語"vasapatidatta"是由"vasa""pati"與"datta"構成的合成詞。"vasa"為"自在、自在天"義,"DDB"佛教梵語術語"V"條(Sanskrit Terms Index: v):"vaśa 自在、依。"其音變同源詞有"pāśu"。其"vaśa-"構詞有"vaśa-ga 自在而行、降伏、隨行""vaśa-gata 得大自在、得自在、所攝受、順""vāsa-bhūmi 住地"等。其"pāśu-"構詞有"pāśu-pata 自在、自在天"。

又"pati"為"君、主、守"義。"DDB"佛教梵語術語"P"條(Sanskrit Terms Index: p):"pati 君、夫、守、官、御、波帝、管、鉢底。"其同根詞有"dānapati 大施主""dānapati 檀主、檀越、檀那鉢底、陀那鉢底""gaṇapati 誐那鉢底、誐那鉢氏""mahādānapati 大施主"等。其"-pati"構詞有"prajā-pati 世主、世界主、梵天、梵天王、梵王""bhū-pati 大地主""dāna-pati 施主""dharma-dāna-pati 施主、法施""gaṅa-pati 歡喜天""gaṇa-pati 衆主"等。"pati"音變可作"pata",其"-pata"構詞則有"pāśu-pata 自在、自在天"。

"datta"為"授、與"義,音譯作"達多"。《翻梵語》卷 2:"提婆達,亦云提婆達多,亦云調達。譯曰提婆者,天。達多者,與。"(T54/993b)又卷 4:"薩婆達多王,譯曰薩婆者,一切。達多者,與。"(T54/1009a)"DDB"佛教梵語術語"D"條(Sanskrit Terms Index: d):"datta 供上、奉上、布施、授、施、施與。"其同根詞有"adatta 不受、不與""dattâdāna 施,與取""dattaka 授""adattâdāna 不與取""adattādāna 不與取""adattâdāna 偷盜、劫盜、盜、盜竊、罪""adattâdāyin 不與取、偷盜、盜""anudatta 給""anupradatta 供給、能施""dattvā 施已,給施,繫""dattvâdāna 與奪""samādatta 受、受持""sudatta 善授""upādatta 有、有受"等。其"datta-"及"adattâ"構詞有:"datta-phalatva 與果""adattâdāna-viramaṇa 不信、不盜""adattâdāna-virati 不信""adattaṃ bhojanam 不受食""adatta-phalatvāt 與果"等。

56. 修越那提婆——梁言金天

按:“修越那提婆”,人名,梵音“suvarṇadeva”。《經律異相》卷 17:“舍衛國有一長者,其家大富,生一男兒,身體金色。相師占省見其奇相,即為立字,字修越那提婆(梁言金天)。”(T53/89b)此則文字標註“出《賢愚經》第五卷”。《賢愚經》卷 5〈金天品〉:“時此國中,有一長者,其家大富,財寶無數,生一男兒,身體金色。長者欣慶,即設施會,請諸相師,令占吉凶。時諸相師,抱兒看省,見其奇相,喜不自勝,即為立字,字修越那提婆(晉言金天)。”(T4/384b)可知“梁言金天”是承“晉言金天”而來。唐道世《諸經要集》卷 6(T54/51b)及《法苑珠林》卷 56(T53/710b)引用《賢愚經》卷 5 直接用意譯“金天”。

梵語“suvarṇadeva”是由“suvarṇa”與“deva”構成的合成詞。“suvarṇa”為“金、真金”義,音譯形式有“修跋拏”“素嚩哩拏”“蘇伐剌”“蘇伐羅”“修槃那”“須槃那槃那”“須桓難”等。《翻譯名義集》卷 3:“蘇伐羅,或云修跋拏,此云金。”(T54/1105b)又同卷:“蘇伐剌拏瞿呾羅[①]。《西域記》云:唐言金氏,出上黃金,世以女為王,因以女為國。”(T54/1098a)《大唐大慈恩寺三藏法師傳》卷 2:“時東印度羯羅拏蘇伐剌那(唐言金耳)國設賞迦王。”(T50/233b)《梵語雜名》卷 1:“金,素(引)嚩哩拏,𑖭𑖲(su)𑖪(va)𑖨𑖿𑖜(rṇa)。”(T54/1231b)《翻梵語》卷 4:“羞桓師梨婆羅門,應云修槃那師利,譯曰修槃那者,金。師利者,吉。”(T54/1008b)又卷 7:“須桓難越鳳皇,應云須槃那槃那,譯曰金色。”(T54/1032b)《佛説立世阿毘曇論》卷 2〈漏閣耆利象王品〉:“脩槃那般娑山,高二十四由旬。廣及中間,亦復如是。”(T32/178b)《金光明最勝王經疏》卷 1:“蘇跋那(此云金),婆婆娑(此云光),言光明者,遂言便也。”(T39/180b)

這裏,與“修越那提婆”中之“修越那”對應梵音為“suvarṇa”,音譯用字“越”對應梵音音節是“va”,看似音讀不能對應,其他音譯如

① 梵音作“Suvarṇagotra”。

"修跋拏""素嚩哩拏""蘇伐剌""蘇伐羅""修槃那""須槃那槃那""須桓難"中的對應音節用字"跋""嚩""伐""槃""桓"與"越",其漢語上古音和中古音都不同。其實在早期譯經時期,常常用"越""域"來作為梵音[va]的音譯用字。如梵音"jiva"通常音譯作"嗜婆""嗜婆伽""時縛迦"等,也可作"祇域""耆域""耆稶"等。《經律異相》卷 31:"此國王之子而執持醫器,必醫王也,名曰祇域(《涅槃》等諸經皆云'耆婆',《請磐特比丘經》云'耆域')。"(T53/167a)《翻譯名義集》卷 2:"耆婆,或云耆域,或名時縛迦,此云能活,又云故活。"(T54/1083c)《慧琳音義》卷 51:"耆稶,上音祇,下居六反。梵語人名也。即《涅槃經》中醫王耆婆是也,此乃翻譯者華質不同梵音訛轉也。"(T54/646b)《翻梵語》卷 10:"越闍,應云跋闍羅,譯曰金剛。"(T54/1053c)"跋闍羅"為梵語"vajra"的音譯,此處"越闍"之"越"對應梵音音節[va]。

"suvarṇa"為"金、真金"義。"DDB"佛教梵語術語"S"條(Sanskrit Terms Index: S):"suvarṇa 修跋拏、好、好色、真金、素嚩哩拏、紫磨黄金、紫金、美、蘇伐剌、蘇伐羅、金、金光、金光明、金寶、金色、金銀、黄金。"其同根詞有"suvarṇamaya 金、金輪、黄金""svarṇa 金、金色""Suvarṇuagotra 蘇伐剌拏瞿怛羅"等。其"suvarṇa-"構詞有"suvarṇa-bhāva 金""suvarṇa-bherī 金鼓""suvarṇa-bimba 金像""suvarṇa-daṇḍa 金杖""suvarṇa-garbha 金藏""suvarṇa-ghaṇṭā 金鈴""suvarṇa-kāra 金師""suvarṇamaya-varṇa 金色""suvarṇa-nidhi-vṛkṣa 金樹""suvarṇa-paryaṅka 金床""suvarṇa-prabhāsa 金光明""suvarṇa-rūpyā 紫磨天金""suvarṇa-rūpya 金銀""suvarṇa-tantu 金縷""suvarṇa-vālukā 金沙""suvarṇa-varṇa 金色""svarṇa-sūtra 金縷、金鎖、鎖"等。

"deva"為"天、天尊、天神"義。"DDB"佛教梵語術語"D"條(Sanskrit Terms Index: d):"deva 天、天尊、天神、天處、天趣、天龍、提和、提婆、提桓、提波、神。"具體參見本章"調達——梁言天熱"條及"勒那提婆——梁言寶天"條。

57. 修跋那波婆蘇[①]——梁言光明

按:“修跋那波婆蘇”,人名,梵音“suvarṇaprabhāsa”。《經律異相》卷 17:“時閻婆國有大長者,方生一女,字修跋那波婆蘇[②](梁言光明),端正非凡,身體金色。”(T53/89b)此則文字標註“出《賢愚經》第五卷”。《賢愚經》卷 5〈金天品〉:“時閻波國,有大長者,而生一女,字脩跋那婆蘇[③](晉言金光明),端正非凡,身體金色,晃昱照人,細滑光澤。”(T4/384c)可知,“梁言光明”源於“晉言金光明”而又有所不同。《翻梵語》卷 6:“修跋那婆蘇,應云脩槃那婆娑,經曰合[④]光明也。”(T54/1024b)

梵語“suvarṇavabhāsa”是由“suvarṇa”與“prabhāsa”構成的合成詞。“DDB”佛教梵語術語“S”條(Sanskrit Terms Index: s):“suvarṇaprabhāsa 金光明。”“suvarṇa”為“金、真金”義,音譯形式有“修跋拏”“素嚩哩拏”“蘇伐剌”“蘇伐羅”“修槃那”“須槃那槃那”“須桓難”等。詳細説解見上條“修越那提婆——梁言金天”。故“梁言光明”據“晉言金光明”校正為“梁言金光明”意譯方為準確。

“prabhāsa”是由“pra”與“bhāsa”構成的合成詞。前綴“pra-”有“勝、遍”義。“DDB”佛教梵語術語“P”條(Sanskrit Terms Index: p):“pra- 勝。”“bhāsa”源於根詞“bhā”,“DDB”佛教梵語術語“B”條(Sanskrit Terms Index: b):“bhā 光明、婆。”其同根詞有“obhāsa 光、光明”“obhāsayati 遍照”“obhāṣita 光明”“obhāsita 光明遍照”“bhāsana 能照”“bhāsayati 照耀”“bhāsita 照耀”“bhās-kara 日”“bhāsvara 光、光明、明、清淨、能照”“bodhisattvâvabhāsa 菩薩光明”“dharmâbhāsa 法明”“dharmālokāvabhāsa 正法光明”“nirbhāsa 光”“nirbhāsana 光明”等。

前綴“pra-”與根詞“bhā”構成合成詞“prabha”,“prabha”為“光、

---

① 波婆蘇,宋、元、明、宫本作“婆蘇波”。按:底本作“波婆蘇”不誤。

② 同上。

③ 婆蘇,宋、元、明本作“波婆蘇”。

④ “合光明”,甲本作“全”。今謂“全”為“金”之形訛。

光明”義。“DDB”佛教梵語術語“P”條(Sanskrit Terms Index: p)中有“prabha 光、光明、所放光明”“prabhā 光、光明、光曜、光照、圓光、威神光明、放光、明、炎明、焰、焰明、熒、燈明、莊嚴”。梵語“prabha”同根詞及構詞情況詳見“旃陀婆羅脾①——梁言月光”條。

“bhā”具名作“bhāsa”,“prabha”故又具名作“prabhasa”,“prabhāsa”為“光、光明”義。“DDB”佛教梵語術語“P”條(Sanskrit Terms Index: p):“prabhāsa 光、光明、婆頗裟②、明、明照、金光、開示。”其同根詞有“prabhāsayati 照”“prabhāṣita 名”“prabhāsvara 光徹、光明、光淨、光照、光音、光麗、嚴淨、明、明曜、明朗、明淨、明顯”“prabhāsvarā 明顯”“prabhāsvara 淨、清淨、能照”“prabhāsvaratā 光明、明淨、清淨”“prabhāsvaratar 光麗、明了、明淨”“prabhāsvaratva 明淨”“prabhāṣyate 照”“prabhāta 明旦”“prabhāta-kāla 晨朝”“prabhāva 光明”等。其“-prabhāsa”構詞有“raśmi-prabhāsa 光明”“ratna-prabhāsa 寶光明”“samanta-prabhāsa 普光、普明”“vimala-prabhāsa 淨光、淨光明、離垢光”“yaśas-prabhāsa 名光”“dharma-prabhāsa 法明”“jñāna-prabhāsa 智慧光”等。

58. 弗把提——梁言花天

按:“弗把提”,又作“弗波提”,人名,梵音“puṣpadeva”。《經律異相》卷 18:“舍衛國有豪富長者,生一男兒,面首端正,天雨眾花積滿舍内,即字此兒,名弗把提(梁言花天)。”(T53/95c)此則文字標註“出《賢愚經》第二卷”。《賢愚經》卷 2〈華天因緣品〉:“爾時國内,有豪富長者,生一男兒,面首端政。其兒生已,家内自然,天雨眾華,積滿舍内,即字此兒,名弗波提婆(晉言花天)。”(T4/359a)可知“梁言

① 旃,宮本作“栴”;脾,元、明本作“鞞”。

② “prabhāsa”,“DDB”收録的音譯形式作“婆頗裟”,正好與“波婆蘇”音譯形式相近。

花天"是承"晉言花天"而來。《大薩遮尼乾子所説經》卷 3〈王論品〉:"三功德者,隨順轉輪王心中念欲,詣四天王行四天下——南閻浮提、西拘耶尼、北欝單越、東弗波提——時彼輪寶隨王念處,即飛虛空,在前而去,依彼輪力,四兵象馬及車步等,一切悉皆飛騰而去。"(T9/331a)《萬善同歸集》卷 2:"《賢愚經》云:'舍衛國内,有豪富長者,生一男兒,面首端正;天雨眾華,積滿舍内,即字華天。'"(T48/979a)《翻譯名義集》卷 3:"弗把提,此云天華。"(T54/1103b)《楞嚴經精解評林》卷 1:"弗把提,天花也。"(X15/220a)《孔雀王咒經》卷 1:"弗婆訶羅(梁言食花)。"(T19/446c)

"puṣpadeva"是由"puṣpa"與"deva"構成的合成詞。"puṣpa"為"華"義。"DDB"佛教梵語術語"P"條(Sanskrit Terms Index: p):"puṣpa 妙華、布瑟波、弗沙、花、華、補澀波、補澁波。"其同根詞有"puṣpâbhikīrṇa 散花""puṣpāhara 弗婆呵羅""puṣpanāga 奔那伽、龍華樹"等。其"puṣpa-"構詞有"puṣpa-cchatra 華蓋""puṣpa-citra 華嚴""puṣpa-gandha 香氣""puṣpa-mālya 華纓""puṣpa-phala 花果、華菓""puṣpa-phala-vṛkṣa 菓樹、華樹""puṣpa-pūjā 華供養""puṣpāvatī-vana-rāja-saṃkusumitâbhijña 華色王""puṣpa-puṭa 華""puṣpa-varṣaṇa 雨華""puṣpa-vikīrṇa 散華"等。

"deva"為"天、天尊、天神"義。"DDB"佛教梵語術語"D"條(Sanskrit Terms Index: d):"deva 天、天尊、天神、天處、天趣、天龍、提和、提婆、提桓、提波、神。"具體參見"調達——梁言天熱"條及"勒那提婆——梁言寶天"條。

又《翻譯名義集》卷 3:"弗把提,此云天華。"(T54/1103b)《大正藏》標註梵音作"divyapuṣpa"。"divyapuṣpa"當為"puṣpadeva"之逆序構詞,"deva"與"divya"為同根詞。"DDB"佛教梵語術語"D"條(Sanskrit Terms Index: d):"divya 天、天上、妙、微妙、殊妙、深法、珍、端嚴、細柔。"其同根詞有"divyakāya 天身""divyamahārasa 上味""divyarasa 天饌""divyâkṣi 天眼""divyaṃcakṣuḥ 天眼""divyaṃdṛk 天眼""divyaṃśrotram 天耳、天耳通"等。其"divya-"構詞有"divyaratna-rāśi 天寶""divya... kāya 妙身""divya... ratna 天寶""divya-cakṣur-abhijñā 天眼通""divya-cakṣur-jñāna-sākṣātkriyābhijñā 天眼通""divya-cakṣur-vidyā 天眼明""divya-cakṣus 天眼、天眼智、洞視""divya-carya 天行""divya-cīvara 天衣""divya-dṛś 有眼見者""divya-dūṣya 妙衣""divya-gandha-dhūpana 大寶香""divyaṃ cakṣuḥ-śrotram 天眼耳""divyaṃ cakṣu-jñāna 天眼智證通""divyaṃ śrotra-jñānam 天耳智""divyaṃ śrotram abhijñā 天耳智證通""divya-manuṣya 天人""divya-mānuṣyaka 人天、天人""divyāni 天食""divyāni tūryāni 天樂""divyāni vāsāṃsi 天衣""divya-puṣpa 天華"等。

59. 勒那提婆——梁言寶天

按:"勒那提婆",梵音"ratnadeva",羅漢名。《經律異相》卷 18:"兒相殊特,生時有瑞應,號為勒那提婆(梁言寶天)。兒年轉大,才藝博通。"(T53/96a)所謂"梁言寶天"當是承繼《賢愚經》標註"晉言寶天"。《賢愚經》卷 2〈寶天因緣品〉:"相師答曰:'是兒福德,當為立號為勒那提婆,晉言寶天。'"(T4/359b)"勒那提婆"為羅漢名,該羅漢為一長者兒,因其出生時"天雨七寶,遍其家内,皆令積滿",故相師為其名"勒那提婆",意譯則為"寶天"。《賢愚經》卷 2〈寶天因緣品〉:"一時佛在舍衛國祇樹給孤獨園。爾時有長者,生一男兒,當爾之時,天雨七寶,遍其家内,皆令積滿。即召相師,占相此兒。相師覩已,見其奇相,答長者言:'兒相殊特。'長者聞已,心懷歡喜,即語相師:'當為立字。'相師問曰:'此兒生時,有何瑞應?'長者答曰:'此兒生時,天雨七寶,滿我家内。'相師答曰:'是兒福德,當為立號為勒那提婆,晉言寶天。'兒年轉大,才藝博通,聞佛神聖奇德少雙,心懷渴仰,貪欲出家,即辭父母,往詣佛所,頭面作禮,而白佛言:'唯願世尊! 聽我出家。'佛即聽許:'善來比丘!'鬚髮自墮,法衣在身,佛為説法,即得羅漢。"(T04/359b)

"勒那提婆",對應梵音作"ratnadeva",由兩個詞根組合而成。

“ratna”為“寶”之梵音，“ratna”詞根有“三寶、大寶、如意寶、妙寶、寶、寶珠、玉、珍寶、衆寶”等意譯形式。其音譯形式有“剌那、勒那、囉憺娜、羅怛那、羅陀、羅陀那”等。“DDB”佛教梵語術語“R”條(Sanskrit Terms Index：r)：“ratna 三寶、剌那、勒那、囉憺娜、大寶、如意寶、妙寶、寶、寶珠、玉、珍寶、羅怛那、羅陀、羅陀那、衆寶。”佛典中“ratna-”構詞有：

佛教名物術語	對應梵音	經文出處
勒那摩提	ratna-mati	《翻譯名義集》卷 1:“勒那摩提,或云婆提。此言寶意。”(T54/1070c)
勒那識祇	ratna-cūḍā	《賢愚經》卷 3〈貧女難陀品〉:“便為立字字勒那識祇,晉言寶髻。”(T4/371b)
勒那跋彌	ratna-varman ratna-varmita	1.《賢愚經》卷 9〈善事太子入海品〉:“此閻浮提,有一國王,名曰勒那跋彌,晉言寶鎧,領五百小國王,有五百夫人婇女,皆無有子。”(T4/410a) 2.《翻梵語》卷 4:“勒那跋彌王,譯曰寶鎧。”(T54/1010b)
勒那闍耶	ratna-jaya	《翻梵語》卷 6:“勒那闍耶,譯曰寶勝。”(T54/1024b)
羅鄰那竭 曷剌怛那揭婆	ratna-kūṭa	《一切經音義》卷 9:“剌那,盧割反。《光讚經》作‘羅鄰那竭菩薩’,此譯云寶積。舊《維摩經》:‘漢言寶事。’《放光經》作‘寶來’。案:梵本云曷剌怛那揭婆,此云寶臺,或云寶藏,皆一義也。經文有作罽,居例反,非也。”(T54/358c)
剌那尸棄	ratna-sikhin	《翻梵語》卷 1:“剌那尸棄佛,譯曰剌那者,寶。尸棄者,大。亦云勝也,亦最上。”(T54/981b)

續 表

剌那那伽羅	ratna-kāra	《翻梵語》卷 2:"剌那那伽羅菩薩,《論》曰寶積,譯曰剌那者,寶。那伽羅者,京畿。"(T54/991b) 《翻譯名義集》卷 1:"剌那那伽羅,此云寶積。以無漏根力覺道等法寶集,故名為寶積。問:若爾一切佛皆應號寶積?答:但此佛即以此寶為名。"(T54/1058c)
羅陀那吱頭①	ratna-bhūta	《翻梵語》卷 1:"羅陀那吱頭,經曰寶莫②。"(T54/982b)
羅陀那羈頭③	ratna-ketu	《翻梵語》卷 1:"羅陀那羈頭,應云羅多那雞兜,經曰好寶,譯曰羅多那者,寶。雞兜者,幢也。"(T54/982b)

佛典中"-ratna"構詞有:

摩訶剌那	mahāratna	《翻梵語》卷 4:"摩呵令奴王④,應云摩訶剌那,譯曰大寶。"(T54/1010b)
提婆剌那	devaratna	《翻梵語》卷 4:"提摩令奴太子,應云提婆剌那,譯曰天寶。"(T54/1010b)

① 按:"吱"當為"歧",這樣才對應音借"bhū",《可洪音義》卷 5 正作"歧頭"。

② 按:"寶莫"當作"寶英","莫""英"形近而訛。後漢支婁迦讖譯《佛説伅真陀羅所問如來三昧經》卷 3:"佛則知諸菩薩所念,欲決其疑,故喚提無離菩薩言:'過去不可勝數阿僧祇劫,爾時有佛號字羅陀那吱頭(漢言為寶英),其刹土名曰首呵(首呵者,漢言曰為淨貌),其劫名波羅林(波羅林者,[漢言]清淨貌)。'"(T15/363b)

③ "DDB"佛教梵語術語"R"條(Sanskrit Terms Index: r):"ketu 寶幢、幡、幢、旗旛、旛、炬、計部、計都、雞兜、頂、髻、鷄都。"

④ 《賢愚經》卷 9〈善事太子入海品〉:"過去無量,不可思議阿僧祇劫,此閻浮提,有大國王,名曰令奴,其王統領,八萬四千諸小國王,一萬大臣,五百太子,夫人婇女,合有二萬。最大夫人,字提婆跋提,最後懷妊,生一太子,其兒端正,身紫金色,其髮紺青,兩手掌中,千輻輪相,其左足底,有馬形相,其右足底,有白象相。其兒福德,人中奇尊,即依父母,而為立字提婆令奴。乳哺長大,令奴大王,卒遇時病,其命將終,諸小國王,群臣太子,咸來問病。因問大王:'假其終沒,諸王太子,誰應紹嗣?'"(T4/415b)

續　表

馬寶	aśva-ratna	《中阿含經》卷 11〈6 王相應品〉:"若轉輪王出於世時,當知便有七寶出世。云何為七? 輪寶、象寶、馬寶、珠寶、女寶、居士寶、主兵臣寶,是謂為七。"(T1/493a)
佛寶	buddha-ratna	《摩訶般若波羅蜜經》卷 9〈33 述成品〉:"若般若波羅蜜在於世者,佛寶、法寶、比丘僧寶終不滅。"(T8/286a)

又"deva"為"天"之梵音。"deva" 詞根有"天、天尊、天神、天處、天趣、天龍"等意譯形式。其音譯形式有"提和、提婆、提桓、提波"等。佛典中"deva-"構詞有"devā ābhāsvarāḥ 極光淨天""deva-bhavana 天宮""deva-bhūta 天身""devā nirmāṇa-ratayaḥ 化樂天""deva-kanyā 天女、童女""deva-māra 天魔"等。其"-deva"構詞有"kāma-deva 欲界天""mahā-deva 大自在""mokṣa-deva 解脱天"等。

60. 摩納——梁言仙人

按:"摩納",梵音俱名"Mānavaka",為年少淨行者,又意譯為"儒童、雲童、善慧"等,梁言"仙人",唐代譯經多意譯為"儒童"。《經律異相》卷 21:"乃往古昔,有一摩納(梁言仙人)在山窟中誦刹利書。"(T53/115b)"Mānavaka",其梵音變體有"māṇava""māṇavaka""māṇavaka""māṇavikā"等。"DDB"佛教梵語術語"M"條(Sanskrit Terms Index: m)中有"māṇava 年少淨行、摩納仙、摩那婆、行者""māṇavaka 善男子、摩納、摩納婆迦、摩納縛""māṇavaka 摩納縛迦、梵志、童子""māṇavikā 童子"。"摩納"為梵音省譯形式,具名作"摩納縛迦"或"摩納薄伽"。《慧琳音義》卷 48:"摩納縛迦,此云儒童,或云年少淨行。舊經中言摩納等是也。"(T54/632a)又卷 70:"儒童,而俱反,《説文》:'儒,柔也。'謂柔輭也。童,幼也,謂幼少也。梵言摩納縛迦也。"(T54/767c)《翻譯名義集》卷 1:"摩納縛迦,或號摩那婆,《瑞應》翻為儒童,《本行》翻為雲童。又云善慧,又翻年少淨行,燃燈佛時為菩薩號,今問《瑞應》明昔為摩納獻燃燈華。”(T54/1060a)《續一切經音義》卷 9:“摩納薄伽,梵語。舊云摩納婆,亦云摩那婆,此云儒童仙也。”(T54/971c)唐義淨譯《根本説一切有部毘奈耶》卷 25:“于時中國有一摩納縛迦,為求學故往詣南方,事廣如前第四波羅市迦劫比羅因緣中具説。時摩納縛迦所事師主,是南方婆羅門博通諸論,與摩納縛迦及諸弟子漸次遊行,經諸城邑遂到室羅伐城。”(T23/761b)又卷 14:“如佛所記,於未來世人壽百歲時,有摩納薄迦必當成佛。”(T23/699b)

又省譯作“摩納”“摩那婆”“摩納婆”“摩沓婆”“摩弩婆”“末那婆”“摩南”(T54/1023a)。《翻梵語》卷 6:“摩納,亦云摩那婆,譯曰摩那婆者,少年淨行。”(T54/1021b)《慧琳音義》卷 10:“摩那婆,梵語。或云摩納婆,或言摩納,皆梵語訛轉也,此譯為年少淨行也。”(T54/368b)又卷 8:“摩納婆,梵語也。譯主大唐三藏云此曰儒童。案,善無畏三藏譯《大毘盧遮那經》并與沙門一行出《義記》云:‘摩納娑,正翻應云勝處,我彼宗外道自言有神,我在身心中最為勝妙,彼等常於自身心中觀我,或長一寸許。《大智度論》亦云:計有神我,或如芥子,或如豆麥,必為淨色。若譯為儒童者,梵語應云摩弩婆,兩譯不同,未知孰是,請勘梵本。’”又卷 82:“摩沓婆,或云摩納婆,此曰儒童,幼而聰俊,博識辯揵者也。”(T54/353b)《翻梵語》卷 3:“末那婆,應云摩那婆,譯曰少淨行。”(T54/1001c)東晉瞿曇僧伽提婆譯《增壹阿含經》卷 3〈比丘尼品〉:“心樂無想,除去諸著,所謂日光比丘尼是。修習無願,心恒廣濟,所謂末那婆比丘尼是。”(T2/559b)《翻梵語》卷 6:“釋摩南,應云釋迦摩那婆,譯曰釋迦者,龍。摩羅婆如上説。”

又省譯作“摩婆”。《慧琳音義》卷 47:“摩納婆,梵語。或云摩婆,此云年少淨行,亦云儒童,或言謂人也。”(T54/622a)又卷 48:“儒童,而朱反,儒,柔善也。童,幼少也。舊言摩納,或云那婆,譯云年少,或言年小静行近士是也。”(T54/625c)

又音譯作“那羅摩那”,對應梵音為“naramana”。“DDB”佛教梵語術語"N"條(Sanskrit Terms Index: n):"naramana 摩納。"《慧琳音義》卷12:"摩納婆,梵語也。或云摩那婆,或云那羅摩納,或云摩納縛迦,或云那羅摩那,或但云摩納,皆語訛轉也,總一義耳,此譯云儒童。"(T54/381b)又卷17:"摩納,或云摩納婆,或云摩那婆,或云那羅摩那,皆是梵語訛轉耳。此譯云年少淨行。亦云人也。"(T54/413a)《翻梵語》卷6:"那羅摩納,應云那羅摩那婆。譯曰那羅者,人。摩羅①婆者,人,亦云淨行。"(T54/1023a)宋罽賓三藏佛陀什共竺道生等譯《彌沙塞部和醯五分律》卷15:"我命過後,諸弟子中那羅摩納,當紹繼我。我之供養悉當屬彼,彼必貪著,無復憶佛出興世意。我今寧可於鹿苑邊,為立舍宅,教令日日三念:'佛當出世!若出世時,汝當於彼淨修梵行!'"(T22/106a)《四分律名義標釋》卷20:"摩納,此云年少,或云那羅摩納,此云人,皆一也。"(X44/555c)

佛典以"摩納"為根詞的構詞有:"歌羅摩納"。《翻梵語》卷6:"歌羅摩納,應云歌羅摩那婆,譯曰季少淨行,亦云人也。"(T54/1020c)"首迦摩納都耶",又同卷:"首迦摩納都耶,應云首迦摩耶②婆都耶,譯曰首迦者,鸚鵡。摩耶③婆者如上說。都耶者,父。"(T54/1021b)"畢波羅延摩納",又同卷:"畢波羅延摩納,譯者曰國名也。"(T54/1023a)"優多羅摩納",又同卷:"優多羅摩納,經曰上志,譯曰勝淨行也。"(T54/1025c)"醯兜摩納",又卷2:"醯兜摩納,應云醯兜摩耶④婆,譯曰醯兜者,因。摩那婆者,人,亦云沙淨行。"(T54/999a)

61. 踈迦羅毘——梁言堅誓

按:"踈迦羅毘",獅子名。《經律異相》卷21:"有一師子,名號踈迦羅毘(梁言堅誓),軀體金色,光相煥然,食菓噉草不害群生。"(T53/

① 羅,甲本作"那"。按,甲本是。
② 按:"耶"當是"那"之形訛。摩那婆對應梵音為 Mānava,"那"或"納"對應"na"。
③ 同上。
④ 同上。

116b)《經律異相》此則文字標註“出《賢愚經》第十三卷”。今元魏慧覺等譯《賢愚經》卷 13〈堅誓師子品〉:“有一師子,名號跋迦羅毘(晉言堅誓),軀體金色,光相明顯煥然明裂,食果噉草,不害群生。”(T4/438b)明如卺續集《緇門警訓》卷 3:“古昔無量阿僧祇劫,此閻浮提於山林中有一師子,名跋迦羅毘(秦言堅誓),軀體金色,光相明顯。”(T48/1058a)可知,所謂“梁言堅誓”是承“晉言堅誓”而來。《翻梵語》卷 7:“跋迦羅毘師子,經曰豎誓,《賢愚經》第十二卷。”(T54/1032a)“豎誓”當為“堅誓”之訛。“《賢愚經》第十二卷”當為“《賢愚經》第十三卷”。《慧琳音義》卷 78:“跋迦羅毘,上音茶,經自釋云堅誓也。”(T54/817a)《大方便佛報恩經》卷 7〈親近品〉:“有一師子,名曰堅誓,身毛金色,有大威武,力敵於千,發聲哮吼,飛鳥墮落,走獸隱伏。”(T3/162c)《可洪音義》卷 21:“子荼,上音亐,師子名,兮荼迦毗羅,晉言堅誓,前作号荼,此作子荼,並悮也,經音義作跋,以荼字替之。”(K35/328b)此句中“子荼”不成詞,“子荼”當是“號荼迦羅毗”之“號荼”。“子”,《可洪音義》標註“音亐”,其實“子”“亐”皆為“号”之形訛,“号”即為“號”之通用字。“兮荼迦毗羅”之“兮”也為“号”,“迦毗羅”也當為“迦羅毗”之誤倒。

62. 叔離——梁言白也

按:“叔離”,比丘尼名。梵音作“Śukla”。《經律異相》卷 23〈叔離以氎裹身而生出家悟道二〉:“時舍衛國有一長者婦,生一女,殊妙少雙。其初生時,細濡白氎裹身而出,父母怪之,瞻相甚吉,因為作字,名曰叔離(梁言白也)。叔離長大,氎隨身大。”(T53/122b)《經律異相》此則文字標註“出《賢愚經》第七卷”,今見各本藏經《賢愚經》卷 5〈貧人夫婦疊施得現報品〉,云:“爾時國中,有一長者,其婦懷妊,月滿生女,端正、姝妙,容貌少雙。其初生時,細軟白疊,裹身而生。父母怪之,召師、占相,師曰:‘甚吉! 有大福德。’因為作字,名曰叔離(秦言白也)。”(T4/383a)《大正藏》校勘記云:“秦言”,宋、元本作“晉言”。當以“晉言”為是,所謂“梁言”亦是承“晉言”而來。“叔離”比丘尼名,因其出身時"細濡白氎裹身"。《翻梵語》卷 5:"叔離女,應云首陀,經曰白也。"(T54/1018b)《翻譯名義集》卷 3:"叔離,此云白色。西方庚辛,太白屬金。"(T54/1109c)故又可指太白星發出的白色精光。"DDB"佛教梵語術語"S"條(Sanskrit Terms Index: s):"śukra 不淨、叔離、太白星、精、精血。"所謂"太白星"當指"太白星"的精光而言。因為"太白星"梵音作"Osadhitārakā",省譯作"烏沙斯"。《慧琳音義》卷 47:"烏沙斯星,梵言。此云太白星。取其白色也。"(T54/623a)其星主神為毘梨訶波低王,梵音作"Vṛhaspati",《翻梵語》卷 4:"毘梨訶波低王,譯曰大王,亦云太白星。"(T54/1009b)又音譯作"毘梨訶鉢底",《阿育王經》卷 5〈半菴摩勒施僧因緣品〉:"三波地兒名毘梨訶鉢底(翻太白星),太白有兒名毘梨沙斯那(翻牛畢),牛畢有兒名弗沙跋摩(翻尾鎧星),尾鎧有兒名弗沙蜜多羅(翻差友)。乃至弗沙蜜多羅得登王位。"(T50/149a)又"DDB"將"śukra"釋為"不淨、精、精血"則不確,據"DDB","śoṇita"當意譯為"不淨、精血、血、血脈"義,"赤白"梵音作"śoṇita-śukra",故相訛混①。

又《地藏本願經科註》卷 6:"白毫相光,三十二相之一,梵語叔離,此云白色,西方正色也。白乃本質,居眾色之先,白可受彩,起諸光之色,攬而可識曰相,熾然如餤曰光。《大輪》云:白毫眉間峙,白光踰琉璃。在因行布施時,適可前人意,起自在業因緣。又咨嗟歌誦閑居之德,故有眉間白毫。"(X21/752c)所謂"眉間白毫相光"梵音作"bhrra-vivarād",具名"bhrrū-mukha-vivarâ"。"DDB"佛教梵語術語"B"條(Sanskrit Terms Index: b)中有"bhrra-vivarād 眉間白毫相光""bhrrū-mukha-vivarâ 眉間白毫相光"。

又《楞嚴經精解評林》卷 1:"盧醯坦迦,又迦沙野同叔離,白也。"(X15/220a)其中當在"迦沙野同"下句讀。"盧醯坦迦"為梵音"Lohitaka"音譯,"迦沙野"為梵音"Kaṣāya"音譯。皆為"赤色"義,同

① "DDB"佛教梵語術語"S"條(Sanskrit Terms Index: s)中有"śoṇita 不淨、精血、血、血脈""śoṇita-śukra 赤白"。

義詞,故在"同"字下斷開。《翻譯名義集》卷3:"盧醯呾迦,《西域記》云:唐言赤色。迦沙野此云赤色。梵音呼異。"(T54/1109c)

63. 婆羅門提婆——梁言梵天、罰闍建提——梁言金剛聚

按:"婆羅門提婆",又作"婆羅提婆",梵音"brahman-deva",國王名。"罰闍建提",梵音"Vajra-skandha",國王名。《經律異相》卷24:"過去閻浮有四河水、二大國王,一名婆羅門提婆(梁言梵天),獨據三河,人民繁盛,然復儜弱;一王名曰罰闍建提(梁言金剛聚),唯得一河,人民亦少,然其國人悉皆勇健。"(T53/131a)《經律異相》此則標註"出《賢愚經》第八卷",今見各本藏經《賢愚經》卷8〈蓋事因緣品〉,云:"過去久遠阿僧祇劫,此閻浮提有四河水、二大國王,一王名曰婆羅提婆,晉言梵天,獨據三河,人民熾盛,然復儜弱;一王名曰罰闍達提①,晉言金剛聚,唯得一河,人民亦少,然其國人悉皆勇健。"(T4/2c)可知,所謂"梁言"乃承"晉言"而來。其實在元魏、劉宋時譯經中習見這種"金剛聚"意譯。《翻梵語》卷4:"婆羅門提婆王,經曰梵天,譯曰淨天。"(T54/1010b)"羅闍建提"俱名音譯作"跋闍羅私楗提",《翻梵語》卷6:"羅闍建提,應云跋闍羅私楗提,經曰金剛聚也。"(T54/1024b)

"婆羅門提婆 brahman-deva"是由"婆羅門 brahman"和"提婆 deva"組合而成。"brahman"為"寂静、清淨、静志"義,音譯作"婆囉賀磨拏""婆羅欱末拏""婆羅門""梵覽摩""没囉憾摩"等。"DDB"佛教梵語術語"B"條(Sanskrit Terms Index: b):"brāhman/ brahman 婆囉賀磨拏、婆羅欱末拏、婆羅門、寂静、梵、梵主、梵天、梵天王、梵尊、梵德、梵摩、梵王、梵覽摩、没囉憾摩。""deva"為"天、天尊、天神"義,音譯作"提和""提婆""提桓""提波"等。"DDB"佛教梵語術語"D"條

① "達提",《大正藏》校勘記云:"達提",宋、元、明本作"建提"。按,作"建提"是。

(Sanskrit Terms Index: d):"deva 天、天尊、天神、天處、天趣、天龍、提和、提婆、提桓、提波、神。"① "brahman-deva" 又可拼讀為"brahmatva"。"DDB"佛教梵語術語"B"條(Sanskrit Terms Index: b):"brahmatva 梵世、梵天、梵天王。"

"羅闍建提"俱名音譯作"跋闍羅私楗提"。《翻梵語》卷 6:"羅闍建提,應云跋闍羅私楗提,經曰金剛聚也。"(T54/1024b)"罰闍建提 vajra-skandha"由"罰闍/跋闍羅 vajra"和"建提/私楗提 skandha"組合而成。"vajra"為"金剛"之梵語,音譯作"伐折羅""伐闍羅""跋折羅"等。"DDB"佛教梵語術語"V"條(Sanskrit Terms Index: v):"vajra 伐折羅、伐闍羅、和夷羅、嚩日囉、嚩日羅、斡資羅、杵、波闍羅、縛日羅、越闍、跋折囉、跋折羅、跋日羅、跋闍羅、金剛、金剛杵、霹靂。""DDB"佛教梵語術語"S"條(Sanskrit Terms Index: s):"skandha 取蘊、哥大、塞堇、塞建陀、多集、娑揵圖、性、所依、犍度、犍陀、種種、聚、聚落、肩、胸、莖、藏、蘊、衆、身、陰。""DDB"佛教梵語術語"S"條(Sanskrit Terms Index: s):"skandhaka 乾度、品、建圖、建陀、揵度、犍度、蘊、陰。"

64. 刹羅伽利——梁言蓋事

按:"刹羅伽利",梵音"catārā-kha-carī",國王名。《經律異相》卷 24:"王及群臣喜不自勝,即為其立字,字刹羅伽利(梁言蓋事)。年至成人,父母便命終,小王臣民共立蓋事。"(T53/131a)標註所出原經為"《賢愚經》第八卷",今見《賢愚經》卷 8〈蓋事因緣品〉,云:"相師白王:'今此太子,入胎已來,有何等瑞?'王答之曰:'有七寶蓋,恒在其上。'便為作字刹羅伽利,晉言蓋事,以眾妙供,隨時承奉。年至成人,父便命終。葬送畢訖,諸小王臣,共立蓋事,用為大王。"(T4/403a)據所出原經《賢愚經》文字記載本事,"刹羅伽利"王子因其"入胎已來"及"有七寶蓋,恒在其上"事而得名"刹羅伽利",故可意譯作"蓋事"。"刹羅

① 詳見"調達(又名提婆達多)——梁言天熱"條。

伽利”俱名作“剎多羅歌剎那”。《翻梵語》卷 4:“剎羅伽利太子,應云剎多羅歌剎那,經曰蓋事。”(T54/1010b)

梵語“catārā-kha-carī”是由“catārā”“kha”和“carī”構成的合成詞。“catārā”為“寶蓋、幰蓋”義,又作“chattra”。“DDB”佛教梵語術語“C”條(Sanskrit Terms Index: c)中有“chatra 寶蓋、幰蓋、繒蓋、蓋”“chattra 寶蓋、繒蓋、蓋、表剎”。其“-chatra”構詞有“puṣpa-cchatra 華蓋”“ratna-chatra-kūṭa 寶蓋”“ratna-cchattra 寶蓋”等。

梵語“kha-carī”又作“kha-cara”,為“飛行、空居”義。“DDB”佛教梵語術語“K”條(Sanskrit Terms Index: k)中有“kha-cara 空居”“kha-cārin 飛行”。

梵語“kha-carī/kha-cara”是由“kha”和“carī/cara”構成的合成詞。梵語“kha”為“空、虛空”義。“DDB”佛教梵語術語“K”條(Sanskrit Terms Index: k):“kha 朅、空、虛空。”其同源構詞有“khacita 嚴、莊嚴、鈿、飾”“khadā 坑”等。其“kha-”構詞有“kha-dhātu 空界”“kha-ga 行空”“khaga-caraṇa 鳥飛”等。

梵語“cara/carī”為“行、動、騰。遊行”義。“cara”又音變作“cāra”。“DDB”佛教梵語術語“C”條(Sanskrit Terms Index: c)中有“cara 動、行”“cāra 行、行住、轉、伺、作、染著”。其“cara/cāra”同源詞有“cāraṇa 行、俳優”“caraṇa 師、腳、行、足、道”“caraṇa-tala 足”“caraṇavat 行行”“carat 行住”“caratas 行”“cārayati 行”“caranty ākāśi 飛”等。“carī”又音變作“cāri”。“DDB”佛教梵語術語“C”條(Sanskrit Terms Index: c)中有“cari 修、道、所作、所行、行”“carī 行、道、修、慧行、所作”。“cara/carī”的同源詞有“carin 行、騰”“cārin 修、修行、行、行人、行者、遊化、遊行”“cariṣṇu 行、起”“cariṣṇutā 便、行”“carita 修、修習、修行、所修、行、正行、行救、行相、行道、遮梨夜、顯”“cārita 正行”“cārika 行、遊行、所行”“cārikā 行、遊行、正行、所修行”“cārikāṃ 遊行”“carimaka 末代”等。其“cārikāṃ-/carima-”構詞有“cārikāṃ carantī 道行”“cārikāṃ prakrāmati 去”“cārikāṃ viprakānte 往”“carima-kāla 未來”等。

附録一：《孔雀王咒經》“梁言詞”詞表及分類①

序號	音譯形式	梁　言	名物分類	梵語轉寫	校勘信息
1	鄔斜訶羅	噏食	夜叉名	ojāhāra ojohāra	
2	部多伽那	神眾	統稱名	pāraka	
3	伽破訶羅	食乳	夜叉名	Garbhāhāra	
4	捺恥羅訶羅	飲血	夜叉名	Rudhirāhāra	
5	婆娑訶羅	食脂膏	夜叉名	vasāhāra	
6	網娑訶羅	食肉	夜叉名	Māṁsāhāra	
7	弭陀訶羅	食胞	夜叉名	mīḍhāhāra	
8	社多訶羅	食生	夜叉名	jātāhāra	
9	恃毘多訶羅	食壽命	夜叉名	Jivitākāra	
10	跋利訶羅	食藤	夜叉名	Valāhāra Valiśāhāra	
11	摩邏訶羅	食髻髮	夜叉名	mālāhāra mālyāhāra	
12	乾他訶羅	食香	夜叉名	gandhāhāra	
13	弗婆訶羅	食花	夜叉名	pauṣpāhāra	

① 附録一至附録三的詞表，按照詞語在經文中出現的次序排列。

續　表

序號	音譯形式	梁　言	名物分類	梵語轉寫	校勘信息
14	頗羅訶羅	食果	夜叉名	phala-āhāra	
15	薩瀉訶羅	食種	夜叉名	sasyāhāra śasyāhāra	
16	阿敚底訶羅	食火所燒	夜叉名	agni-hotrāhāra	
17	阿難波實多	不稱	夜叉名	aparājita	
18	彼周羅波尼	金剛手	夜叉名	vajrapāṇi	
19	魔醯鏃羅	太白	夜叉名	mahśvara	
20	髮闍羅牖他	金剛仗	夜叉名	vajrayudha	
21	訶梨氷伽羅	師子青色	夜叉名	haripiṅgala	
22	修陀里舍那	善見	夜叉名	sudarśaṇa	
23	毘紕舍那	可畏	夜叉名	vibhīṣaṇa	
24	擔羅跋魔	熟銅色①	城國名	tāmraparṇṇī	擔，宋、元本作"檐"。
25	末離他羅	持華鬘	夜叉名	mālyadhara	
26	阿難陀	歡喜	夜叉名	ānanda	
27	地里陀那南手	堅名	夜叉名	dṛḍhanāma	
28	摩訶耆利	大山	夜叉名	mahāgiri	
29	拘摩羅童子夜叉	童子②	夜叉名	kumāra	"童子"前應脱"梁言"二字。
30	沙多婆吼夜	百肩	夜叉名	śatabāhu	
31	頭漏庾陀那	大車不可繫	夜叉名	duryodhana	

① 按："熟銅色"，元、明本作"梁言熟銅色"。今謂元、明本是。

② 按：原經"童子"前當脱文"梁言"二字。"童子"乃為梵語"kumāra"之意譯。

續　表

序號	音譯形式	梁　言	名物分類	梵語轉寫	校勘信息
32	者利苟多①	山頂	夜叉名	girikūṭa	者,宋、元、明本作“耆”。
33	僧伽波羅	師子力虎力	夜叉名	siṁhavyaghrabala	
34	那伽羅	那竭	城國名	nāgara	
35	娑干社	無別頭姓高式	夜叉名	svāgata	社,宋、元、明本作“杜”。
36	齹多波陀	駱駝足	夜叉名	draṁṣṭrāpāda	
37	朗枳莎羅	堅自在	夜叉名	laṅkeśvara	
38	摩里止	光明	夜叉名	mārīcī	
39	撻摩波摩	守法	夜叉名	dharmapāla	撻,宋、元、明本作“揵”。
40	摩訶部社	大肩	夜叉名	mahābhuja	
41	杜那里娑婆	有吉	夜叉名	svāhā	杜,宋、元、明本作“社”。
42	陀離奢羅	財物自在	夜叉名	dhaneśvara	
43	叔調羅木珂	白面	夜叉名	sukāmukha	
44	矜調羅	何所作	夜叉名	kiṅkara	
45	波多羅國	地下	城國名	pātala	
46	波羅頗莎羅	最光明	夜叉名	prabhāsvara	
47	陀利	分陀利華	城國名	puṇḍarīka	
48	波羅蜯智羅	作光明	夜叉名	prabhanjana	

① 按:原經此處作“摩訶者利”,為梵語“mahāgirikūṭa”音譯之省。今據梵語“girikūṭa”具名音譯。

續　表

序號	音譯形式	梁　言	名物分類	梵語轉寫	校勘信息
49	藪波羅佛陀	善見	夜叉名	prabuddha	
50	介那木珂	滿面	夜叉名	pūrṇamukha	介,宋、元、明本作“分”。
51	摩柯羅墮闍	鱔魚	夜叉名	makaradhvaja	
52	質多羅仙那	種種軍	夜叉名	citrasena	
53	羅婆那	碧色	夜叉名	rāvaṇa	
54	波里耶持里舍那	樂見	夜叉名	pyīya arśana	樂,宋本作“孚”,元、明本作“愛”。
55	難提	歡喜	夜叉名	nandī	
56	地呵	長	夜叉名	dīrgha	呵,宋、元、明本作“珂”。
57	修涅多羅	善根	夜叉名	sunetra	根,宋、元、明本作“眼”。
58	介那柯	滿	夜叉名	pūrṇaka	介,宋、元、明本作“分”。
59	迦毘羅	黄色	夜叉名	kapila	黄,宋、元、明本作“青”。
60	僧伽	師子	夜叉名	siṁha	
61	優波僧伽	師子子	夜叉名	upasiṁha	優,宋本作“僧”。
62	償起羅	螺	夜叉名	śaṁkha	
63	旃陀那	栴檀	夜叉名	candana	
64	訶利	師子	夜叉名	hari	

續　表

序號	音譯形式	梁　言	名物分類	梵語轉寫	校勘信息
65	訶利枳舍	師子髮	夜叉名	harikeśa	
66	波羅赴	自在	夜叉名	paribhū	赴，宋、元、明本作“起”。
67	氷伽羅	蒼色	夜叉名	piṁgala	
68	陀羅那	持	夜叉名	dhāraṇa	
69	陀羅難陀	歡喜	夜叉名	Ānaṁda	
70	欝庾伽波羅	勤守	夜叉名	udyogapāla	
71	別伽那	園	夜叉名	viṣṇu	
72	般止柯	五	夜叉名	pañca	
73	般遮羅旃陀	五可畏	夜叉名	pracaṇḍa	
74	莎多祁梨	七山主	夜叉名	saptagiri	
75	醯遮婆多	雪山主	夜叉名	haimavata	遮，元、明本作“摩”；婆，宋本作“波”。
76	部摩	地	夜叉名	bhūma	
77	脩部摩	善地	夜叉名	subhūma	
78	柯羅	黑	夜叉名	kāla	
79	優波柯羅	小黑	夜叉名	upakāla	
80	蘇摩	月	夜叉名	soma	
81	修利	日	夜叉名	sūrya	
82	惡祁尼	火	夜叉名	agni	
83	婆牖	風	夜叉名	vāyu	
84	因陀羅	帝釋	夜叉名	indra	

續 表

序號	音譯形式	梁 言	名物分類	梵語轉寫	校勘信息
85	婆樓那	龍	夜叉名	varuṇa	
86	羅闍波底	主世	夜叉名	rājapati	
87	伊奢那	自在	夜叉名	Īśāna	
88	旃陀那	栴檀	夜叉名	candana	
89	柯摩施離沙多	勝欲	夜叉名	kāmaśreṣṭha	
90	已尼延叉	鈴聲	夜叉名	kunikaṇṭha	
91	尼延他柯	無怨	夜叉名	nirkaṇṭhaka	
92	婆利摩尼	珠力	夜叉名	balimaṇi	
93	摩尼遮羅	珠行	夜叉名	maṇicara	
94	波羅那馱	大聲	夜叉名	varanāda	波,宋、元、明本作"婆"。
95	優波般止哿	小五	夜叉名	upapañca	
96	莎多祁梨	七山	夜叉名	saptagiri	
97	醯摩婆多	雪山主	夜叉名	haimavata	
98	介那柯	滿	夜叉名	pūrṇaka	介,宋、元、明本作"分"。
99	珂陀羅鼓	樹名	夜叉名	khadiraka	
100	瞿波羅	守地	夜叉名	gopāla	
101	阿多波柯	林	夜叉名	āṭavika	波,宋、元、明本作"婆"。
102	社那里娑婆	眾牛王	夜叉名	janarṣabha	王,元本作"正"。
103	般遮羅栴陀	五可畏	夜叉名	pracaṇḍa	栴,宋、元、明本作"旃"。

續　表

序號	音譯形式	梁　言	名物分類	梵語轉寫	校勘信息
104	修木珂	善意	夜叉名	Sumukha	
105	持羅珂	美	夜叉名	dīrgha-kāla	
106	質多羅仙那乾闥婆	種種伎樂	夜叉名	citra-darśana Gandharva	
107	底梨頗里	三果	夜叉名	trīṇi phalāni	
108	底里干多柯	三刺	夜叉名	trīkaṇṭaka	
109	持羅珂釋底摩多利	調長槊	夜叉名	dīrgha-kāla Sakti	
110	軍多堂屣多	白牙	羅刹女	śukradaṁṣṭra	羅,宋、元、明本作“羅羅”。
111	阿力柯	蜂頭	龍王名	harika	
112	阿矢沙	馬	龍王名	aśva	
113	俾禮多	餓鬼	夜叉名	preta	
114	毘舍闍	顚鬼	夜叉名	piśāca	顚,宋、元、明本作“顛”。

附録二：《經律異相》"梁言詞"詞表及分類

序號	音　譯	梁　言	名物分類	梵　音	校勘信息
1	釋提桓因	能作天王	天王名	Śākra-devānāmiṁdra	
2	炎摩	時	天宮名	yāma	時,宋本作"時善",元、明本作"善時"。
3	兜率	知足	天宮名	tuṣita	
4	尸棄	火已	天王名	sikhin	已,宋、元、明、宮本作"色"。
5	摩醯首羅天	大自在	天宮名	mahêśvara	
6	波須弗	善覺	國王名	supravedita	
7	鉢兜那波吒	絹	物名	paṭṭaka	
8	末羅	力士	人名	malla	
9	摩訶波闍波提	大愛	人名	mahāprajāpatī	愛,宋、元、明、宮本作"愛道"。
10	調達又名提婆達多	天熱	人名	devadatta	熱,宮本作"熱執"。
11	旃陀婆羅脾	月光	國王名	candraprabha	旃,宮本作"栴";脾,元、明本作"鞞"。
12	須摩檀	華施	人名	sumanādāna	
13	摩旃陀	大月	人名	mahācandra	旃,宮本作"抗"。

續　表

序號	音　譯	梁　言	名物分類	梵　音	校勘信息
14	尸羅跋陀	戒莫	人名	sīlabhadra	戒,宫本作"成";莫,宋、元、明本作"賢"。
15	跋陀耆婆	賢壽	城名	bhadrajiva	
16	阿波笈多	不正護	人名	abhāvagupta	不, 宋、元、明本無。
17	婆娑達	天主與	人名	vasapatidatta	按: 與,宫本作"德"。
18	修越那提婆	金天	人名	suvarṇadeva	
19	修跋那波婆蘇	光明	人名	suvar ṇaprabhāsa	按: 波婆蘇,宋、元、明、宫本作"婆蘇波"。
20	弗把提	花天	人名	puṣpadeva	
21	勒那提婆	寶天	羅漢名	ratnadeva	
22	摩納	仙人	仙人名	mānavaka	
23	蹀迦羅毘	堅誓	獅子名	cakaravī	
24	叔離	白也	比丘尼名	śukla	
25	婆羅門提婆	梵天	王名	brāhmandeva	
26	罰闍建提	金剛聚	王名	vajraghaṇtā	
27	刹羅伽利	蓋事	人名	catārā khali	
28	阿輸柯	無憂	王名	aśoka	
29	彌羅	慈力	王名	maitrī	羅,宫本作"囉"。
30	薩和檀	一切施	王名	sarvadā	
31	薩和達	一切施	王名	sarva-dāna	
32	波羅提木叉	解脱	寺名	sūtreprātimokṣe	

續　表

序號	音　譯	梁　言	名物分類	梵　音	校勘信息
33	離車子	皮薄亦言同皮	道士名	sūkṣma-cchavi	
34	迦良那伽	善事	人名	kalyāṇaka	
35	彼婆伽梨	惡事	人名	pāpa mitra	彼婆伽梨,宋、元、明本作"波婆梨伽",宫本作"迦良那伽"。
36	分那婆陀那	增長	國名	vardhana	
37	鉢摩婆底	芙蓉花	人名	padmavati	
38	達磨	法	人名	dharmavardhana	
39	婆陀那	增長			
40	于遮那	金	人名	kāñcana mālya	于,宋、元、明、宫本作"干"。
41	摩羅	鬘花			
42	輸頗	嚴	王名	śobha	
43	祇	最勝	人名	jet	
44	波闍羅	金剛	人名	vajra	
45	蛇陀	寶稱	人名	yaśodharā	
46	尸利苾提	福增	人名	śrīvati	
47	得伊勒風	隨好風	風名	anuvyañjana	
48	鉢底婆	辯才	沙門名	pratibhāna	
49	阿波羅提目佉	端正	王名	apratimukha	
50	颰陀	仁賢	幻士名	bhadra	
51	拘耆	赤嘴烏也	鳥名	kokila	也,宋、元、明、宫本無。

續　表

序號	音　譯	梁　言	名物分類	梵　音	校勘信息
52	迦毘梨	黄頭	外道名	kapila	
53	泥犁城	寄係城，又云閉城也	城名	niraya	城，元本作"成"；也，宋、元、明、宫本無。
54	阿鼻	無遮，又言無間，又言猛火入心	地獄名	avici	
55	無擇	生終	地獄名	avici	

附録三：其他經中“梁言詞”詞表及分類

序號	音譯	梁言	名物分類	梵音	文獻出處
1	鬱陀南	持散	術語	udāna	《決定藏論》卷 1(T30/1018c)
2	曼陀羅	弱聲	沙門	mandarava	《歷代三寶紀》卷 11(T49/98b)
3	僧伽婆羅	僧養/僧鎧	沙門	saṁgha-pāla	《歷代三寶紀》卷 11(T49/98b)
4	月婆首那	高空	王子	upaśūna	《歷代三寶紀》卷 11(T49/98c)
5	波羅末陀	真諦	法師	paramārtha	《歷代三寶紀》卷 11(T49/99a)
6	曼陀羅	弘弱	沙門	mandārava	《續高僧傳》卷 1(T50/426a)
7	菩提樹	道場樹	樹名	bodhidruma bodhivṛkṣa	《續高僧傳》卷 5(T50/463b)
8	泥犂域	密條城/閉城	地獄名	niraya	《法苑珠林》卷 7(T53/327b)
9	拘耆	赤嘴烏	烏名	kokila	《諸經要集》卷 15(T54/143b)
10	檀那波底	施越	比丘名	dānapati	《翻梵語》卷 3(T54/1006c)
11	阿輸實	馬宿	比丘名	aśvajit	《翻梵語》卷 3(T54/1006c)

續 表

序號	音 譯	梁 言	名物分類	梵 音	文獻出處
12	富律那寶	滿宿	比丘名	punabbasuka	《翻梵語》卷 3 (T54/1006c)
13	薩婆多	一切有	律名	sarvāstivāda	《出三藏記集》卷 3 (T55/20a)
14	曇無德/曇摩毱多	法鏡	比丘名	dharmagupta	《出三藏記集》卷 3 (T55/20b)
15	求那跋陀	功德賢	法師名	guṇabhadra	《名僧傳抄》卷 1 (X77/351a)
16	佛馱跋陀/浮頭婆馱	覺賢	法師名	buddhabhadra	《名僧傳抄》卷 1 (X77/355a)
17	曇摩密多	法友	法師名	dharmamitra	《名僧傳抄》卷 1 (X77/355b)
18	僧伽羅多哆	僧濟	法師名	siṁhārādhana	《名僧傳抄》卷 1 (X77/355b)
19	優波底沙	大光造	阿羅漢名	upateja	《解脱道論》卷 1: (T32/399c)

附録四：《孔雀王咒經》《佛説大孔雀咒王經》《佛母大孔雀明王經》異文及梵音對應表

《孔雀王咒經》	梁言	《佛説大孔雀咒王經》	《佛母大孔雀明王經》	梵音
鉤鉤孫陀夜叉住弗波多利弗國		俱留孫馱神住波吒梨子	羯句忖那神波吒梨子處	krakucchanda pātariputra
阿難波實多夜叉住偷那國	不稱	阿鉢羅市多在窣吐奴邑	阿跋羅爾多住窣土奴邑	aparājita sphūrā
藥叉名世羅住跋陀國		世羅藥叉主住於賢善城	賢善大藥叉住於世羅城	bhadrapura śola
那婆夜叉住欝單越國		摩納婆大神常居於北界	摩那波大神常居於北界	māṇava uttarā
彼周羅波尼夜叉住耆闍崛山	金剛手	大神金剛手住於王舍城	大聖金剛手住居王舍城	vajrapāṇi rājagṛha
		常在鷲峯山以為依止處	常在鷲峰山以為依止處	ṛdhrakūṭa
伽樓陀夜叉住毘富羅國		揭路茶藥叉住在毘富羅	大神金翅鳥毘富羅山住	aruḍa vipūla
質多羅崛多夜叉住底季底木珂國		質多羅岌多止底目佉處	質怛囉笈多質底目溪住	citragupta citemukha
薄拘羅夜叉住迦毘羅國釋迦生處		薄俱羅藥叉住在王城内	薄俱羅藥叉住於王舍城	vakula rājagṛha
有大軍大力			營從并眷屬有大威神力	

續　表

《孔雀王咒經》	梁言	《佛説大孔雀咒王經》	《佛母大孔雀明王經》	梵　音
珂多夜叉優波珂多夜叉住迦毘羅國		哥羅小哥羅住劫比羅城	大小黑藥叉劫比羅城住	kālopakālakau kapilavastu
釋迦生處		此藥叉守護牟尼所生處	是釋族牟尼師所生處	
		謂釋迦大師具足神通力		
柯摩履波陀斑足夜叉住毘羅國		藥叉班豆足住在鞞囉耶	斑足大藥叉吠囉耶城住	kalmāṣapāda vairāyā
摩醯首羅夜叉住毘羅多國 魔醯鏃羅夜叉止羅多國	太白	大自在藥叉咨羅吒處住	摩醯首藥叉止羅多國住	mahśvara virāta
毘里害波底夜叉住舍衛國		苾利訶鉢底住在室羅伐	勿賀娑鉢底住於舍衛城	bṛhaspati
娑伽羅夜叉住娑枳多國		藥叉娑揭羅依止娑雞覩	娑梨囉藥叉娑雞多處住	sāgara sāketa
髮闍羅牖他夜叉住毘沙羅國	金剛杖	藥叉金剛杵住在薜舍離	金剛杖藥叉毘舍離國住	vajrayudha vaisālī
訶梨氷伽羅夜叉住末羅國	師子青色	訶利氷揭羅住在力士國	訶里氷蘖囉力士城中住	haripiṅgala malla
摩訶哿羅夜叉住婆羅那國		大黑藥叉王婆羅痆斯住	大黑藥叉王婆羅拏斯國	mahākāla bārāṇasī
修陀里舍那夜叉住瞻波國	善見	藥叉名善現住在占波城	藥叉名善現住於占波城	sudarśaṇa campā

續 表

《孔雀王咒經》	梁言	《佛説大孔雀咒王經》	《佛母大孔雀明王經》	梵 音
毘復紬①夜叉住墮羅个國		藥叉跋率怒住在婆洛迦	吠史怒藥叉住在墮羅國	viṣṇu dhvārakā
陀羅秦②持夜叉住墮羅波利國		陀羅尼藥叉住在護門國	馱羅抳藥叉住於護門國	varuṇa (?)dhāraṇā dhvārapāli
毘紕舍那夜叉住擔③羅跋魔國	可畏熟銅色	可畏形藥叉住在赤銅邑	可畏形藥叉住於銅色國	vibhīṣaṇa tāmraparṇṇī
末陀那夜叉住沙耶遮國		末達那藥叉烏洛伽依止	末達那藥叉烏洛迦城住	marddana uragā
阿多婆夜叉住於林中		曠野藥叉王住在曠野國	呵吒薄俱將曠野林中住	āṭavaka āṭavaka
迦毘羅夜叉住多穀國		劫比羅藥叉依止多財國	劫比羅藥叉住於多稻城	kapila bahudhānyaka
婆修多羅夜叉住欝闍耶尼國		護世大藥叉嗢逝尼國住	護世大藥叉嗢逝尼國住	vasutrāta urjjayanī(?)
婆部底夜叉住婆蘭底國		跋蘇步弭神曷喇曼低國	韈蘇步底神阿羅挽底住	aravanti
裘樓个夜叉住婆④樓割車國		跋洛迦藥叉跋盧羯車國	水天藥叉神婆盧羯泚國	bharuka bharukaccha
難陀夜叉住阿難陀富羅國		歡喜藥叉神住在歡喜國	歡喜大藥叉住於歡喜城	nanda nandapura

① 紬,宋、元、明本作"紐"。
② 秦,元、明本作"奈"。
③ 擔,宋、元本作"檐"。
④ 婆,宋本作"娑"。

續　表

《孔雀王咒經》	梁言	《佛説大孔雀咒王經》	《佛母大孔雀明王經》	梵　音
末離他羅夜叉住勝水國	持華鬘	持鬘藥叉神住在勝水國	持鬘藥叉神住在勝水國	mālyadhara agrodaka
阿難陀夜叉住波羅鉢多國	白牙	阿難陀藥叉末羅鉢鉢知	阿難陀藥叉末羅鉢吒國	ānanda maraparvaṭa
陀瞿縷陀分夜叉住勝水國	白牙	白牙齒藥叉住在勝妙處	白牙齒藥叉住於勝妙城	
叔柯羅盪屣多羅夜叉住修跋升難國	善處			śukradaṁṣṭra suvāstu
地里陀那南手夜叉住末死底柯國	堅名	堅固名藥叉住在阿梨底	堅固名藥叉末娑底國住	dṛḍhanāma manasvi
摩訶耆利夜叉住耆利那伽羅山城	大山	大山藥叉主住在山城處	大山藥叉王住在山城處	mahāgiri girinagara
婆娑婆夜叉住鞞持舍國		婆颯婆藥叉住在鞞地世	婆颯婆藥叉住居吠儞勢	vāsava vaidiśa
柯底枳夜叉住魯喜多个國		迦嘌雞藥叉住嚕呬得國	羯底雞藥叉住嚧呬多國	kārttikya rohitaka
拘摩羅夜叉於世有稱譽	童子①	童子藥叉神住在名稱國	此藥叉童子名聞於大城	kumāra
沙多婆吼夜叉皆住闍陀毾羅國	百肩	百臂大藥叉住在頻陀山	百臂大藥叉住在頻陀山	śatabāhu viṁdhya
毘梨害羅他②夜叉住迦陵伽國		廣車藥叉主羯陵伽國住	廣車藥叉神羯陵伽國住	bṛhadratha kaliṅga

① “童子”前應脱“梁言”二字。

② 他，宋、元、明本作“陀”。

續 表

《孔雀王咒經》	梁言	《佛説大孔雀咒王經》	《佛母大孔雀明王經》	梵 音
頭漏庾陀那夜叉住遏祁柰國	大車不可繫	能征戰藥叉窣鹿近那國	能征戰藥叉窣鹿近那國	duryodhana śrughna
遏受那夜叉住遏受羅林		遏樹那藥叉住在雄猛國	雄猛大藥叉遏祖那林住	arjuna arjunāvana
末陀柰夜叉住曼陀婆國		曼荼布藥叉住末達泥國	曼拏波藥叉末達那國住	maṇḍapa marddana
者①利苟多夜叉住摩羅婆國	山頂②	山峯藥叉神住在摩獵婆	山峰藥叉神住於摩臘婆	girikūṭa mārava
蘋陀羅夜叉住縷憙多國		曷嚕達羅神曷嚕達羅國	魯捺囉藥叉嚧呬多馬邑	bhadra rohitaka
薩婆跋陀羅夜叉住奢柯羅國		一切賢善神住在奢羯智	一切食藥叉住於奢羯羅	sarvabhadra śālaka
波利多柯夜叉住輸底羅柯國		波離得迦神燒智洛迦住	波利得迦神少智洛雞住	pālitaka sautīraka
薩他③婆訶夜叉陀尼莎羅夜叉皆住阿恃單闍耶國		商主及豐財皆在難勝國	商主財自在住在難勝國	sārthavāha dhaneśvara ajitaṁjaya
苟多蕩娑多羅夜叉婆修跋陀羅夜叉皆住婆莎底國		峯牙及世賢跋娑底耶國	峰牙及世賢跋娑底耶國	kūṭadaṁṣṭra vasu hadra vasanti
矢婆夜叉住矢婆富羅訶羅國		尸婆藥叉主住食尸婆城	尸婆藥叉王住食尸婆城	śiva śivapura

① 者,宋、元、明本作"耆"。

② "童子"前應脱"梁言"二字。

③ 他,宋、元、明本作"陀"。

續　表

《孔雀王咒經》	梁言	《佛説大孔雀咒王經》	《佛母大孔雀明王經》	梵　音
矢婆跋陀羅夜叉住矢沙那國		寂静賢藥叉住在可畏國	寂静賢藥叉住在可畏國	śivabhadra bhīṣaṇa
因陀羅夜叉住因陀羅婆馱國		因陀羅藥叉住因陀羅國	因陀羅藥叉因陀羅國住	indra indrapura
弗沙波支①斗夜叉住尸羅不羅國		華幢藥叉主住在寂静城	華幢藥叉主住於寂静城	puṣpaketu silāpura
陀羅柯夜叉住陀羅不②羅國		陀六迦藥叉陀六迦城住	那嚕迦藥叉那嚕迦城住	dāruka dārukapura
柯毘羅夜叉住跋那國		頭黄色藥叉住在跋怒國	劫比羅藥叉常在邑城住	kapila valla
摩尼跋陀羅夜叉分尼跋陀夜叉此二兄弟皆住婆羅摩底野國		寶賢及滿賢住梵摩伐底	寶賢及滿賢住梵摩伐底	maṇibhadra pūrṇabhadra brahmavatī
波羅末陀那夜叉住乾陀羅國		降伏他藥叉住在健陀羅	能摧他藥叉住建陀羅國	pramardana gandhāra
波羅槃闍那夜叉住卓叉尸羅國		能摧他藥叉得叉尸羅住	能壞大藥叉得叉尸羅住	prabhañjana takṣaśilā
珂羅留摩夜叉住掣陀世羅國		埸羅晡窣姤住掣陀世羅	驢皮藥叉神在於吐山住	kharaposta daśaśaila
底里堀③多夜叉住阿毤訶底羅國		三護三藥叉阿怒波河岸	三蜜藥叉主阿努波河側	trigupta (oguhya?) hanumātīra

① 傖音。

② 不，宋、元、明本作“不陀”。

③ 堀，宋、元、明本“崛”。

續 表

《孔雀王咒經》	梁言	《佛説大孔雀咒王經》	《佛母大孔雀明王經》	梵 音
波羅朋哥羅夜叉住魯樓个國		發光明藥叉盧鹿迦城住	發光明藥叉盧鹿迦城住	prabharkara raurka
難提尺①跋他那夜叉住興咎跋他那國		難提跋達那共住難提國	喜長藥叉神呬隅摧國住	nandīcavardana nandivardana
婆比羅夜叉住婆各②訶部弭國		婆以盧藥叉住居婆以地	婆以盧藥叉住居婆以地	vāpila vāpibhūmi
哥羅訶比里野夜叉住婆哥國		愛鬪諍藥叉住在濫波國	愛鬪諍藥叉住在濫波城	kalahapriya lampāka
竭施婆哥夜叉住摩偷羅國		揭沓婆藥叉末度羅國住	櫱踏婆藥叉末土羅城住	gardabhaka mathurā
哥③輸陀羅夜叉住朗柯國		瓶腹藥叉主住在楞迦城	缾腹藥叉王住在楞伽城	kalaśodara laṁkā
修里耶波④羅婆夜叉住修那國		日光明藥叉住在蘇那國	日光明藥叉住在蘇那國	sūryaprabhā sūna
其梨刎陀夜叉住偷羅訶國		平頭山藥叉住在憍薩羅	屼頭山藥叉住憍薩羅國	girimuṇḍa kośala
毘闍耶及鞞闍延多夜叉住粄頭摩偷羅國		勝及大勝神住在般陀國	勝及大勝神住在半尼國	vijaya vaijayanta pṇḍamāthura
分那柯夜叉住摩羅耶山		晡啤拏藥叉末羅耶山住	圓滿大藥叉末羅耶國住	pūrṇaka malaya

① 尺,元、明本“及”。

② 各,宋、元、明本作“咎”。

③ 哥,宋、元、明本作“哥羅”。

④ 波,宋、元、明本作“婆”。

續　表

《孔雀王咒經》	梁言	《佛説大孔雀咒王經》	《佛母大孔雀明王經》	梵　音
緊那羅夜叉住鷄羅哿國		緊那羅藥叉住在雞羅國	緊那羅藥叉計羅多國住	kinnara kerala
弭珂波膩夜叉住槃陀國		護云藥叉主住在般荼國	護云藥叉王住在伴拏國	meghamāli (pāli?) pauṇḍa
看陀哿夜叉住波底施那國		褰達迦藥叉鉢底瑟侘住	謇拏迦藥叉住在安立國	kaṇḍaka pratiṣṭh na
僧哿利夜叉住比等伽羅國		僧歌羅藥叉住必登揭里	僧迦離藥叉必登蘗哩住	saṁkārī pitaṅgaī
速可婆訶夜叉住多郎伽底國		能引樂藥叉住在大波國	引樂藥叉神怛楞蘗底住	sukhāvaha taraṅgavatī
孫陀羅夜叉住那死柯國		藥叉孫陀羅在那私迦住	孫陀羅藥叉那斯雞國住	sundara nāsikya
阿僧伽夜叉波樓割旦住①		阿僧伽藥叉婆嚧羯車住	阿僧伽藥叉婆盧羯車住	asaṅga bharukacchaka
難提哿夜叉比多難提國②		卑多難提神住在難提國	難儞大藥叉及子難儞迦	nandika pitānandīvīra
毘羅夜叉住哿羅訶多个國		鼻羅藥叉王割羅訶雞住	此二藥叉工羯訶吒迦住	karahātaka
藍扶施羅夜叉住伽陵伽國		大復藥叉神羯陵伽國住	垂腹大藥叉羯陵伽國住	lambodara kaliṅha
摩訶部闍夜叉住俱莎羅國		大臂藥叉神住在憍薩羅	大臂藥叉王憍薩羅國住	mahābhuja kauśalī

① 住,原作"夜叉",據異譯本改。

② 住,多難提國,諸本皆誤作"比多難國",據上下文意思及異譯本文字改。

續　表

《孔雀王咒經》	梁言	《佛説大孔雀咒王經》	《佛母大孔雀明王經》	梵　音
薩底个夜叉住薩底个吒國		莎悉底迦神莎底羯吒國	娑悉底迦神娑底羯吒國	svastika svastikaṭaka
波羅个夜叉住婆那婆死國		波洛迦藥叉常在林中住	波洛伽藥叉常在林中住	pāraka
跋陀羅千陀①夜叉住多顛莎干陀國		賢耳大藥叉住塞建陀國	賢耳大藥叉怛胝肩國住	bhadrakarṇa taḍiskandha
施那訶羅夜叉住莎陀富羅國		受財藥叉神住在常滿國	勝財藥叉神住居陸滿國	dhanāpaha
婆羅夜叉住鞞羅摩个國		有力藥叉神鞞羅莫迦國	氣力大藥叉毘囉莫迦住	bala vairāmaka
比里耶陀里舍那夜叉住阿槃底國		喜見藥叉神住阿難底國	喜見藥叉神住阿般底國	priyadarśana avatī(avantī?)
矢看地夜叉住瞿竭陀那國		尸褰治藥叉住在牛喜國	尸騫馱藥叉住在牛摧國	śikhaṇḍī gomardana
安闍那比里耶夜叉住鞞雉舍國		受合掌藥叉住在方維處	愛合掌藥叉住居吠儞勢	añjalipriya vaidiśa
罷矢體多个夜叉住掣多羅伽羅國		陛瑟惱得迦住在蓋形國	陛瑟致得迦住在蓋形國	veṣṭhitaka chatrākāla
摩柯藍陀摩夜叉住底里不羅國		莫羯囒談麼住在三層國	調摩竭藥叉住在三層國	makarandaka tripūrī
妣②奢浴夜叉住倚哿覺叉國		廣目藥叉神住在一腋國	廣目藥叉神住居一腋國	viśālākṣa erakakṣa

① 千陀，宋、元、明本作“千陀陀”。
② 妣，宋、元、明本作“毘”。

續 表

《孔雀王咒經》	梁言	《佛説大孔雀咒王經》	《佛母大孔雀明王經》	梵 音
阿藍婆夜叉住遮漏䁪婆羅國		食安荼藥叉烏曇跋羅住	安拏婆藥叉優曇跋羅國	guḍaka udumbara
摩訶頗伽夜叉住鳩婆利國		無相分藥叉住憍閃毘國	無功用藥叉憍閃彌羅住	anāhga
毘縷遮羅夜叉住釋柯摩底國		鞞盧折那神住在寂静意	微盧者那神寂静意城住	virocana sāntivastī
遮羅底呰夜叉住阿喜掣①多羅國		作樂藥叉神住在蛇蓋北	遮羅底迦神住居蛇蓋國	caritaka ahicchatra
柯比羅夜叉住甘比利國		黄色藥叉神劍必洛迦住	赤黄色藥叉劍畢離國住	kapila kaṁpilī
薄鳩羅夜叉曼陀婆耶夜叉分那柯夜叉皆住類②恃訶那國		薄俱羅藥叉嗢逝訶那住	薄俱囉藥叉嗢逝訶那住	vakkula urjjihānā
		晡啤拏藥叉住在曼宅婢	布喇拏藥叉住曼拏比國	pūrṇaka maṇḍavī
茷伽弭婆夜叉住般遮利國		泥迦迷沙神於般遮羅住	顊迦謎沙神半遮離城住	naigameśa paṁcālī
波羅婆夜叉住伽闍國		鉢喇薩菩神住揭杜娑國	難摧大藥叉蘖度娑國住	prasabha gajasā
陀里陀訶陀毚夜叉住波那國		堅只藥叉神住在婆嘍拏	堅頞藥叉神住在水天國	dṛdhadhanu varuṇā
不藍闍那夜叉住摇他國		晡闌逝也神住在摇陀國	脯闌逝野神住居鬪戰國	purañjaya yudha

① 掣，宋、元、明本作“制掣”。

② 類，宋、元、明本作“蘋”。

續　表

《孔雀王咒經》	梁言	《佛説大孔雀咒王經》	《佛母大孔雀明王經》	梵　音
拘婆羅个二夜叉王住苟鹿①綺多羅國		怛洛迦大神及矩怛洛迦	怛洛迦藥叉及俱怛洛迦	taraka kutaraka
		二藥叉王住骨鹿差怛羅	二大藥叉王住在俱盧土	kurukṣetra
摩呼樓可弭可羅二夜叉女有大名稱		有二藥叉女皆具大名稱	此二藥叉王威德具名稱	maholūkhala mekhala
		大烏盧佉羅及以迷渴羅	大烏嚧佉羅及與迷佉羅	
亦住於彼		亦常居住此骨鹿差怛羅	并與諸眷屬亦住俱盧土	kurukṣetra
罷底訶尼奈夜叉悉達夜叉		婢底波底神及成就衆事	微帝播底神及以義成就	vyatipāta siddhārtha
皆住阿耶底波耶國		此二藥叉神住在阿曳底	此二藥叉王阿曳底林住	āyati
悉陀拙②多羅夜叉住莎鹿珂那國		悉陀耶怛羅住窣鹿近那	往成就藥叉窣鹿近那住	siddhapātra śrughna
莎偷那夜叉住莎偷那國		窣吐那藥叉住窣吐那國	窣吐羅藥叉住窣吐羅國	sthūla sthūla
僧伽波羅二夜叉住拘底波里沙國	師子力虎力	師子方彪力俱知勃里涉	虎力師子力并大師子力俱胝年大將他勝宫中住	siṁhavyaghrabala koṭīvarṣa

① 鹿，宋、元、明本作“遮”。

② 拙，宋、元、明本作“拽”。

續　表

《孔雀王咒經》	梁言	《佛説大孔雀咒王經》	《佛母大孔雀明王經》	梵　音
摩訶先那夜叉住阿摩羅不藍闍耶國		莫訶西那神晡闌逝也國		mahā-senā parapurañjaya
弗波檀多夜叉住瞻波國		華齒藥叉神住在占波國	華齒藥叉神住在占波城	puṣpadanta caṁpā
摩伽多夜叉住五山		摩揭陀藥叉住在山行處	摩竭陀藥叉住在山行處	māgada giribhraja
瞿渝瞿夜叉具婆都夜叉修徒那夜叉住那伽羅國	那竭	鉢跋多藥叉住在瞿瑜伽	鉢跋多藥叉瞿瑜伽處住	parvata goyoga
		蘇師奴藥叉於那揭羅住	蘇曬那藥叉那羯羅國住	suṣ na nāgara
毘羅婆訶夜叉住莎枳多國		毘羅婆虎神住在娑雞多	勇臂大藥叉娑雞多邑住	vīrabāhu sāketa
修可婆訶夜叉住哿底國		能引樂藥叉住在哥羯底	能引樂藥叉住在哥乾底	sukhāvaha kākandī
阿那拙①阿那耶莎夜叉住高芰毘國		無勞倦藥叉住在憍閃毘	無勞倦藥叉住憍閃彌國	kauśāmbi
跋陀利柯夜叉住跋陀利柯國		賢善藥叉神住於賢善國	賢善藥叉神住於賢善國	bhadrika bhadrikā
部多木珂夜叉住波多利弗多羅國		步多面藥叉住波吒離國	步多面藥叉波吒離子住	bhūtamukha pāṭaliputra
阿輸柯夜叉住倚哿者國		無憂藥叉神住在迦尸國	無憂大藥叉住在迦遮國	aśoka kāṁlī

① 拙，宋、元、明本作“拽”。

續 表

《孔雀王咒經》	梁言	《佛説大孔雀咒王經》	《佛母大孔雀明王經》	梵 音
柯檐柯多夜叉住菴婆多①國		羯丁羯吒神菴婆瑟侘住	羯徵羯吒神菴婆瑟侘住	kaṭaṁkaṭa ambaṣṭha
悉太夜叉住阿羅柯國		成就義藥叉戹迦羯車住	成就義藥叉住在天腋國	siddhartha bharukaccha
弭里頭个夜叉住恃單闍耶國		歡喜藥叉神住在難勝國	曼那迦藥叉住在難勝國	mandaka ajitaṁjaya
刎闍枳舍夜叉住惡伽縷陀介②國		芒髮藥叉神住在勝水國	解髮藥叉神住居勝水國	muñjakeśa agrodaka
摩尼柯摩那夜叉住先頗婆國		寶林藥叉神住先陀婆國	寶林藥叉神住先陀婆國	maṇikānana saindhava
毘智多智多夜叉柯比羅夜叉,皆住跋莎升國。乾他羅介夜叉毘已里底介夜叉、墮羅介夜叉尼羅耶夜叉、父樓婆夜叉未荼摩夜叉、已耶搔夜叉跋陀羅治夜叉摩訶耶舍夜叉,皆住鞞頭羅不羅國		常謹護藥叉劫比羅國住	常謹護藥叉劫毘羅國住	kapilavastu
		多形相藥叉住在健陀國	羯吒微羯吒迦毘羅衛國	kaṭa vikaṭa kapilalavastu
		突路婆藥叉住在杜和羅	慳悋藥叉神住乾陀羅國	naikṛtika gāndhāra
		處中藥叉神住在賢善國	墮羅藥叉神膩攞耶堅住	dvāraka nilaya
		大名稱藥叉住陛度利也	處中藥叉神賢善名稱住	madhyema bhadreya mahāyaśa
		鞞剌吒藥叉住在婆羅城	吠璃瑠藥叉堅實城中住	vairāṭaka sālapūra

① 多,宋、元、明本作"叉"。

② 介,宋、元、明本作"个"。

續　表

《孔雀王咒經》	梁言	《佛説大孔雀咒王經》	《佛母大孔雀明王經》	梵　音
剡婆介[1]夜叉住摩樓部弭國		瞻薄迦藥叉住在末嚕地	染薄迦藥叉住居沙磧地	jambhaka marubhūmi
毘哿多夜叉住頻馱柯多國		頻隣陀羯吒及以毘羯吒	舍多大藥叉及以毘羯吒	khy ta vikaṭa
			此二藥叉神物那擿迦住	vṛndakaṭa
提婆芰摩夜叉住鞞摩尼介[2]國		鞞摩尼迦神住在陛摩尼	毘摩尼迦神提婆設摩住	vaimānika devaśarma
		提婆設麽神住達刺陀國		
曼陀羅夜叉住優陀羅陀國		曼陀羅作光羯濕彌羅國	曼陀羅藥叉捺羅那國住	mandara darada
波羅朋哿羅夜叉住劫賓國				pāñcika
瞻波柯夜叉住闍多修羅國		占博迦藥叉住在羯吒城	占博迦藥叉在羯吒城住	candaka
			作光藥叉神羯濕彌羅國	jaṭāpūra kāsmīra
般之介夜叉住劫賓國		半支迦女神羯濕彌羅際	半支迦藥叉羯濕彌羅國	prabhaṁkara kāsmīra
有五百子有大軍大力		現有五百子大軍有大力	具足五百子有大軍大力	

① 介，宋、元、明本作“个”。

② 介，宋、元、明本作“个”。

續　表

《孔雀王咒經》	梁言	《佛說大孔雀咒王經》	《佛母大孔雀明王經》	梵　音
其最大者名般止介住止那地①		長子名肩目住羯陵伽國	長子名肩目住在支那國	prabhaṁkara
娑干社②夜叉住修多羅地	無別頭姓高式			cīnabhūmi sutrāra
		及餘諸兄弟住在憍尸迦	諸餘兄弟等憍尸迦國住	kauśika
欝多波陀住鳩陳陀國	駱駝足	牙足藥叉神住羯陵伽國	牙足藥叉神羯陵迦國住	draṁṣṭrāpāda
曼陀羅夜叉住曼陀羅婆③那國		曼荼羅藥叉住曼荼羅處	曼荼羅藥叉住曼荼藥國	maṇḍala maṇḍalāsana
朗枳莎羅夜叉住迦毘尸國	堅自在	楞迦自在神住在迦畢試	楞伽自在神住於迦畢試	laṅkeśvara kāpiśī
摩里止夜叉住羅摩起羅國	光明	摩利支藥叉住曼囉麼林	摩利支藥叉羅摩脚差住	mārīci rāmakākṣī
撻④摩波摩住迦舍國	守法	達摩波羅神住在於疎勒	達摩波羅神住在於疎勒	dharmapāla khāsa
摩訶部社夜叉住婆訶梨國	大肩	大肩藥叉神住薄渴羅國	大肩藥叉神薄佉羅國住	mahābhuja vahlā
毘沙門王子		毘沙門王子具眾德名為	毘沙門王子具眾德威嚴	vaiśravaṇa

① 止那,即中夏地也。
② 社,宋、元、明本作"杜"。
③ 婆,宋、元、明本作"娑"。
④ 撻,宋、元、明本作"揵"。

續　表

《孔雀王咒經》	梁言	《佛説大孔雀咒王經》	《佛母大孔雀明王經》	梵　音
杜①那里娑婆一億夜叉	有吉	勝頡里沙婆有一億藥叉	住在覩火羅有大軍大力	
圍遶住可羅國		而為其眷屬住在覩火羅	一俱胝藥叉而為其眷屬	koṭī
莎多祁梨夜叉醯摩婆多夜叉		娑多山藥叉及以雪山神	娑多山藥叉及以雪山神	sātāgiri haimavata
皆住辛頭莎伽離國		此二大藥叉住在信度國	此二大藥叉辛都河側住	sindhusāgara
底里守羅波梶住底里夫那國		執三股叉神住在三層殿	執三戟藥叉住在三層殿	triśūlapāla tripura
婆羅末陀那夜叉住訶陵伽國		能摧大藥叉亦住羯陵伽	能摧大藥叉羯陵伽國住	pramardana
般遮羅旃陀夜叉住陀羅美陀國		半者羅健荼住達彌羅國	半遮羅獻拏達彌拏國住	pañcālagaṇḍa dramida
陀離奢羅夜叉住師子國	財物自在	財自在藥叉住在私訶羅	財自在藥叉住在師子國	dhaneśvara siṁhala
叔訶羅木坷夜叉住林中	白面	鸚鵡面藥叉住在曠野處	鸚鵡口藥叉住於曠野處	sukāmukha
矜訶羅夜叉住波多羅國	何所作地下	經羯娑藥叉住在波多羅	兢羯娑藥叉常依地下住	kiṅkara pātala
波羅頗莎羅夜叉住陀利國	最光明分陀利華	有光明藥叉住在分陀利	有光明藥叉白蓮華國住	prabhāsvara puṇḍarīka
薩眉羅夜叉住遮摩羅國		設弭羅藥叉住在大城中	設弭羅藥叉於大城中住	śamila mahāpura

① 杜，宋、元、明本作“社”。

續　表

《孔雀王咒經》	梁言	《佛説大孔雀咒王經》	《佛母大孔雀明王經》	梵　音
波羅蜯弩羅夜叉住優羅舍國	作光明	能破他藥叉住在達羅陀	能破他藥叉捺羅泥國住	prabhanjana darada
氷伽羅夜叉住阿摩利摩國		氷伽羅大神住在菴跋離	氷蘗羅藥叉菴末離國住	piṅgala ambulima
跋螺社夜叉住婆蘆墮林		跋跋茶藥叉住跋跋茶國	末末拏藥叉末末拏藏國	vaccaḍa vaccaḍādhāna
摩多利夜叉住訶波陀國		度怛里藥叉住在迦末睇	摩怛哩藥叉住於施欲國	mātali kāmada
藪波羅佛陀夜叉住弗底利波智國	善見	妙覺藥叉神布底伐低國	極覺藥叉神布底嚩吒國	prabuddha putrīvaṭa
那羅鳩婆羅夜叉住柯毘尸①國		捺羅俱跋羅住在迦畢試	那吒矩韈囉住於迦畢試	nalakūvala kamiśī
羅設羅夜叉住②波羅多國		波囉設囉神住波羅瓶國	鉢囉設囉神鉢羅多國住	pārāśara pārata
傷柯羅夜叉住莎何婆③他那國		商羯羅藥叉住在鑠迦處	商羯羅藥叉住在爍迦處	śaṁkara śakas hīna
毘摩質多羅夜叉住波羅婆國		鞞摩質怛羅跋臘鞞國住	毘摩質多羅莫里迦城住	vemacitra vāhlīka
氷伽羅夜叉住雩多柯國		羯羅羅藥叉住在烏長國	氷羯羅藥叉羯得迦國住	piṅgala ketaka

① 尸,宋、元、明本作"尼"。

② 住,據元、明本及唐同經異譯本補。

③ 何婆,宋本作"柯",元、明本作"柯娑"。

續　表

《孔雀王咒經》	梁言	《佛説大孔雀咒王經》	《佛母大孔雀明王經》	梵　音
介那木①珂夜叉住分那跋他那國	滿面	滿面藥叉神分荼跋達那	滿面藥叉神奔拏韈達那	pūrṇamukha puṇḍavarddhana
哿羅多夜叉住烏纏國			羯囉羅藥叉住在烏長國	karāḍa uḍuyānaka
曼頭陀羅夜叉住高莎羅國		瓮腹藥叉神孤訶羅國住	甕腹藥叉神憍薩羅國住	kumbhodana kośala
摩柯羅墮闍夜叉住摩婁國	鰭魚	摩竭旃藥叉住居沙磧處	摩竭幢大神住居沙磧處	makaradhvaja maru
質多羅仙那夜叉住僕柯那國	種種軍	質怛羅西那住僕迦那國	質怛羅細那僕迦那國住	citrasena vokkāṇa
羅婆那夜叉住羅摩他國	碧色	曷羅伐那神住在曷末梯	囉嚩拏藥叉羅摩陀國住	rāvaṇa ramatha
氷加羅夜叉住婆羅死耶國		黄赤色藥叉住曷羅豉國	赤黄色藥叉羅尸那國住	piṅgala rāsīna
波里耶持里舍那夜叉住畢底耶國	樂②見	樂見藥叉神住在鉢尼耶	樂見藥叉神鉢尼耶國住	pyīya arśana patnīya
金毘羅夜叉億萬夜叉圍遶住王舍城		金毘羅藥叉住在王舍城	金毘囉藥叉住於王舍城	kumbhīra
		常居毘富羅具足大神力	常居毘富羅有大軍大力	vipūla
		萬億藥叉神而為其眷屬	萬俱胝藥叉而為其眷屬	koṭī

① 介那木，宋、元、明本作“分那木”。

② 樂，宋本作“孚”，元、明本作“愛”。

續 表

《孔雀王咒經》	梁言	《佛説大孔雀咒王經》	《佛母大孔雀明王經》	梵 音
瞿波羅夜叉住阿喜掣多羅國		瞿波羅藥叉住在蛇蓋國	瞿波羅藥叉住在蛇蓋國	gopāla ahicchatra
阿多介①夜叉住阿底柯不羅國		頞樂迦藥叉住頞樂迦城	頞洛迦藥叉頞洛迦城住	alaka alakāpura
難提夜叉住難提國	歡喜	難提藥叉神住在難提國	難提藥叉神住在難提國	nandī nandinagara
婆利夜叉住伽藍瞿沙國		跋里悉體多住在村聲國	末里大天神住居村巷處	vali ghārāghosa
毘沙門夜叉一億夜叉軍以自圍遶,住提婆婆多羅那國,常在阿多盤多城,此諸神通軍主大力夜叉,常能降伏怨敵無能勝者,大有稱譽,常與諸天及阿修羅共戰		毘沙門藥叉從天下處住河宅畔多城億神為眷屬,如是等藥叉有大軍大力降伏他怨敵,無有能勝者,神通光明具名稱滿,諸方天及阿蘇羅戰時相助力	毘沙門居住,佛下寶階處,遏拏挽多城,億眾神圍繞,如是等藥叉,有大軍大力,降伏他怨敵,無有能勝者,名稱滿諸方,具足大威德天與阿修羅,戰時相助力	vaiśravana aḍakavatī

① 介,宋、元、明本作“个”。

附録五：《孔雀王咒經》三種譯本星宿詞釋證*

一、“二十八星宿”三種譯本對比

今檢諸藏經，《孔雀王咒經》現存有六種譯本，為梁僧伽婆羅譯《孔雀王咒經》、唐不空譯《佛母大孔雀明王經》、唐義淨譯《佛説大孔雀咒王經》、失譯人名今附秦録《大金色孔雀王咒經》、失譯人名今附秦録①《佛説大金色孔雀王咒經》、姚秦鳩摩羅什譯《孔雀王咒經》。其中，僧伽婆羅譯《孔雀王咒經》《佛説大孔雀咒王經》和《佛母大孔雀明王經》三種譯本為同經異譯，該三種譯本都有關於二十八星宿的內容，而另外三本無此內容。在二十八星宿的描述上，梁僧伽婆羅全採用音譯形式，唐義淨採用音譯和六個半音半意形式，而唐不空全採用意譯形式，用傳統漢文化中的二十八星宿詞對譯印度的二十八星宿。下面我們逐録三種譯本中有關二十八星宿的音譯或意譯文字如下：

《孔雀王咒經》卷 2 (T19/457b)	《佛説大孔雀咒王經》卷 3 (T19/473c－474b)	《佛母大孔雀明王經》卷 3 (T19/436c－437a)
阿難！汝當取諸星神名常行虛空，其名如是：	阿難陀！汝當識持有星辰天神名號，彼諸星宿有大威力。常行虛空現吉凶相，若識知者離諸憂患，亦當隨時以妙香華而為供養。其名曰：	阿難陀！汝當稱念，諸星宿天名號。彼星宿天，有大威力，常行虛空，現吉凶相。其名曰：

---

* 本文亦為作者主持的 2017 年江蘇省社科基金重點項目：佛教類書與所出原經平行對應語料庫建設與研究（編號 17YYA003）成果之一。論文初稿與我的研究生項目組成員之一殷旭東同學合作完成。這裏收入附録作了部分修改。

① 失譯人名今附秦録，宋本作“失譯”，元、明本作“東晉西域沙門帛尸梨密多羅重譯”。

續 表

《孔雀王咒經》卷 2 (T19/457b)	《佛説大孔雀咒王經》卷 3 (T19/473c－474b)	《佛母大孔雀明王經》卷 3 (T19/436c－437a)
基栗底柯、虜喜尼、摩①梨伽尸羅、阿陀羅、不奈那婆修、弗沙、阿沙離沙,此七星常於東門守護東方。亦以此大孔雀王咒,願守護我令壽百歲。	訖嘌底迦、户嚧呬儞、篾嘌伽尸囉、頞達囉、補捺伐蘇、布灑、阿失麗灑,此七星神住於東門守護東方彼亦以此大孔雀咒王,常擁護我某甲并諸眷屬,壽命百年離諸憂惱。	昴星及畢星,觜星参及井,鬼宿能吉祥,柳星為第七。此等七宿,住於東門,守護東方。彼亦以此佛母大孔雀明王,常護②我(某甲),并諸眷屬,壽命百年,離諸憂惱。
訶可、雨③頗求尼、訶莎多、質多羅、莎底、毘釋珂,此七星常於南門守護南方。亦以此大孔雀王咒,願守護我令壽百歲。	莫伽、前發魯窶拏、後發魯窶拏、訶悉頻、質多羅④、娑嚩⑤底、毘釋珂⑥,此七星神住於南門守護南方。彼亦以此大孔雀咒王,常擁護我某甲并諸眷屬,壽命百年離諸憂惱。	星宿能摧怨,張翼亦如是,軫星及角亢,氐星居第七。此等七宿,住於南門,守護南方。彼亦以此佛母大孔雀明王,常擁護我(某甲),并諸眷屬,壽命百年,離諸憂惱。
阿兔羅他、拆沙他、牟藍、弗婆莎他⑦、欝多羅莎他、阿毘止、沙羅波那,此七星常於西門守護西方。亦以此大孔雀王咒,願守護我令壽百歲。	阿奴囉挓、豉瑟侘、暮攞、前阿沙茶、後阿沙茶、阿苾哩社、室囉末拏,此七星神住於西門守護西方。彼亦以此大孔雀咒王,常擁護我某甲并諸眷屬,壽命百年離諸憂惱。	房宿大威德,心尾亦復然,箕星及斗牛,女星為第七。此等七宿,住於西門,守護西方。彼亦以此佛母大孔雀明王,常擁護我(某甲),并諸眷屬,壽命百年,離諸憂惱。

① 摩,宋、元、明本作"麼"。按:記音字。
② 護,宋、元、明、甲、乙本作"擁護"。
③ 雨,宋、元、明本作"兩"。按:作"兩"為是。形訛字。
④ 多羅,宋、元、明本作"怛囉"。按:記音字。
⑤ 娑嚩,宋、元、明本作"莎"。
⑥ 釋珂,宋本作"舍住";元、明本作"舍佉"。按:"舍佉"為記音字,"住"為"佉"之形訛。
⑦ 莎他,宋、元、明本作"沙陀"。按:記音字。下同。

續　表

《孔雀王咒經》卷 2 (T19/457b)	《佛説大孔雀咒王經》卷 3 (T19/473c－474b)	《佛母大孔雀明王經》卷 3 (T19/436c－437a)
阿荼①他、捨多毘沙、弗婆跋陀羅、欝多羅跋陀羅、離婆底、阿離尼、婆羅尼，此七星常於北門守護北方。亦以此大孔雀王咒，願守護我令壽百歲。	但儞瑟侘、設多婢灑、前跋達羅鉢地②、後跋達羅鉢柁、頡婁離伐底、阿説儞、跋嚩③儞，此七星神住於北門守護北方。彼亦以此大孔雀咒王，常擁護我某甲并諸眷屬，壽命百年離諸憂惱。	虚星與危星，室星辟④星等，奎星及婁星，胃星最居後。此等七宿，住於北門，守護北方。彼亦以此佛母大孔雀明王，常擁護我(某甲)，并諸眷屬，壽命百年，離諸憂惱。
	阿難陀！汝當憶識有九種執持天神名號。此諸天神於二十八宿巡行之時。能令晝夜時有增減。亦令世間豐儉苦樂預表其相。其名曰：阿姪底蘇摩、苾栗訶、颯鉢底、束羯攞、珊尼折攞、鴦迦⑤迦、部陀、揭⑥邏虎、雞覩，此九執持天神有大威力，彼亦以此大孔雀咒王，常擁護我某甲并諸眷屬壽命百年。	阿難陀！汝當稱念，有九種執曜名號。此執曜天巡行二十八宿之時，能令晝夜時分增減，世間所有豐儉苦樂，皆先表其相，其名曰：日月及熒惑，辰歲并大白⑦，鎮及羅睺彗，此皆名執曜。此等九曜，有大威力，能示吉凶。彼亦以此佛母大孔雀明王，常擁護我(某甲)，并諸眷屬，壽命百年，離諸憂惱⑧。

① 阿荼，宋、元、明本作“陀荼”。按：“阿荼他”對應梵音為“dhaniṣṭhā”，唐義淨譯《佛説大孔雀咒王經》卷 3 作“但儞瑟侘”，可知，作“陀荼”為是。“阿”為“陀”字形訛。

② 地，宋、元、明本作“柁”。按：記音字。

③ 嚩，宋、元、明本作“喇”。按：記音字。

④ 辟，明、乙本作“壁”。

⑤ 迦，宋、元、明本作“伽”。按：記音字。

⑥ 揭，宋、元、明本作“曷”。按：記音字。

⑦ 大白，宋、元、明、甲、乙本作“太白”。

⑧ 離諸憂惱，宋、元、明、甲、乙本無。

續　表

《孔雀王咒經》卷 2 (T19/457b)	《佛説大孔雀咒王經》卷 3 (T19/473c－474b)	《佛母大孔雀明王經》卷 3 (T19/436c－437a)
二十八星方方有七,如是七星及日月出没增減,常行於世間有大光明神通。我以至心願亦隨喜,此大孔雀王咒,願守護我令壽百歲。	星有二十八,七各居四方。執星復有七,加日月成九。總有三十七,勇猛大威神。出没照世間,示其善惡相。與世為增減,有勢大光明。各以清淨心,於此咒隨喜。此等星宿皆亦以此大孔雀咒王,常擁護我某甲并諸眷屬壽命百年。	復以伽陀讚諸星宿: 宿有二十八,四方各居七,執曜復有七,加日月為九,總成三十七,勇猛大威神,出没照世間,示其善惡相,令晝夜增減,有勢大光明;皆以清淨心,於此明隨喜。此等星宿天,皆亦以此佛母大孔雀明王,常擁護我(某甲),并諸眷屬,壽命百年。

通過上述同經異譯三種譯本文本對比,我們對 28 星宿詞梵漢對音表整理如下:

《孔雀王咒經》三種譯本星宿詞梵漢對音表

孔雀王咒經	大孔雀咒王經	大孔雀明王經	梵　音	方位
基栗底柯	訖嘌底迦	昴	kṛttikā	東方
虜喜尼	户嚧呬儞	畢	rohiṇī	
摩梨伽尸羅	篾嘌伽尸囉	觜	mṛgaśirā	
阿陀羅	頞達囉	参	ārdrā	
不奈那婆修	補捺伐蘇	井	punarvasu	
弗沙	布灑	鬼	puṣya	
阿沙離沙	阿失麗灑	柳	aśleṣā	

續　表

孔雀王咒經	大孔雀咒王經	大孔雀明王經	梵　音	方位
訶可	莫伽	星	maghā	
兩頗求尼	前發魯窶拏	張	pūrvaphalgunī	
	後發魯窶拏	翼	uttaraphalgunī	
訶莎多	訶悉須	軫	hastā	南方
質多羅	質多羅	角	citrā	
莎底	娑囀底	亢	svātī	
毘釋珂	毘釋珂	氐	viśākhā	
阿㝹羅他	阿奴囉拕	房	anurādhā	
折沙他	豉瑟侘	心	jyeṣṭhā	
牟藍	暮攞	尾	mūla	
弗婆莎他	前阿沙荼	箕	pūrvāṣāḍhā	西方
欝多羅莎他	後阿沙荼	斗	uttarāṣāḍhā	
阿毘止	阿苾哩社	女	abhijit	
沙羅波那	室囉末拏	牛	śravaṇā	
陀荼他	但儞瑟侘	危	dhaniṣṭhā	
捨多毘沙	設多婢灑	虚	śatabhiṣā	
弗婆跋陀羅	前跋達羅鉢地	室	pūrvabhādrapadā	
欝多羅跋陀羅	後跋達羅鉢柁	壁	uttarabhādrapadā	北方
離婆底	頡婁離伐底	奎	revatī	
阿離尼	阿說儞	婁	aśvinī	
婆羅尼	跋嚩儞	胃	bharaṇī	

二、三種譯本"二十八星宿"釋證

三種譯本"星宿"詞的對比研究,不僅有助於我們分析漢語借詞的構成特點,即音譯用字、語音結構、語義内涵、音譯意譯等特點,對佛教文化思想及中印文化交流史也具有重要的參考價值。這裏我們利用梵漢對音、詞形系聯、版本異文、構詞分析等方法對二十八星宿逐一進行釋證。

【基栗底柯】【訖嘌底迦】【昴】

按:"昴",梵音"kṛttikā"。《孔雀王咒經》音譯作"基栗底柯";《佛説大孔雀咒王經》音譯作"訖嘌底迦";《佛母大孔雀明王經》意譯作"昴"。"栗""粟"形近,"柯""抲"形近,故"基栗底柯"又作"基粟底抲"。宋惟顯編《律宗新學名句》卷3:"東方七星:一基粟底抲。"(X59/697c)"訖嘌底迦"在《佛母大孔雀明王經》中出現了兩次。《佛母大孔雀明王經》卷2:"若復有人,造諸蠱魅、厭禱咒術,作諸惡法,所謂:訖嘌[①]底迦,羯麼拏,迦具嘌那,枳囉拏,吠跢拏,賀嚩娜多,嗢度跢多,飲他血髓,變人驅役。"(T19/427c)其卷3内容相近。"訖嘌底迦",其卷1又音譯作"訖哩底迦"(T19/416b)。"訖哩底迦"亦可作昴宿的音譯,宋天息災譯《大方廣菩薩藏文殊師利根本儀軌經》卷3"訖哩底迦星"(T20/846b)。此處"訖哩底迦/訖哩底迦"的梵音標注為"kṛtyā","kṛtyā"為"起屍鬼"的别稱,佛經中又有"吉蔗""吉遮""訖栗著""吉栗遮""藹吉""藹吉支"等音譯形式。《玄應音義》卷6:"吉遮,止奢反。正言訖栗著,譯云所作。"(C56/917a)又卷54:"藹吉,烏蓋反。梵言藹吉支。此云起尸鬼也。"(T54/668b)宋法雲編《翻譯名義集》卷2:"吉蔗,或名吉遮,正言訖栗著。此云'所作'。《文句》云:'起尸鬼。若人若夜叉俱有此鬼。'"(T54/1087b)《翻梵語》卷7:"吉蔗,應云吉栗蔗,譯曰事也。"(T54/1029c)起屍鬼能附在死屍上去殺人,"所作""事"是"kṛtyā"的詞義,其構詞有"buddha-kṛtyānuṣṭhāna 佛所作事""kṛtya-upāya 所作方

① 嘌,明本作"嘌(二合)"。

便”“kṛtya-anusthāna-jñāna 作事智”“kṛtya-kara 作所作，所作，承事”，等等。故《佛説大孔雀咒王經》和《佛母大孔雀明王經》中的“訖嘌底迦／訖哩底迦”為名同實異的兩個佛教詞語，一為“昴”的音譯，一為“起屍鬼”的音譯。

昴宿可代指八月，故又有“迦賴底迦”“歌栗底迦”“迦栗底迦”“迦哩底迦”“迦利邸迦”“迦提”“加提”“羯底迦”“迦剌底迦”“羯栗底”“羯栗底迦”“羯提”等多個音譯形式。唐澄觀述《大方廣佛華嚴經隨疏演義鈔》卷 41：“秋三月謂：頞濕縛庾闍月，迦賴底迦月，末伽始羅月，當此七月十六日至十月十五日。”(T36／316b)唐義淨撰《南海寄歸内法傳》卷 2：“從八月半已後名歌栗底迦月，江南迦提設會，正是前夏了時。八月十六日即是張羯絺那衣日，斯其古法。”(T54／217a－b)唐法寶撰《俱舍論疏》卷 1：“以迦栗底迦是八月卯星之名。”(T41／453b)宋施護譯《十二緣生祥瑞經》卷 1“迦哩底(二合)迦(八)麼洗(月)”(T16／845c)。“二合”為梵文複輔音的夾註。《慧琳音義》卷 11：“迦利邸迦月，薑伽反，梵説也，唐言昴星。每年九月十五日月臨昴宿，故取此星為九月名。古名迦提，訛略不正也。經引秋月圓滿光明澄淨以喻真言妙淨也。”(T54／374b)又卷 18：“昴星，茅飽反。……梵云羯底迦。九月十五日月臨此宿，故從八月十六日已後至九月十五日，此一月名加提月。加提者，古梵語訛略也。今《四分》《五分》諸部律文以此國七月十六日已後為加提，錯校一月，太早譯律者誤傳習者，錯以安居，太疾故也。”(T54／422a)後晉可洪撰《新集藏經音義隨函録》卷 26：“迦剌底迦，剌，來達反。《孔雀王經》作‘訖①嘌底迦’，《大毗婆沙論》作‘羯栗底’，唐言昴②宿。”(K35／527a)又卷 22：“羯提月，上居謁反，中丁兮反。《大毗婆沙》及《西域記》作‘羯栗底迦’，此云夘宿。《西域記》云：當此八月十六日至九月十五日為迦剌底迦月。此經云七月十六日至八月十五日是八月名，不委何正也。”(K35／354a)按“迦提”“加提”“羯栗底”

① 訖，高麗藏作“訖”，“訖”，訖之俗寫。

② 昴，高麗藏作“昴”，“昴”，昴之俗寫。

“羯提”為節譯,省譯了音節“kā”;“羯栗底迦”“迦剌底迦”“迦栗底迦”“迦利邸迦”“迦賴底迦”“歌栗底迦”“迦哩底迦”“羯底迦”為全譯,其中“羯底迦”和“迦提”等都是單字對譯複輔音音節“tti”。此十二個音譯詞為梵音“kārttika/kārttikā”的音譯形式,“ār”為“ṛ”的音變,“kṛttikā”和“kārttikā”應為同源詞。“kārttikā”的詞義為“八月”,因八月臨近昴宿,故其音譯可指代“昴”,慧琳以九月代指“昴”,誤。“迦提”又翻“功德”,“迦提月”穿“功德衣”,故“迦絺那”“羯”“羯祉那”“羯絺那”亦可代指“昴”。宋希麟集《續一切經音義》卷9:“羯恥那,或云迦絺那。舊云加提,皆梵聲訛轉也。此云功德衣,即自恣竟所受衣也。”(T54/975b)唐遁倫集撰《瑜伽論記》卷24:“羯祉那衣者,舊云迦絺那衣,此云功德衣也。”(T42/865b)明元賢述《律學發軔》卷3:“迦絺那衣,此云功德衣,亦云慶賞衣。謂前安居人坐夏已滿,功德勝故以此慶賞之,乃七月十六日受也,後安居人,不得。又云迦提者,此云昴星,以昴星值此月,以此月得衣故名迦提也。受此衣時有五利:謂得畜長財、離衣宿、受別請、別眾食、食前食後至他家也。”(X60/569c)明弘贊輯《四分律名義標釋》卷25:“八月十六日,即是張羯絺那衣日。”(X44/597a)“昴”還可音譯作“吉利帝”,東晉佛陀跋陀羅、法顯共譯《摩訶僧祇律》卷34:“東方有七星,常護世間令得如願:一名吉利帝。”(T22/500c)“吉利帝”也省譯了“kā”音節。

清通理述《楞嚴經指掌疏》卷7:“二十八大惡星者,統約四方論之。佛經世典,大同小異。大同者,名數皆同。小異者,位置交錯。如東方七星,依《孔雀》謂昴畢觜參井鬼柳,而世典則角亢氐房心尾箕也。”(X16/232b)其實對於二十八星宿,佛經世典不僅名數相同,位置也是相同的。印度位於中國的西南方,其東方的第一星宿——“昴”,與中國對應的方位大致在西方,中國的昴宿在西方白虎七宿的第四宿,所以位置上是相近的,以下的二十七星宿亦是如此。通過比較中印兩國的天文星宿,不空認識到中印兩國因地域不同,所觀察到的星宿方位不同,他利用梵文詞義準確對譯了二十八宿,契合了兩國的天文觀,溝通了兩國的文化。

准此,“基栗底柯”“基粟底抲”“訖嘌底迦”“訖哩底迦”“迦頼底迦”“歌栗底迦”“迦栗底迦”“迦哩底迦”“迦利邸迦”“迦提”“加提”“羯底迦”“迦剌底迦”“羯栗底”“羯栗底迦”“羯提”“迦絺那”“羯恥那”“羯祉那”“羯絺那”“吉利帝”等皆為“昴”的音譯。

【虜喜尼】【户嚧呬儞】【畢】

按:“畢”,梵音“rohiṇī”。《孔雀王咒經》音譯作“虜喜尼”;《佛説大孔雀咒王經》音譯作“户嚧呬儞”;《佛母大孔雀明王經》意譯作“畢”。僧伽婆羅用“虜”對譯“ro”音節,而義淨這裏用了增字的譯音方法,用“户嚧”兩字對譯“ro”音節,漢語没有顫舌音,所以使用增字的輔助手段來準確翻譯帶“r”的梵文音節,這些增字多為喉部匣紐字,因其發音部位與“r”相近。户,《廣韻·姥韻》“侯古切”,匣母姥韻上聲,“户”起提示輔音“r”的發音作用。“嚧”加口旁也是義淨及唐代譯經師常用的譯音方法。《佛説大孔雀咒王經》卷 1:“此一部經須知大例:若是尋常字體傍加口者,即須彈舌道之,但為此方無字故借音耳。”(T19/459b)“畢”還可音譯作“路呵尼”和“嚕醯抳”,東晉佛陀跋陀羅、法顯共譯《摩訶僧祇律》卷 34“二名路呵尼”(T22/500c)。宋天息災譯《大方廣菩薩藏文殊師利根本儀軌經》卷 3“嚕醯抳星”(T20/846b)。

准此,“虜喜尼”“户嚧呬儞”“路呵尼”“嚕醯抳”等為畢宿的音譯。

【摩梨伽尸羅】【篾嘌伽尸囉】【觜】

按:“觜”,梵音“mṛgaśirā”。《孔雀王咒經》音譯作“摩梨伽尸羅”,《大正藏》校勘記云:“摩”,宋、元、明本作“麋”;《佛説大孔雀咒王經》音譯作“篾嘌伽尸囉”;《佛母大孔雀明王經》意譯作“觜”。“摩梨伽尸羅”在佛經中多作“麋梨伽尸羅”,唐道宣撰《關中創立戒壇圖經》卷 1“二麋梨伽尸羅”(T45/810a)。“尸”訛為“尼”,又作“麋梨伽尼羅”,宋惟顯編《律宗新學名句》卷 3“三麋梨伽尼羅”(X59/697c)。“麋梨伽尸羅”又作“糜梨伽尸羅”,省譯作“糜梨伽”。後晉可洪撰《新集藏經音義隨函録》卷 7:“糜梨伽,上美悲反,下巨迦反,梵云糜梨伽尸羅,此言觜宿。”(K34/877c)“竹”部和“艸”部常互訛,故“篾嘌伽尸囉”又作“蔑嘌伽尸囉”。觜宿又可音譯作“没哩摩尸囉”。宋天息災譯《大方廣菩薩藏文殊師利根本儀軌經》卷3“没哩摩尸囉星”(T20/846b)。《摩訶僧祇律》把東方第三星音譯作“僧陀那”，語音不明。

觜宿又音譯作“末伽始羅”，省音訛為“末伽羅”和“伽始囉”。後晉可洪撰《新集藏經音義隨函録》卷26：“末伽羅，伽羅中間少始字也。《孔雀王經》作‘蔑嘌伽尸囉’，《大毗婆沙論》作‘末伽始羅’，唐言觜宿也。”(K35/527a)唐神清撰、慧寶注《北山録》卷1：“九月，伽始囉。”(T52/579b)“始”訛為“姑”，又作“末伽姑羅”。唐定賓作《四分律疏飾宗義記》卷6：“末伽姑羅，九月也。”(X42/185a)“末伽始羅”，梵音為“mārgaśiras”。詞根“mārga”有“位、勝道、地、導、徑、末伽、正道、求、聖道、行路、路、進道、道、道理、道聖諦、道詛、道諦、道路”等義；詞根“mṛga”為“獸、蜜利伽羅、鹿”等義，兩個詞根語義不同。但與詞根“śiras”組合時都有“九月、孟冬”義。“mārga-śīrṣa”為“九月、孟冬”義，“mṛga-śīrṣa”為“孟冬”義。“ār”為元音“ṛ”的音變，在“九月”義上，“mārga-śīrṣa”和“mṛga-śīrṣa”的語源相同。九月臨近觜宿，故其音譯可指代“觜”。後晉可洪撰《新集藏經音義隨函録》卷19：“末伽始羅月，此是東方星名，唐言觜宿。《西域記》云：當此九月十六日至十月十五日為末伽始羅月。此方曆筭，即是四月，十二宫屬夫妻宫。《日藏經》云：三月時，雙鳥神主儅其月。”(K35/245a)九月又音譯作“麼囉①誐始羅”“麼陵誐尸哩沙”等，唐禮言集《梵語雜名》卷1：“九月，麼囉誐始羅。”(T54/1233c)宋施護譯《十二緣生祥瑞經》卷1“麼(引)陵誐(二合)尸②哩沙(二合)(九)麼洗(月)”(T16/845c)。“引”為梵文長元音的夾註。

准此，“摩梨伽尸羅”“篾嘌伽尸囉”“麋梨伽尼羅”“麋梨伽尸羅”“蔑嘌伽尸囉”“糜梨伽尸羅”“糜梨伽”“没哩摩尸囉”“末伽始羅”“末伽羅”“伽始囉”“末伽姑羅”“麼囉誐始羅”“麼陵誐尸哩沙”等為觜宿的音譯。

---

① 囉，甲本作“羅”。
② 尸，明本作“户”。

【阿陀羅】【頞達囉】【参】

按:"参",梵音"ārdrā"。《孔雀王咒經》音譯作"阿陀羅";《佛説大孔雀咒王經》音譯作"頞達囉";《佛母大孔雀明王經》意譯作"参"。梵文音節"ā",僧伽婆羅譯作"阿",義淨譯作"頞",義淨嚴格區分元音"a"和"ā"的長短發音,而僧伽婆羅統一譯作"阿"。柳宿"aśleṣā",義淨譯作"阿失麗灑",僧伽婆羅譯作"阿沙離沙";女宿"abhijit",義淨譯作"阿毘止",僧伽婆羅譯作"阿苾哩社";婁宿"aśvinī",義淨譯作"阿離尼",僧伽婆羅譯作"阿説儞"。可見義淨的譯音更為精准。佛經多音譯作"阿陀羅",唐道宣撰《關中創立戒壇圖經》卷1"阿陀羅四"(T45/810a),宋惟顯編《律宗新學名句》卷3"四阿陀羅"(X59/697c)。另参宿還可音譯作"阿囉捺囉",宋天息災譯《大方廣菩薩藏文殊師利根本儀軌經》卷3"阿囉捺囉星"(T20/846b)。《摩訶僧祇律》把東方第四星音譯作"分婆唻",語音不明。

准此,"阿陀羅""頞達囉""阿囉捺囉"為参宿的音譯。

【不奈那婆修】【補捺伐蘇】【井】

按:"井",梵音"punarvasu"。《孔雀王咒經》音譯作"不奈那婆修";《佛説大孔雀咒王經》音譯作"補捺伐蘇";《佛母大孔雀明王經》意譯作"井"。對於"井"的音譯,梁僧伽婆羅用了五個譯字,唐義淨用了四個譯字,究其原因,兩位譯者在複輔音"rva"上採用了不同的譯法。僧伽婆羅用兩個漢字對譯,把"rva"拆為"ra"和"va"兩個音節進行對譯,即譯詞中的"那婆"二字。而義淨把"rva"音節中的"r"併入上個音節"na",即"捺"對譯"nar","伐"對譯"va"。對複輔音的不同譯法,是造成《孔雀王咒經》三種譯本中音譯名物詞和術語詞詞長不一的主要原因。

譯經師採用和"不奈那婆修"相同的譯法,"不奈那婆修"又作"不捺那婆脩""不奈那波脩""布曩哩嚩蘇"。唐道宣撰《關中創立戒壇圖經》卷1"不捺那婆脩五"(T45/810a)。宋惟顯編《律宗新學名句》卷3"五不奈那波脩"(X59/697c)。宋天息災譯《大方廣菩薩藏文殊師利根本儀軌經》卷3"布曩哩嚩蘇星"(T20/846b)。若採用和"補捺伐蘇"

相同的譯法,“補捺伐蘇”又可作“富那婆蘇”“富那婆娑”“分那婆素”“布那婆蘇”等。唐波羅頗蜜多羅譯《寶星陀羅尼經》卷 4:“富那婆蘇(唐言井宿)星生者,於左脇下當有黑疵,財穀具足而少智慧。”(T13/555c)姚秦佛陀耶舍、竺佛念等共譯《四分律》卷 44:“時鞞離那國,有二舊住比丘:一名阿濕卑,二名富那婆娑。”(T22/890b)明弘贊輯《四分律名義標釋》卷 8:“富那婆娑,此云滿宿,或翻井宿。”(X44/462b)隋闍那崛多譯《佛本行集經》卷 60:“爾時,復有長老分那婆素(隋言井宿)。”(T3/932a)唐菩提流志譯《大寶積經》卷 2:“布那婆蘇比丘(唐言柳宿)”(T11/11b)據梵音,“布那婆蘇”應為井宿的音譯。《摩訶僧祇律》把東方第五星宿音譯作“弗施”,疑為鬼宿音譯;把東方第六星宿音譯作“婆羅那”,語音不明。

准此,“不奈那婆修”“不奈那波脩”“不捺那婆脩”“布曩哩嚩蘇”“補捺伐蘇”“富那婆蘇”“富那婆娑”“分那婆素”“布那婆蘇”等為井宿的音譯。

【弗沙】【布灑】【鬼】

按:“鬼”,梵音“puṣya”。《孔雀王咒經》音譯作“弗沙”;《佛説大孔雀咒王經》音譯作“布灑”;《佛母大孔雀明王經》意譯作“鬼”。佛經中鬼宿又音譯作“富沙”“補沙”“勃沙”“佛沙”“沸沙”“布沙也”等。唐波羅頗蜜多羅譯《寶星陀羅尼經》卷 4:“富沙(唐言①鬼宿)星生②,有最上相手中輪相猶如日輪,上妙端正髮相右旋,一切依住上身圓滿,能破煩惱為大導師。”(T13/555c)唐阿質達霰譯《大威力烏樞瑟摩明王經》卷 2:“復次補沙宿直日(唐③云鬼宿)飲食香花供養。”(T21/148c)宋法雲編《翻譯名義集》卷 1:“弗沙,正名富沙。《清涼》云:亦云勃沙,此云增盛,明達勝義故也。亦④底沙,亦云提舍,此翻明。又云説度,説法度人也。《什師解》‘弗沙菩薩’云:二十八宿中鬼星名也,生時相應鬼宿,因

① 唐言,明本作“此言”。
② 生,明本作“生者”。
③ 唐,明、甲本作“此”。
④ 亦,明本作“亦云”。

以為名,或名沸星,或名孛星。"(T54/1058b)後晉可洪撰《新集藏經音義隨函録》卷5:"佛宿,上亦作佛,同音拂。《大莊嚴經》作'佛沙',亦云富沙,星也,唐言鬼宿。或作沸,方物反。"(K34/779c)《翻梵語》卷4:"沸沙密多羅王,譯曰:沸沙者,星;密多羅者,友。"(T54/1009b)宋天息災譯《大方廣菩薩藏文殊師利根本儀軌經》卷3"布沙也星"(T20/846b)。音譯"布沙也"用了雙字對譯複輔音"ṣya"的方法。還可音譯作"弗施",東晉佛陀跋陀羅、法顯共譯《摩訶僧祇律》卷34"五名弗施"(T22/500c-501a)。施,上古書母歌部,又余母歌部;沙,上古生母歌部,"施""沙"語音相近,故"弗施"亦可作鬼宿的音譯。

佛經音譯詞"底沙"亦標明"唐言鬼宿"。《慧琳音義》卷18:"底沙,丁以反。或云補沙,唐云鬼宿。即其人是此宿直日生,西方以二十八宿記日,但以月所臨宿因以為名,舊經云蛭數者是也。"(T54/419c)據可洪音義,又有"亟舍""坘舍""堤舍""底舍""揥沙""鞮舍""啞師""底輪"等多個音譯形式。這些音譯詞的上字大都是舌音字,而"沙"等音譯詞的上字為唇音字,語音上較難聯繫。又"底沙"的梵文為"tiṣya",與"puṣya"並非一詞。後晉可洪撰《新集藏經音義隨函録》卷2:"亟舍,上丁兮反,正作互。《寶積經》作'迦盧底輸',唐言鬼宿,比丘名也。"(K34/687b)可洪音義對於鬼宿的注釋來源於《大寶積經》。唐菩提流志譯《大寶積經》卷2"迦盧底輸比丘(唐言器鬼宿)"(T11/11b)。可洪引《大寶積經》時省略了"器"字,亦或認為"迦盧"翻為"器","底輸"翻為"鬼宿"。器鬼宿與鬼宿並非同指,然佛經注疏和《佛學大辭典》等辭書都把"底沙"等詞歸為鬼宿,梵文"tiṣya"的"鬼宿"義還有待日後進一步深入探討。

鬼宿可代指十月,故又可音譯作"報沙""布史""寶沙"等。《阿毘達磨大毘婆沙論》卷136:"晝十四至報沙月白半第八日,夜有十七晝十三。"(T27/701c)後晉可洪撰《新集藏經音義隨函録》卷19:"報沙月,此是東方星名,唐言鬼宿,言鬼宿。《西域記》云:當此十月十六日至十一月十五日為報沙月。此方曆筭,即是五月,十二宮屬蟹宮。《日藏經》云:四月時,蟹神主當其月。"(K35/245a)唐禮言集《梵語雜名》卷

1:“十月,布史(引)。”(T54/1233c)《十二緣生祥瑞經》卷1“寶沙(十)麼洗(月)”(T16/845a)。“十月”的梵文為“pauṣa”,“au”是“u”的音變,在“十月”和“鬼宿”義上,“puṣya”和“pauṣa”為同源詞。

准此,“弗沙”“布灑”“富沙”“補沙”“勃沙”“佛沙”“沸沙”“布沙也”“弗施”“報沙”“布史”“寶沙”等為鬼宿的音譯。

【阿沙離沙】【阿失麗灑】【柳】

按:“柳”,梵音“aśleṣā”。《孔雀王咒經》音譯作“阿沙離沙”;《佛説大孔雀咒王經》音譯作“阿失麗灑”;《佛母大孔雀明王經》意譯作“柳”。“阿沙離沙”又作“阿沙離波”,“波”為“沙”之訛。宋惟顯編《律宗新學名句》卷3“七阿沙離波”(X59/697c)。“阿失麗灑”又作“阿失麗沙”。唐波羅頗蜜多羅譯《寶星陀羅尼經》卷4:“阿失麗沙(唐言柳宿①)星生者,胸有黑疵,好鬪犯戒難,與共住性多婬欲。”(T13/555c)柳宿還音譯作“阿失哩沙”“阿舍利”。宋天息災譯《大方廣菩薩藏文殊師利根本儀軌經》卷3“阿失哩沙星”(T20/846b)。東晉佛陀跋陀羅、法顯共譯《摩訶僧祇律》卷34“七名阿舍利”(T22/501a)。“阿舍利”省譯了“ṣā”音節。

准此,“阿沙離沙”“阿失麗灑”“阿沙離波”“阿失麗沙”“阿失哩沙”“阿舍利”等為柳宿的音譯。

【訶可】【莫伽】【星】

按:“星”,梵音“maghā”。《孔雀王咒經》音譯作“訶可”;《佛説大孔雀咒王經》音譯作“莫伽”;《佛母大孔雀明王經》意譯作“星”。“訶”訛為“柯”,又作“柯可”。宋惟顯編《律宗新學名句》卷3:“南方七星:一、柯可。”(X59/697c)星宿又叫“七星”,其音譯又作“摩伽”“麼伽”。後晉可洪撰《新集藏經音義隨函録》卷7:“莫伽,巨迦反。此云七星。”(K34/875c)東晉佛陀跋陀羅、法顯共譯《摩訶僧祇律》卷34:“南方有七星,常護世間:一名摩伽。”(T22/501a)《翻梵語》卷2:“摩(摩可反)伽,譯者曰星名也。”(T54/996b)宋天息災譯《大方廣菩薩藏文殊師利

① 宿,宋、元、明、宫本作“星”。

根本儀軌經》卷 3“麼伽星”(T20/846b)。訶,上古曉母歌部,中古曉母歌韻平聲;莫,上古明母鐸部,中古明母鐸韻入聲;摩、麼,上古明母歌部,中古明母戈韻平聲。梵文音節“ma”的音譯,譯字“摩/麼”最為精准,義淨的翻譯又比僧伽婆羅準確,義淨用“莫”,或為與下個音節連音,實際對譯音節“magh”,亦或為義淨的譯音時代入聲韻尾已經開始脱落,其實際讀音與“ma”相近。

星宿又可代指十一月,故又有“磨伽”“磨祛”“磨袪”“麼佉”“摩佉”等多個音譯形式。《阿毘達磨大毘婆沙論》卷 136:“至磨伽月白半第八日,夜有十八晝十二。”(T27/701c)唐澄觀述《大方廣佛華嚴經隨疏演義鈔》卷 41:“冬三月謂: 報沙月、磨祛月、頗勒窶拏月。”(T36/316b)後晉可洪撰《新集藏經音義隨函録》卷 26:“磨袪,去魚反,合作伽。《孔雀王經》作‘莫伽’,《大毗婆沙論》作‘磨伽’,唐言七星也。”(K35/527b)《翻梵語》卷 3:“摩佉,譯者曰星名也。”(T54/1003a)宋施護譯《十二緣生祥瑞經》卷 1“麼佉(十一)麼洗(月)”(T16/845a)。佛經中還有“摩伽陀月”一説。唐普光述《俱舍論記》卷 11:“彼論云至摩伽陀月(當此間十一月)白半之日,夜有十八(解云十八牟呼栗多)。”(T41/188a)“摩伽陀”為國名,梵文為“māgadhaka”或“magadha-viṣaya”,故其作為星宿和十一月的音譯不允當。《玄應音義》卷 1:“摩竭提,或云摩竭陁,亦言默偈陁,又作摩伽陁,皆梵音訛轉也。正言摩揭陁,此譯云善勝國,或云无惱害國。一説云摩伽,星名。此言不悪主十二月也。陁者,處也。名為不悪處,國亦名星處國也。揭音渠謁反。”(C56/813c - 814a)“陁”為“陀”之俗體。

准此,“訶可”“莫伽”“柯可”“摩伽”“麼伽”“磨伽”“磨祛”“磨袪”“麼佉”“摩佉”等為星宿的音譯。

【兩頗求尼】【前發魯窶拏】【後發魯窶拏】【張】【翼】

按:“張”,梵音“pūrvaphalgunī”。《孔雀王咒經》譯作“雨頗”,《大正藏》校勘記云:“雨”,宋、元、明本作“兩”;《佛説大孔雀咒王經》半音半意譯作“前發魯窶拏”,《大正藏》校勘記云:“魯”,明本作“嚕”;《佛母大孔雀明王經》意譯作“張”。“翼”,梵音“uttaraphalgunī”。《孔雀王咒經》譯作“求尼”;《佛説大孔雀咒王經》半音半意譯作“後發魯窶拏”,《大正藏》校勘記云:“魯”,明本作“嚕”;《佛母大孔雀明王經》意譯作“翼”。

“雨”,當為“兩”之誤,“雨”“兩”形近而訛。“兩頗求尼”指兩個“頗求尼”,“張”“翼”兩宿,僧伽婆羅都音譯作“頗求尼”,“頗求尼”為“phalgunī”的音譯。東晉佛陀跋陀羅、法顯共譯《摩訶僧祇律》卷 34:“南方有七星,常護世間:一名摩伽,二、三同名頗求尼。”(T22/501a)唐道宣撰《關中創立戒壇圖經》卷 1:“南方七星神名:訶可一、雨頗二、求尼三。”(T45/810a)宋惟顯編《律宗新學名句》卷 3:“南方七星:一柯可、二兩頗、三求尼。”(X59/697c)此處僧伽婆羅的譯文依據的是《摩訶僧祇律》,而道宣和惟顯不明僧伽婆羅的譯文,把音譯詞“頗求尼”割裂開來,使得“雨/兩頗”和“求尼”無論音還是義都與“張”“翼”兩宿的梵文音義相差甚遠。下文箕宿“pūrvāṣāḍhā”的譯文,《孔雀王咒經》音譯作“弗婆莎他”;斗宿“uttarāṣāḍhā”的譯文,《孔雀王咒經》音譯作“欝多羅莎他”;室宿“pūrvabhādrapadā”的譯文,《孔雀王咒經》音譯作“弗婆跋陀羅”;壁宿“uttarabhādrapadā”的譯文,《孔雀王咒經》音譯作“欝多羅跋陀羅”。所以根據箕斗室壁四宿的音譯,張宿的全譯應為“弗婆頗求尼”,翼宿的全譯應為“欝多羅頗求尼”。

“頗求尼”又可作“頗求那”。隋闍那崛多譯《大威德陀羅尼經》卷 6“亦名頗求那(張宿)”(T21/783c)。又作“破群那”。《翻梵語》卷 2:“破群,亦云破群那,亦云頗求那,譯者曰星名也。”(T54/995a)“頚”與“頗”形近,故“頗求尼”又作“頚窶拏”。用單字對譯複輔音“lg”,“頗求尼”“頗求那”“破群那”“頚窶拏”等均為此譯法。若省譯“nī”音節,又有“破群”“破求”兩個譯詞。用雙字對譯複輔音“lg”,“頗求尼”又有“破羅具膩”“頗勒窶那”“頗勒具那”等音譯形式。後晉可洪撰《新集藏經音義隨函録》卷 26:“頚窶拏,上普可反,中其禹反,下女加反,正作頗也。又頗窶中間合有勒字,或無,亦不恠也。《孔雀王經》作‘發[1]魯窶

① 發,高麗藏作“登”,“登”,發之俗寫。

拏’。亦云破羅具膩,亦云頗求那,《寶星經》作‘破求’,《大婆沙》作‘頗勒窶那’,唐言翼宿。”(K35/527b)又卷19:“頗勒具那,上一普可反。星名也,或云頗勒窶拏。”(K35/259c)“頗勒窶那”又為“頗勒窶那月”,即十二月,指稱翼宿。後晉可洪撰《新集藏經音義隨函録》卷19:“頗勒窶那月,此是南方星名,唐言翼宿。《西域記》云:當此十二月十六日至正月十五日為頗勒窶那月。此方曆筭,即是七月,十二宫属雙女宫。《日藏經》云:六月時,天女神主儅其月。”(K35/245b)十二月又可音譯作“頗攞遇抳”“頗勒窶拏”“叵囉虞那”“區勒具拏”等。唐禮言集《梵語雜名》卷1:“十二月,頗攞①遇抳。”(T54/1233c)唐神清撰、慧寶注《北山録》卷1:“十二月,頗勒窶拏也。”(T52/579b)宋施護譯《十二緣生祥瑞經》卷1“叵囉虞(二合)那(十二)麼洗(月)”(T16/845b)。唐定賓作《四分律疏飾宗義記》卷6:“區勒具②拏,十二月也。”(X42/185a)“頗”訛為“頞”,又作“頞勒窶拏”。唐澄觀述《大方廣佛華嚴經隨疏演義鈔》卷41“頞勒窶拏月”(T36/316b)。“十二月”的梵文為“phālguna”,翼宿的後半詞根。

義淨通過分析梵文的構詞,選擇半音半意的方式來對譯“張”“翼”兩宿。詞根“pūrva-”有“元宗、先、先世、先來、先已、先發、初、前、前世、古、始、宿世、往昔、從先來、昔、昔來、曾、本、本來、東、東方、為先、舊、補囉嚩、過去、過去世”等詞義。表“前”義的“pūrva-”構詞有“pūrva-deha 前身”“pūrva-gama 前行”“pūrva-hetu 前因,宿因”“pūrva-jāta 前生”,等等。“前發魯窶拏”又作“前頗勒窶那”。後晉可洪撰《新集藏經音義隨函録》卷26:“頞窶拏,……此亦有二種:前頗勒窶那是張宿,後頗勒窶那是翼宿,此是後頗勒窶那也。”(K35/527b)又作“初破求”。唐波羅頗蜜多羅譯《寶星陀羅尼經》卷4:“初破求(唐言張宿③)星生者,或臍左右必當有疵,多慳短命。”(T13/556a)詞根“uttara-”有“尚、

① 攞,甲本作“羅”。
② 一無具字。
③ 宿,宫本作“星”。

度、後後、後生、更、次、渡、無上、超出、過、離”等詞義。表“後”義的“uttara-”構詞有“uttara-kāla 以後、後世”“uttara-kṣaṇa 後刹那、後念”“uttara-uttara 後後勝”,等等。“後發魯窶拏”又作“後頗勒窶那”。後晉可洪撰《新集藏經音義隨函録》卷 26“後頗勒窶那是翼宿”(K35/527b)。“次”有“第二”義,故“後發魯窶拏”又作“第二破求”。唐波羅頗蜜多羅譯《寶星陀羅尼經》卷 4:“第二破求(唐言翼宿①)星生者,臍下四指若見靨者,爵禄持戒皆悉失壞。”(T13/556a)

准此,“頗求尼”“頗求那”“破群那”“頞窶拏”“破群”“破求”“破羅具膩”“頗勒窶那”“頗勒具那”“頗攞遇抳”“頗勒窶拏”“叵囉虞那”“區勒具拏”“頞勒窶拏”等為張翼兩宿的音譯形式,“前發魯窶拏”“前頗勒窶那”“初破求”“後發魯窶拏”“後頗勒窶那”“第二破求”等為張翼兩宿的半音半意譯形式。

【訶莎多】【訶悉頞】【軫】

按:“軫”,梵音“hastā”。《孔雀王咒經》音譯作“訶莎多”;《佛説大孔雀咒王經》音譯作“訶悉頞”;《佛母大孔雀明王經》意譯作“軫”。軫宿又音譯作“阿薩多”,唐波羅頗蜜多羅譯《寶星陀羅尼經》卷 4:“阿薩多(唐言軫宿②)星生者,臍闕無③下當有赤靨,性好作賊,諂曲少智聰明薄福。”(T13/556a)梵文音節“ha”的音譯,譯字“訶”更為準確,“阿”“訶”形近而訛。又音譯作“賀娑多”。宋天息災譯《大方廣菩薩藏文殊師利根本儀軌經》卷 3“賀娑多星”(T20/846b)。又有“容帝/害帝”一説,東晉佛陀跋陀羅、法顯共譯《摩訶僧祇律》卷 34“四名容帝”(T22/501a)。《大正藏》校勘記云:“容”,聖本作“害”。容,上古余母東部,中古余母鍾韻平聲;害,上古匣母月部,中古匣母曷韻入聲,又匣母泰部去聲。無論聲母還是韻母,“害”的譯音更為精准。對於複輔音“stā”,譯字“帝”採用單字對譯的方法,省去了輔音“s”。“容”“害”形近而訛,

① 宿,宮本作“星”。
② 同上。
③ 無,宋、宮本作“元”,元、明本作“已”。

“害帝”應為軫宿的音譯。

准此,“訶莎多”“訶悉頞”“阿薩多”“賀娑多”“害帝”等為軫宿的音譯。

【質多羅】【質多羅】【角】

按:“角”,梵音“citrā”。《孔雀王咒經》音譯作“質多羅”;《佛説大孔雀咒王經》音譯作“質多羅”,《大正藏》校勘記云:“多羅”,宋、元、明本作“怛囉”;《佛母大孔雀明王經》意譯作“角”。“citra”有“不同、嚴麗、妙境、希法、彩、殊、畫、種種、種種色、綺、色、莊嚴、眾、眾妙”等義,其讀音與“citrā”相近,故音譯詞“質多羅”在佛經中出現的頻率很高。明弘贊輯《四分律名義標釋》卷30:“質多羅,此云雜。《根本》云:雜色長者。《增一阿含》云:清信士弟子,第一智慧,所謂質多羅長者是。質多羅亦天名,亦星號。《正法念處經》云:質多羅,此言雜地,義當種種,因此天受報。種種樂具,亦當種種巧言辯論故也,故有翻為巧,又翻為種種。或翻角星,此是南方星,常護世間,或昔父母祈此天星,而得子者,因以為名也。”(X44/630a)東晉佛陀跋陀羅、法顯共譯《摩訶僧祇律》卷34“五名質多羅”(T22/501a)。唐波羅頗蜜多羅譯《寶星陀羅尼經》卷4:“質多羅(唐言角宿[①])星生者,男女陰上當有靨子,為性純直而多愛欲復好歌舞。”(T13/556a)據《大正藏》的校勘,“質多羅”又有“質怛羅”和“質怛囉”兩種音譯形式,這兩種形式佛經中亦見。藥叉“citrasena”的音譯,《佛母大孔雀明王經》音譯作“質怛羅細那”(T19/425b),《佛説大孔雀咒王經》音譯作“質怛羅西那”(T19/466b);藥叉“citragupta”的音譯,《佛母大孔雀明王經》音譯作“質怛囉笈多”(T19/423a)。故“質怛羅”和“質怛囉”亦可為角宿的音譯。角宿還可音譯作“唧怛囉”,宋天息災譯《大方廣菩薩藏文殊師利根本儀軌經》卷3“唧怛囉星”(T20/846b)。

“角”可代指“正月”,故又音譯作“制呾羅”“制怛羅”“制狚邏”“制呾邏”“制呾羅”“祖怛羅”“祖怛囉”“載怛囉”“利呾囉”等。《梵網古跡

① 宿,宮本作“星”。

抄》卷 6:"春三月謂:制呾羅月、吠舍佉月、逝慧吒月,當此從正月十六日至四月十五日。"(D15/309b)《玄應音義》卷 24:"制怛羅,都達反。人名也,此正月,星名。西國立名多此也。"(C57/121b)後晉可洪撰《新集藏經音義隨函録》卷 26:"制咀羅,咀多達反。《大毗婆沙》作'制怛羅',《孔雀王經》作'質多羅',唐言角宿。"(K35/527a)宋法雲編《翻譯名義集》卷 2:"春三月。謂制狙邏月。吠舍佉月。逝瑟吒月。"(T54/1092c)玄奘口述、辯機編纂《大唐西域記(校點本)》卷 2:"春三月謂制呾邏月、吠舍佉月、逝瑟吒月,當此從正月十六日至四月十五日。"(B13/587a)唐澄觀述《大方廣佛華嚴經隨疏演義鈔》卷 41:"春三月謂:制呾羅月,吠舍佉月,逝瑟吒月。"(T36/316b)唐禮言集《梵語雜名》卷 1:"正月,祖怛羅。"(T54/1233b)《唐梵兩語雙對集》卷 1"正月(祖怛囉)"(T54/1242b)。宋施護譯《十二緣生祥瑞經》卷 1"載怛囉(二合)(正)麼洗(月)"(T16/845b)。唐神清撰、慧寶注《北山録》卷 1:"正月,利咀囉。"(T52/579b)"制咀羅"等是梵文"caitra"的音譯,"caitra"亦有"眾、雜色"義,與"citra"同。"ai"是"i"的音變,在表示"角宿"和"正月"義時,該兩個梵文詞應為同源詞。

准此,"質多羅""質怛羅""質怛囉""唧怛囉""制咀羅""制怛羅""制狙邏""制呾邏""制呾羅""祖怛羅""祖怛囉""載怛囉""利咀囉"等為角宿的音譯。

【莎底】【娑嚩底】【亢】

按:"亢",梵音"svātī"。《孔雀王咒經》音譯作"莎底";《佛説大孔雀咒王經》音譯作"娑嚩底",《大正藏》校勘記云:娑嚩,宋、元、明本作"莎";《佛母大孔雀明王經》意譯作"亢"。複輔音音節"svā"的音譯,僧伽婆羅單字對譯,義淨雙字對譯,故兩者譯詞的詞長不一。《佛説大孔雀咒王經》和《佛母大孔雀明王經》文中亦有"莎底"一詞,指比丘的名字。《佛母大孔雀明王經》卷 1:"時有一苾芻,名曰莎底。"(T19/416a)《佛説大孔雀咒王經》卷 1:"於此住處有一苾芻,名曰莎底。"(T19/459c)而《孔雀王咒經》音譯作"娑底"(T19/446c)。此處"莎底"的梵音標注為"svati",故《孔雀王咒經》三種譯本中的音譯詞"莎底"為名同實異的兩個詞,一為亢宿,一為比丘名。亢宿又音譯作“私婆帝”“薩婆底”“薩嚩底”。東晉佛陀跋陀羅、法顯共譯《摩訶僧祇律》卷 34“六名私婆帝”(T22/501a)。唐波羅頗蜜多羅譯《寶星陀羅尼經》卷 4:“薩婆底(唐言亢宿)星生者,或男根頭或在根下有黄靨生,受性多貪,瞋惱大眾而無智慧。”(T13/556a)宋天息災譯《大方廣菩薩藏文殊師利根本儀軌經》卷 3“薩嚩底星”(T20/846b)。

准此,“莎底”“娑嚩底”“私婆帝”“薩婆底”“薩嚩底”等為亢宿的音譯。

【毘釋珂】【昆釋珂】【氐】

按:“氐”,梵音“viśākhā”。《孔雀王咒經》音譯作“毘釋珂”;《佛説大孔雀咒王經》音譯作“昆釋珂”,《大正藏》校勘記云:釋珂,宋本作“舍住”,元、明本作“舍佉”;《佛母大孔雀明王經》意譯作“氐”。“毘”的異體作“毗”,故又有“毗釋珂”,宋惟顯編《律宗新學名句》卷 3“七毗釋珂”(X59/697c)。佛經中氐宿又有“毘舍佉”“毗舍佉”“蘇舍佉”“鼻奢佉”“吠舍佉”“隨舍佉”“薜舍佉”“墮舍迦”“尾舍伽”等多個音譯形式。東晉佛陀跋陀羅、法顯共譯《摩訶僧祇律》卷 34“七名毘舍佉”(T22/501a)。宋法雲編《翻譯名義集》卷 2:“毘舍佉,或鼻奢佉,此云别枝,即是氐宿。以生日所值宿為名。”(T54/1086a-b)《玄應音義》卷 18:“毗舍佉,或云鼻奢佉,此譯云别枝,即是氐宿。以生曰所值宿為名也,案西國多以此為名。”(C57/33a)唐波羅頗蜜多羅譯《寶星陀羅尼經》卷 4:“蘇舍佉(唐言氐[①]宿)星生者,從跨已下八指量内隨處而有赤靨生者,眷屬具足多有僮僕,位居卿相聰明慚愧,勇健謀決能退怨敵,常受安樂命終生天。”(T13/556a)後晉可洪撰《新集藏經音義隨函録》卷 20:“毗舍佉,去迦反。亦云吠舍佉,亦云毗釋珂,亦云薜舍佉,唐言互宿。”(K35/284c)“互”為“氐”之俗寫。又卷 13:“墮舍迦,上祥規反,正作隨也,正言隨舍佉。亦云毗舍佉,亦云薜舍佉,此云互宿,陂墮二字並悮也。”(K35/27c)宋天息災譯《大方廣菩薩藏文殊師利根本儀軌經》

① 氐,宫本作“觝”。

卷 3“尾舍伽星”(T20/846b)。還可省音作“墮舍”和“薛佉”。後晉可洪撰《新集藏經音義隨函録》卷 24:“墮舍,上音隨,優婆夷名。隨舍佉,或云毗舍佉,或云吠舍佉,星名也。此云互星,西方多依星立名也,又此題少佉字。”(K35/431b)又卷 26:“吠舍佉,去迦反。《寶星經》作‘薛佉’,《孔雀王經》作‘毗釋珂’,唐言觝宿。”(K35/527a)

氐宿又可代指二月,故又有“吠舍佉”“吠捨佉”“陛舍佉”等音譯形式。《阿毘達磨大毘婆沙論》卷 136:“至吠舍佉月白半第八日,晝夜各十五。”(T27/701c)唐禮言集《梵語雜名》卷 1:“二月,吠捨(引)佉。”(T54/1233b)唐義淨譯《根本説一切有部尼陀那目得迦》卷 5:“佛告長者:‘薛舍佉月日月圓時是我生日。’”(T24/435a)東晉佛陀跋陀羅譯《達摩多羅禪經》卷 2:“陛舍佉月白分,八日。二月名陛舍佉,後半月名白分。”(T15/325b)後晉可洪撰《新集藏經音義隨函録》卷 22:“陛舍佉月,上步米反。《西域記》云:當此二月十六日至三月十五日為吠舍佉月。此經云正月十六日至二月十五日是二月名。按《日藏經》‘十二宫神’即此經為正也。《日藏經》云:二月時,特牛神主當其月是也。”(K35/354a)二月的梵文為“vaiśākha”,“ai”是“i”的音變,在表示“氐宿”和“二月”義時,該兩個梵文詞應為同源詞。

准此,“毘釋珂”“毗釋珂”“毘舍佉”“毗舍佉”“蘇舍佉”“鼻奢佉”“隨舍佉”“薛舍佉”“墮舍迦”“尾舍伽”“墮舍”“薛佉”“吠舍佉”“吠捨佉”“陛舍佉”等為氐宿的音譯。

【阿㝹羅他】【阿奴囉拕】【房】

按:“房”,梵音“anurādhā”。《孔雀王咒經》音譯作“阿㝹羅他”;《佛説大孔雀咒王經》音譯作“阿奴囉拕”,《大正藏》校勘記云:拕,宋、元、明本作“柁”;《佛母大孔雀明王經》意譯作“房”。“阿”訛為“訶”,故“阿㝹羅他”又作“訶㝹羅他”,宋惟顯編《律宗新學名句》卷 3:“西方七星:一訶㝹羅他。”(X59/697c)房宿又音譯作“阿奴邏陀”“阿菟羅陀”“阿努囉馱”。唐波羅頗蜜多羅譯《寶星陀羅尼經》卷 4:“阿奴邏陀(唐言房宿)星生者,從膝已上八指量内若有小疣,持戒有法爵禄具足。”(T13/556a)《翻梵語》卷 5:“阿菟羅陀,譯者曰星名也。”(T54/1016b)

宋天息災譯《大方廣菩薩藏文殊師利根本儀軌經》卷3“阿努囉馱星”(T20/846b)。佛經中又作“不滅”。東晉佛陀跋陀羅、法顯共譯《摩訶僧祇律》卷34:“西方有七星,常護世間:一名不滅。”(T22/501a)梵文“anurādhā”除了“星宿”義,還有“悦可”義,未有“不滅”義,疑此處《摩訶僧祇律》所據的梵文為“aniruddha”,其有“不斷、不滅、不爭有無、善意、如意、未滅、無貪、阿泥盧陀、阿那律”等義。宋法雲編《翻譯名義集》卷1:“阿那律,或云何那律陀。此云無滅,若①施食福,人天受樂,于今不滅。《淨名疏》云:或云何泥盧豆,或阿(音遏)②㝹(乃侯)③樓馱(唐賀)④,如楚夏不同耳。此云如意,或云無貧。過去餓世曾以稗飯施辟支佛,九十一劫天人之中受如意樂,故名如意。爾來無所乏斷,故名無貧,佛之從弟。《西域記》云:阿泥㎡(虛骨)⑤陀,舊曰阿那律者,訛也。”(T54/1063b)此處“阿那律”的梵音標注為“Aniruddha”,故《摩訶僧祇律》把房宿翻為“不滅”是不允當的。

佛經中房宿又作“劫賓那”“迦賓㝹”。隋吉藏撰《法華義疏》卷1:“‘劫賓那’者,此云房宿,在僧房而宿,佛見其道緣將發,化為老比丘與之共宿,因之以得道,故以名焉。又云以祈禱房宿星生此子,故以為名。又言,劫賓那者國名,以從國受稱也。”(T34/459c)明智旭輯繹《重治毗尼事義集要》卷2:“迦賓㝹,或云劫賓那。此翻房宿。禱房星生,舊云金毗羅,此翻威如王。”(X40/365b)《慧琳音義》卷27:“劫賓那,唐云房宿。”(T54/482b)宋法雲編《翻譯名義集》卷1:“劫賓那,此云房宿(音秀)⑥。父母禱房星感子。舊云金毘羅,此翻威如王。”(T54/1064c)“劫賓那”為梵文“Kapphiṇa”的音譯,與梵文“anurādhā”並非同一個詞。

---

① 若,明本作“昔”。
② (音遏),明本無。
③ (乃侯),明本無。
④ (唐賀),明本無。
⑤ (虛骨),明本無。
⑥ (音秀),明本無。

准此,“阿㝹羅他”“阿奴囉挓”“訶㝹羅他”“阿奴邏陀”“阿菟羅陀”“阿努囉馱”等為房宿的音譯。

【拆沙他】【豉瑟侘】【心】

按:“心”,梵音“jyeṣṭhā”。《孔雀王咒經》音譯作“拆沙他”;《佛説大孔雀咒王經》音譯作“豉瑟侘”;《佛母大孔雀明王經》意譯作“心”。“拆”訛為“折”,後多作“折沙他”。唐道宣撰《關中創立戒壇圖經》卷1“折沙他二”(T45/810a)。“豉”異體作“豉”,故又作“豉瑟侘”。後晉可洪撰《新集藏經音義隨函録》卷7:“豉瑟侘,丑迦反。亦云逝瑟搋,唐言心宿。”(K34/875c)心宿又音譯作“莎沙他”“逝瑟搋”“逝瑟吒”“誓瑟搋”“爾曳瑟吒”等。宋惟顯編《律宗新學名句》卷3“二莎沙他”(X59/697c)。唐波羅頗蜜多羅譯《寶星陀羅尼經》卷4:“逝瑟吒(唐言心宿)星生者,髀内有靨,短壽貧窮犯戒少慈為人憎嫉。”(T13/556a)《慧琳音義》卷20:“逝瑟吒,折嫁反。梵語星名,唐言心星也。”(T54/430a)後晉可洪撰《新集藏經音義隨函録》卷19:“誓瑟搋①,丑皆反。亦云豉瑟侘,亦云折沙也,星名也。”(K35/245a)又卷26:“逝瑟吒,丑加反作。《孔雀王》作‘豉瑟侘’,一云‘折沙他’,唐言心宿。又音炧作。”(K35/527a)其中“折沙也”為“折沙他”之訛。宋天息災譯《大方廣菩薩藏文殊師利根本儀軌經》卷3“爾曳瑟吒星”(T20/846b)。這裏用雙字對譯了複輔音節“jye”。若用單字對譯複輔音“ṣṭhā”,心宿還可音譯作“逝吒”,東晉佛陀跋陀羅、法顯共譯《摩訶僧祇律》卷34“二名逝②吒”(T22/501a)。

心宿可代指三月,故又音譯作“際史吒”“誓瑟扺”“誓瑟吒”“嚩瑟吒”等。唐禮言集《梵語雜名》卷1:“三月,際史吒(二合)。”(T54/1233b)明陳實編、姚舜漁重緝《大藏一覽》卷6:“至誓瑟扺月白半第八日,夜有十四,晝十六。”(J21/534a-b)唐定賓作《四分律疏飾宗義記》卷6:“誓瑟吒,三月也。”(X42/184c)《阿毘達磨大毘婆沙論》卷136:

① 搋,高麗藏作“掳”,“掳”,搋之俗寫。
② 逝,聖本作“斷”。

“至誓瑟搋月白半第八日,夜有十四,晝十六。”(T27/701c)後晉可洪撰《新集藏經音義隨函録》卷19:“誓瑟搋月,此是西方星名,唐言心宿。《西域記》云:當此三月十六日至四月十五日為誓瑟搋月。此方曆筭,即是十月,十二宫属弓宫。《日藏經》:九月時,財神主儅其月。”(K35/245b)唐澄觀述《大方廣佛華嚴經隨疏演義鈔》卷41:“春三月謂:制呾羅月,吠舍佉月,逝瑟吒月。”(T36/316b)宋施護譯《十二緣生祥瑞經》卷1“嚩(仁祭反①)瑟吒(二合)(三)麼洗(月)”(T16/845b)。三月的梵文為“jyaiṣṭha”。“e”是“i”的音變,“ai”是“i”的音變,在表示“心宿”和“三月”義時,“jyeṣṭhā”和“jyaiṣṭha”應為同源詞。

准此,“拆沙他”“逽瑟侘”“折沙他”“逝瑟侘”“逝瑟搋”“莎沙他”“逝瑟吒”“誓瑟搋”“爾曳瑟吒”“逝吒”“際史吒”“誓瑟抵”“誓瑟吒”“嚩瑟吒”等為心宿的音譯。

【牟藍】【暮攞】【尾】

按:“尾”,梵音“mūla”。《孔雀王咒經》音譯作“牟藍”;《佛説大孔雀咒王經》音譯作“暮攞”;《佛母大孔雀明王經》意譯作“尾”。藍,上古來母談部,中古來母談部平聲,羅,上古來母歌部,中古來母歌部平聲。“攞”與“羅”讀音相同,“藍”收“-m”鼻韻尾,為陽聲韻,“攞”為陰聲韻,對譯音節“la”,義淨的譯音更為精准。尾宿又音譯作“牟邏”“暮羅”“没嚕羅”“慕理迦”等。東晉佛陀跋陀羅、法顯共譯《摩訶僧祇律》卷34“三名牟邏”(T22/501a)。宋天息災譯《大方廣菩薩藏文殊師利根本儀軌經》卷3“没嚕羅星”(T20/846b)。唐波羅頗蜜多羅譯《寶星陀羅尼經》卷4:“暮羅(唐言尾宿)星生者,髀②上當有小疵,此有福德而速滅門。”(T13/556a)唐菩提流志譯《大寶積經》卷2“慕理迦(唐言尾宿)③”(T11/8c)。梵文中,“理迦”常對譯“ṛka”“ṛkā”“rīka”“lika”等音節,如“mātṛka 摩呾理迦”“bodhisattva-piṭaka-mātṛkā 菩薩藏摩怛理迦”

① 反,明本作“切”。
② 髀,宫本作“脛”。
③ (唐言尾宿),明本無。

“piṭaka-mātṛkā 藏摩怛理迦”“śrāmaṇerīka 室羅摩拏理迦”“kālika 迦梨,迦理迦,迦羅”等,“慕理迦”的梵文應拟為“mūṛka”“mūrīka”“mūlika”等,梵文“mūlika”有“依,為根本,苦行者”的含義,所以此處《大寶積經》中尾宿的音譯與尾宿“mūla”的出處不同。

准此,“牟藍”“暮攞”“牟邏”“暮羅”“没嚕羅”等為尾宿的音譯。

【弗婆莎他】【欝多羅莎他】

【前阿沙茶】【後阿沙茶】

【箕】【斗】

按:“箕”,梵音“pūrvāṣāḍhā”。《孔雀王咒經》音譯作“弗婆莎他”,《大正藏》校勘記云:莎,宋、元、明本作“沙”;《佛説大孔雀咒王經》半音半意譯作“前阿沙茶”;《佛母大孔雀明王經》意譯作“箕”。“斗”,梵音“uttarāṣāḍhā”。《孔雀王咒經》音譯作“欝多羅莎他”,《大正藏》校勘記云:他,宋、元、明本作“陀”;《佛説大孔雀咒王經》半音半意譯作“後阿沙茶”;《佛母大孔雀明王經》意譯作“斗”。

“欝”的異體作“鬱”,故斗宿又音譯作“鬱多羅莎他”。宋惟顯編《律宗新學名句》卷3“五鬱多羅莎他”(X59/697c)。佛經中斗宿還有“鬱陀羅阿沙茶”“嗢怛羅頞沙茶”“嗢咀羅頞沙茶”“嗢呾羅頞沙茶”等音譯形式。悟醒譯《大王統史》卷31:“於阿沙茶月之白分,滿月布薩會之日,鬱陀羅阿沙茶星宿之時,如斯奉安舍利。”(N65/325a)玄奘口述、辯機編纂《大唐西域記(校點本)》卷6:“上座部菩薩以嗢呾羅頞沙茶月三十日夜降神母胎,當此五月十五日。”(B13/686a)後晉可洪撰《新集藏經音義隨函録》卷26:“頞沙茶,上烏割反。月名嗢怛羅頞沙茶。嗢怛羅,唐言上;頞沙茶,唐言箕,即是上箕星也。亦云前阿沙茶、後阿沙茶。前阿沙茶是箕星也,後阿沙茶是斗星也。此兩个星同名阿沙茶,故以前後上下而分之也。前則上也,後則下也。此云嗢怛羅頞沙茶者,即前阿沙茶也。但是梵語耳傳文作‘頗沙’,悮。”(K35/553c)又卷26:“頞沙,上烏割反。月名嗢咀羅頞沙茶也,唐言上箕。嗢咀羅,唐言上;頞沙茶,唐言箕。《孔雀王經》作茶,後阿沙茶。前阿沙茶是箕,後阿沙茶是斗星也。一名兩實,前後表異耳。”(K35/531a)可洪認為"嗢怛羅頞沙荼""嗢咀羅頞沙荼"是箕宿，誤。"嗢怛羅"為詞根"uttara"的音譯，故應為斗宿的音譯。此四個譯詞的詞長較僧伽婆羅的譯文多了一字，這是因為斗宿由"uttara"和"āṣāḍhā"兩個詞根構成，兩詞結合時，受連音規則的影響，同類的簡單元音要融合為長元音，故僧伽婆羅翻譯的是連音後的斗宿，少"頞/阿"這個譯字，而這四個譯詞將兩個詞根單獨翻譯，即音譯"uttara-āṣāḍhā"。

箕、斗兩宿都有詞根"āṣāḍhā"，故兩宿都可音譯作"頞沙荼""阿沙荼""頞沙荼""阿沙荼"。東晉佛陀跋陀羅、法顯共譯《摩訶僧祇律》卷34"五、六同名阿沙荼"(T22/501a)。此處譯文對西方星宿的次序作了改動。後晉可洪撰《新集藏經音義隨函録》卷19:"阿沙荼月，此是西方星名，唐言箕宿。《西域記》云：當此從四月十六日至五月十五日為阿沙荼月。此方曆筭，即是十一月，十二宫属摩竭魚宫。《日藏經》云：十月時，摩竭神主儅其月。"(K35/245c)又卷26:"頞沙荼，上烏割反。《孔雀王經》作'阿沙荼'。然阿沙荼有二：前阿沙荼是箕宿，後阿沙荼是斗宿，此是阿沙荼也。"(K35/527a)唐神清撰、慧寶注《北山録》卷1:"四月，頞沙荼。"(T52/579b)《阿毘達磨大毘婆沙論》卷136:"至阿沙荼①月白半第八日，夜有十三晝十七。"(T27/701c)箕、斗兩宿還可半音半意譯作"初阿沙荼"和"第二阿沙荼"。唐波羅頗蜜多羅譯《寶星陀羅尼經》卷4:"初阿沙荼②(唐言箕宿③)星生者，膝蓋有曆，性好捨施，能知法道命終生天。第二阿沙荼④(唐言斗宿⑤)星生者，於右脛上當有青曆，性好鬪諍，人不依附而不信受。"(T13/556a)據上文可洪音義，箕、斗兩宿有"上頞沙荼"和"下頞沙荼"的半音半意譯形式，然檢索"CBETA 電子佛典集成"未見用例。

箕宿可代指"四月"，除上文的音譯外，四月還音譯作"阿沙莽""阿

① 荼，宋、元、明、宫本作"茶"。
② 同上。
③ 宿，宋、元本作"星"。
④ 荼，宋、元、明、宫本作"茶"。
⑤ 斗宿，宫本作"女宿"。

沙陀”“額沙荼”“阿沙姹”“阿沙恭”等。《唐梵兩語雙對集》卷1“四月(阿沙(引)莽)”(T54/1242b)。悟醒譯《本生經》卷1:“於阿沙陀月滿月之夜,月在天秤之座時出行。”(N31/103a)悟醒譯《島王統史》卷14:“於額沙荼月完滿月之布薩,烏塔拉薩魯哈之星宿下,於山中結界。”(N65/91a)唐定賓作《四分律疏飾宗義記》卷6:“阿沙恭,四月也。”(X42/184c)宋施護譯《十二緣生祥瑞經》卷1“阿(引)沙(引)姹(四)麼洗(月)”(T16/845b)。“四月”是梵文“āṣāḍhā”的音譯,與箕宿後半部分詞根相同,故其音譯亦可作為箕宿的音譯。

准此,“弗婆莎他”“欝多羅莎他”“鬱多羅莎他”“鬱陀羅阿沙荼”“嗢怛羅頞沙荼”“嗢呾羅頞沙荼”“嗢呾羅頞沙荼”“頞沙荼”“阿沙荼”“頞沙荼”“阿沙荼”“阿沙莽”“阿沙陀”“額沙荼”“阿沙姹”“阿沙恭”等為箕、斗兩宿的音譯形式。“前阿沙荼”“初阿沙荼”“後阿沙荼”“第二阿沙荼”為箕、斗兩宿的半音半意譯形式。

【阿毘止】【阿苾哩社】【女】

按:“女”,梵音“abhijit”。《孔雀王咒經》音譯作“阿毘止”;《佛說大孔雀咒王經》音譯作“阿苾哩社”;《佛母大孔雀明王經》意譯作“女”。通過梵漢對音,義淨的譯文明顯多譯了“哩”,“哩”疑為衍文,正作“阿苾社”。“毘”的異體作“毗”,故又作“阿毗止”。宋惟顯編《律宗新學名句》卷3“六阿毗止”(X59/697c)。佛經中“阿毘止”又為地獄名。陳真諦譯《佛說立世阿毘曇論》卷8:“復有地獄名阿毘止,其相猶如大城一切皆是赤鐵。”(T32/211a)此處地獄的梵文為“Avīci”,常譯作阿鼻,意譯作“無間”,與星宿義的“阿毘止”為名同實異的兩個詞。

女宿,又音譯作“阿尸羅婆那”。隋闍那崛多譯《大威德陀羅尼經》卷6“阿尸羅婆那(女宿)”(T21/783c)。其梵文為“Abhijit-Śravaṇā”,“Śravaṇā”為牛宿的音譯,該音譯省譯了“bhijit”兩個音節,所以這是女、牛兩宿的合譯詞指代女宿。又作“阿毘闍摩”,東晉佛陀跋陀羅、法顯共譯《摩訶僧祇律》卷34“七名阿毘闍摩”(T22/501a)。此音譯中的“摩”疑為衍文。《寶星陀羅尼經》把“女宿”音譯作“陀儞瑟吒”,通過與《孔雀王咒經》三種譯本和梵文的比對,“陀儞瑟吒”實為危宿的音譯。

《寶星陀羅尼經》中只音譯了27個星宿，據"唐言"標注缺譯了虚宿，但實際上缺譯了女宿。梵音"abhijit"，《佛學大辭典》和梵漢辭典中都有"阿毘私度"這個音譯形式，然檢索"CBETA電子佛典集成"未見其文獻用例。

准此，"阿昆止""阿苾哩社""阿毗止""阿尸羅婆那""阿毘闍摩"等為女宿的音譯形式。

【沙羅波那】【室囉末拏】【牛】

按："牛"，梵音"śravaṇā"。《孔雀王咒經》音譯作"沙羅波那"；《佛說大孔雀咒王經》音譯作"室囉末拏"；《佛母大孔雀明王經》意譯作"牛"。"波"又作"婆"，故牛宿又音譯作"沙羅婆那"，後晉可洪撰《新集藏經音義隨函録》卷26："室羅伐拏，奴加反。《孔雀王經》作'室囉末拏'，亦云沙羅婆那，唐言女宿。"(K35/527a)佛經中"室囉末拏"又有"沙門"義。唐澄觀撰述《華嚴經疏鈔玄談》卷1："沙門者，正舉能述人也。梵語具云室囉末拏，此云懃息。"(X5/686a)《慧琳音義》卷18："沙門，梵語訛也。正梵音云室囉末拏，唐云勤懇也。"(T54/420a)此兩處的"室囉末拏"為梵文"śramaṇa"的音譯，其有"沙門、沙門那、淨志、舍囉摩拏、舍羅磨拏、静志、修善、功勞、勤勞、勤息、勤策、喪門、娑門、室拏、室摩那拏、寂志、息、息心、息慈、桑門、止息"等義，故"沙門、勤勞"義和"牛宿"義的"室囉末拏"為名同實異的兩個詞。牛宿還可音譯作"失囉嚩拏"和"失羅婆"。宋天息災譯《大方廣菩薩藏文殊師利根本儀軌經》卷3"失囉嚩拏星"(T20/846b)。《寶星陀羅尼經》卷4："失羅婆(唐言牛宿①)星生者，於右脛上必有兩黶，常豐爵禄受身無病，人所愛樂命終生天。"(T13/556a)"失羅婆"省譯了"ṇā"音節。

牛宿又可代指五月，故又可音譯作"室羅末拏""室羅筏拏""室羅縛拏""室羅伐拏""室囉嚩那"等。唐義淨譯《根本說一切有部尼陀那目得迦》卷1："答言：'今是室羅末拏月(當五月十六日已去至六月十五

① 牛宿，宫本作"斗宿"。

日)。'"(T24/416a)《阿毘達磨大毘婆沙論》卷136:"至室羅筏拏月白半第八日,夜有十二晝十八。"(T27/701c)唐禮言集《梵語雜名》卷1:"五月,室羅(二合)縛拏。"(T54/1233b)後晉可洪撰《新集藏經音義隨函録》卷19:"室羅伐拏月,此是北方星名,唐言女宿。《西域記》云:當此五月十六日至六月十五日為室羅伐拏月。此方曆筭,即是十二月,十二宫属寶瓶宫。《日藏經》云:十一月時,水器神主償其月。"(K35/245c)宋施護譯《十二緣生祥瑞經》卷1"室囉(二合引)嚩那(五)麽洗(月)"(T16/845b)。五月的梵文為"Śrāvaṇa",在表示"牛宿"和"五月"義時,"śravaṇā"和"Śrāvaṇa"為同源詞。

准此,"沙羅波那""室囉末拏""沙羅婆那""失囉嚩拏""失羅婆""室羅末拏""室羅筏拏""室羅縛拏""室羅伐拏""室囉嚩那"等為牛宿的音譯。

【陀荼他】【但儞瑟侘】【危】

按:"危",梵音"dhaniṣṭhā"。《孔雀王咒經》音譯作"阿荼他",《大正藏》校勘記云:阿荼,宋、元、明本作"陀荼";《佛説大孔雀咒王經》音譯作"但儞瑟侘";《佛母大孔雀明王經》意譯作"危"。據梵文及義淨的音譯,"阿荼他"當作"陀荼他","陀"為"阿"之形訛。《關中創立戒壇圖經》中的二十八星宿引自《孔雀王經》,其危宿音譯作"陀薾他",《律宗新學名句》亦作"陀薾他",故《大正藏》應據宋、元、明本校作"陀荼他"。對於複輔音"ṣṭhā"的音譯,僧伽婆羅單字對譯,義淨雙字對譯,故兩者音譯的詞長不同。採用和僧伽婆羅相同的譯法,危宿又音譯作"檀尼吒"和"達尼吒"。東晉佛陀跋陀羅、法顯共譯《摩訶僧祇律》卷34:"北方有七星常護世間:一名檀尼吒。"(T22/501b)《翻梵語》卷2:"達尼吒,亦云檀尼吒,譯者曰星名也。"(T54/996a)若採用和義淨相同的譯法,危宿又音譯作"陀儞瑟吒"和"馱儞瑟吒"。唐波羅頗蜜多羅譯《寶星陀羅尼經》卷4:"陀儞瑟吒(唐言女宿①)星生者,脛上有靨多瞋少貪,雖有智慧而無爵禄。"(T13/556a)宋天息災譯《大方廣菩薩藏文殊

① 女宿,宫本作"牛宿"。

師利根本儀軌經》卷 3“馱儞瑟吒星”(T20/846b)。據梵文和義淨音譯,此唐言的女宿當為危宿。

准此,“陀荼他”“但儞瑟侘”“陀藺他”“檀尼吒”“達尼吒”“陀儞瑟吒”“馱儞瑟吒”等為危宿的音譯。

【捨多毘沙】【設多婢灑】【虛】

按:“虛”,梵音“śatabhiṣā”。《孔雀王咒經》音譯作“捨多毘沙”;《佛説大孔雀咒王經》音譯作“設多婢灑”;《佛母大孔雀明王經》意譯作“虛”。“毘”異體作“毗”,故虛宿又音譯作“捨多毗沙”。宋惟顯編《律宗新學名句》卷 3“二捨多毗沙”(X59/697c)。“捨”又作“舍”,故虛宿又音譯作“舍多毘沙”。唐波羅頗蜜多羅譯《寶星陀羅尼經》卷 4:“舍多毘沙(唐言危宿)星生者,從膝已下十六指内當有黑靨,為性愚癡,溺水而死。”(T13/556a)據梵文和義淨音譯,此唐言的危宿當為虛宿。虛宿還可音譯作“設多鼻沙”。宋天息災譯《大方廣菩薩藏文殊師利根本儀軌經》卷 3“設多鼻沙星”(T20/846b)。《摩訶僧祇律》譯作“不魯具陀尼”,語音不明。

准此,“捨多毘沙”“設多婢灑”“捨多毗沙”“舍多毘沙”“設多鼻沙”等為虛宿的音譯。

【弗婆跋陀羅】【欝多羅跋陀羅】

【前跋達羅鉢地】【後跋達羅鉢柁】

【室】【壁】

按:“室”,梵音“pūrvabhādrapadā”。《孔雀王咒經》音譯作“弗婆跋陀羅”;《佛説大孔雀咒王經》半音半意譯作“前跋達羅鉢地”,《大正藏》校勘記云:地,宋、元、明本作“柁”;《佛母大孔雀明王經》意譯作“室”。“壁”,梵音“uttarabhādrapadā”。《孔雀王咒經》音譯作“欝多羅跋陀羅”;《佛説大孔雀咒王經》半音半意譯作“後跋達羅鉢柁”;《佛母大孔雀明王經》意譯作“辟”,《大正藏》校勘記云:明、乙本作“壁”。

僧伽婆羅在音譯“室、壁”兩宿時,省譯了“padā”兩個音節,故全譯當為“弗婆跋陀羅鉢柁”和“欝多羅跋陀羅鉢柁”。“欝”異體作“鬱”,“跋”異體作“颰”,故壁宿又音譯作“鬱多羅颰陀羅”。宋惟顯編《律宗新學名句》卷 3“四鬱多羅跛陀羅”(X59/697c)。義淨對梵文詞根“bhādrapadā”進行了全譯。“跋”又作“婆”,“地”又作“陁”,故室宿又半音半意譯作“前婆達羅鉢陁”。後晉可洪撰《新集藏經音義隨函録》卷 26:“婆達羅鉢陁,……然婆達羅鉢陁亦有二種: 前婆達羅鉢陁是室宿,婆達羅鉢陁是壁宿,此是前。”(K35/527a)詞根“pūrva”有“第一”義,詞根“uttara”有“第二”義,故室、壁兩宿又半音半意譯作“第一跋陀羅跋陀”和“第二跋陀羅”。唐波羅頗蜜多羅譯《寶星陀羅尼經》卷 4:“第一跋陀羅跋陀(唐言室宿)星生者,從曲膝下八指内膊上必當有疵,令人瞋惱,愚癡貧窮好作賊盜。第二跋陀羅(唐言辟[1]宿)星生者,於虎口内當有靨子,好施持戒念力強記,有智有悲性無所畏。”(T13/556a-b)“第二跋陀羅”省譯了“padā”音節,全譯當為“第二跋陀羅跋陀”。又《摩訶僧祇律》卷 34:“二、三同名世陀帝。”(T22/501b)“世陀帝”一詞,語音不明。

室宿又有“婆達羅鉢陁”“䟦達羅鉢柂”“䟦陁羅䟦陁”等音譯形式。後晉可洪撰《新集藏經音義隨函録》卷 26:“婆達羅鉢陁,《孔雀王經》作‘䟦達羅鉢柂’,《寶星經》作‘䟦陁羅䟦陁’。”(K35/527a)又卷 19:“婆達羅鉢陁月,此是北方星名,唐言室宿。《西域記》云: 當六月十六日至五月十五日為婆達羅鉢陁月。此方曆筭,即是正月,十二宫属魚宫。《日藏經》云: 十二月時,天魚神主償其月也。”(K35/245c)“䟦”為“跋”之俗體。以上三個音譯形式是詞根“bhādrapadā”的音譯,“bhādrapada” 有“六月”義,可代指室宿,故其又有“婆達羅鉢陀”“跋捺羅婆娜”“路捺囉波娜”“婆捺囉婆捺”“婆達羅跛陀”“波囉鉢陀”等多個音譯形式。《阿毘達磨大毘婆沙論》卷 136:“至婆達羅鉢陀月白半第八日,夜有十三晝十七。”(T27/701c)唐禮言集《梵語雜名》卷 1:“六月,跋捺羅(二合)婆[2]娜。”(T54/1233c)《唐梵兩語雙對集》卷 1“六月(路捺囉波娜)”(T54/1242b)。宋施護譯《十二緣生祥瑞經》卷 1“婆(引)捺囉

① 辟,宋、宫本作“壁”,元、明本作“壁”。
② 婆,甲本作“波”。

(二合)婆捺(六)麼洗(月)”(T16/845b)。唐定賓作《四分律疏飾宗義記》卷 6:“婆達羅䟦陀,六月也。”(X42/185a)唐神清撰、慧寶注《北山録》卷 1:“六月,波囉鉢陀。”(T52/579b)“波囉鉢陀”是用單字對譯的方法音譯了複輔音“dra”。

准此,“弗婆跋陀羅”“欝多羅跋陀羅”“鬱多羅䟦陀羅”“婆達羅鉢陁”“䟤達羅鉢柂”“䟤陁羅䟤陁”“婆達羅鉢陀”“跋捺羅婆娜”“路捺囉波娜”“婆捺囉婆捺”“婆達羅䟦陀”“波囉鉢陀”等為室壁兩宿的音譯形式。“前跋達羅鉢地”“後跋達羅鉢柁”“前婆達羅鉢陁”“第一跋陀羅跋陀”“第二跋陀羅”為室壁兩宿的半音半意譯形式。

【離婆底】【頡婁離伐底】【奎】

按:“奎”,梵音“revatī”。《孔雀王咒經》音譯作“離婆底”;《佛説大孔雀咒王經》音譯作“頡婁離伐底”;《佛母大孔雀明王經》意譯作“奎”。“離婆底”又作“離波底”。宋惟顯編《律宗新學名句》卷 3“離波底六”(X59/697c)。奎宿又音譯作“離婆帝”“麗婆底”“哩嚩帝”。東晉佛陀跋陀羅、法顯共譯《摩訶僧祇律》卷 34“五名離婆帝”(T22/501b)。唐波羅頗蜜多羅譯《寶星陀羅尼經》卷 4:“麗婆底(唐言奎宿)星生者,為人卑下庸力自活。”(T13/556b)宋天息災譯《大方廣菩薩藏文殊師利根本儀軌經》卷 3“哩嚩帝星”(T20/846b)。

又有“離婆多”“離波多”“梨婆多”“梨波多”“梨波都”“黎婆多”“離越多”“隸跋陀”等多個音譯形式,還可省音作“離越”“蠡越”“離婆”等。《慧琳音義》卷 27:“離波多,頡麗筏多,此云室星,北方星也。祠之得子因以為名,有本云離婆多,應從離波多為正。”(T54/482b)又卷 48:“頡隷伐多,賢結反。此言過時。又云室星,則北方宿也。祠之得子仍以名焉,坐禪第一者是也。舊言梨波多,或言黎婆多,皆訛言也。”(T54/629a)《翻梵語》卷 2:“離婆多,亦云梨婆多,亦云離越多,譯者曰星名也。”(T54/994b)又卷 6:“梨波都,應云離波多,譯者曰星名也。”(T54/1022b)《大智度論》卷 9:“此山下有離越寺;離越,應云隸跋陀①。”

① 陀,宋、元、明、宮本作“陀也”。

(T25/126c)宋法雲編《翻譯名義集》卷1："離(吕知)①婆多。正言頡(賢結)②隸伐多，亦云離越。此翻星宿，或室宿，從星辰乞子。"(T54/1064b)《玄應音義》卷8："蠡越，力西反。經中或言離越，同一義也。"(C56/945b)又卷6："離婆，吕知反。案《文殊問經》云：此譯言室星，則北方宿也，祠之得子仍以名焉。正言頡隸③伐多。經中作梨波多，或作黎④婆多，訛也。即《首楞嚴經》中坐禪第一，如離婆多者是也。頡音賢結反。"(C56/904c)後晉可洪撰《新集藏經音義隨函録》卷2："蠡越，上力支反，亦云離婆多。"(K34/689b)"離婆多"等音譯，其梵音標注為"revata"。"ī"是格尾標誌，表示名詞雙數中性的體格和業格，所以其與"revatī"應為同一語源。梵文"revata"有多個意義。姚秦鳩摩羅什譯《佛説首楞嚴三昧經》卷2："或見持律第一，如優波離；或見天眼第一，如阿那律；或見坐禪第一，如離婆多。如是一切諸第一中，皆見彌勒！"(T15/643c)隋智凱説《妙法蓮華經文句》卷2："'離婆多'，亦云離越，此翻星宿，或室宿，或假和合，《文殊問經》稱常作聲。父母從星辰⑤乞子，既其感獲因星作名，雖得出家猶隨本字。假和合者，有人引《釋論》，空亭中宿，見二鬼爭屍，告其分判。設依理、枉理俱不免害，故隨實而答。大鬼拔其手足，小鬼取屍補之，食竟，拭口而去。其因煩惱不測誰身故，言假和合。常作聲者，其疑此事，若我本身眼見拔去，若是他身復隨我行住。疑惑猶豫逢人即問：'汝見我身不？'故言常作聲。眾僧云：'此人易度。'語云：'汝身本是他遺體，非己有也。'即得道⑥也(云云)。《增一》云：'坐禪入定，心不倒亂者，離越比丘第一。'"(T34/16b-c)佛經中認為"離婆多"等音譯詞為星宿或室宿的別稱，誤，據梵文應為奎宿的音譯。

---

① (吕知)，明本無。
② (賢結)，明本無。
③ 隸，中華藏作"隷"，"隷"，隸之俗寫。
④ 黎，中華藏作"𥝢"，"𥝢"，黎之俗寫。"黎婆多"即"𥝢婆多"。
⑤ 辰，甲本作"神"。
⑥ 道，甲本作"道也"。

“奎”,義淨音譯作“頡婁離伐底”,“婁”疑為衍字,應作“頡離伐底”。這裏義淨用了增字的譯音方法,和上文畢宿音譯中的“户”一樣。“頡”,《廣韻 · 屑韻》“胡結切”,匣母屑韻入聲。“頡”在此起提示輔音“r”的發音作用。“頡離伐底”,佛經中又有“頡隸伐多”“纈麗縛多”“纈麗伐多”“褐麗筏多”“頡麗代多”“頡隸代多”等多個音譯形式與其相近。明弘贊輯《四分律名義標釋》卷12:“離越,越,亦作曰,或云離婆多,正言頡隸伐多。此翻室宿,北方星也。謂父母從此星,而乞得子,故以名焉。”(X44/494c)《慧琳音義》卷24:“纈麗縛多,上賢結反。梵語聲聞,舊云離波多,訛略也。”(T54/458b)又卷56:“纈麗伐多[1],上賢結反。梵語阿羅漢名也。舊曰離婆多,此二聖者常修禪觀寂静行也。”(T54/683c)又卷8:“褐麗筏多,舊云離婆多,略也。”(T54/349c)唐窺基撰《阿彌陀經通贊疏》卷1:“離婆多者,梵云頡麗代多,此云室星,北方星也,祀之得子因以為名。”(T37/335b)《玄應音義》卷22:“頡隸[2]代多,賢結反。此言遇時,又云室星,則北方宿也。祠之得子仍以名焉。坐禪第一者是也。舊言梨波多,或云梨婆多,皆訛也。”(C57/84c)“代”為“伐”之形訛。“隸”在佛經多作“隸”“隸”“𨽾”等異體俗寫字形。“褐”和“纈”都為匣紐字,起提示輔音“r”的發音。還可省音作“頡隸”“纈麗”“褐麗”等。後晉可洪撰《新集藏經音義隨函録》卷11:“頡隸,上呼結反,下力計反。此云過時,亦云室星,舊言離婆多也。”(K34/1015b)又卷4:“纈麗,上賢結反,下力計反。尊者名,或云周利盤陁,此云路邊生。”(K34/750b)又卷1:“褐麗,上胡割反,下力計反。比丘名褐麗筏名,或云纈麗縛多,亦云周利槃陁。此云髻道,亦云路邊生。”(K34/648a)“褐麗筏名”為“褐麗筏多”之訛。

准此,“離婆底”“頡婁離伐底”“離波底”“離婆帝”“麗婆底”“哩嚩帝”“離婆多”“離波多”“梨婆多”“梨波多”“梨波都”“棃婆多”“離越多”“隸跋陀”“離越”“蠡越”“離婆”“頡隸伐多”“纈麗縛多”“纈麗伐多”“褐

① 多,甲本無。
② 隸,中華藏作“𨽾”,“𨽾”,隸之俗寫。

麗筏多""頡麗代多""頡隸代多""頡隸""纈麗""褐麗"等均為奎宿的音譯。

【阿離尼】【阿説儞】【婁】

按:"婁",梵音"aśvinī"。《孔雀王咒經》音譯作"阿離尼";《佛説大孔雀咒王經》音譯作"阿説儞";《佛母大孔雀明王經》意譯作"婁"。"離"應為"雖"之訛。《關中創立戒壇圖經》中的二十八星宿引自《孔雀王經》,其婁宿音譯作"阿雖尼",《律宗新學名句》亦作"阿雖尼"。離,上古來母歌部,中古來母支部平聲;雖,上古心母微部,中古心母脂部平聲。無論是聲母還是韻母,"雖"的譯音更為精准。婁宿又音譯作"阿濕尼""阿説尼""阿濕尾儞""阿濕毘膩""阿濕毗膩"等。東晉佛陀跋陀羅、法顯共譯《摩訶僧祇律》卷 34"六名阿濕尼"(T22/501b)。宋天息災譯《大方廣菩薩藏文殊師利根本儀軌經》卷 3"阿濕尾儞星"(T20/846b)。唐波羅頗蜜多羅譯《寶星陀羅尼經》卷 4:"阿濕毘膩(唐言婁宿)星生者,足母①指間當有青黶,身無病惱而常大力。"(T13/556b)後晉可洪撰《新集藏經音義隨函録》卷 26:"頞濕縛②庚③闍,《孔雀王經》作'阿説你',亦云阿説尼④。《寶星》作'阿濕毗膩',唐言婁宿。下三字與諸譯不同。"(K35/527a)據義淨的音譯,此處可洪音義的㢱字當作"儞"。"阿濕毘膩"和"阿濕毗膩"兩個譯詞用了雙字對譯複輔音"śvi"的譯音方法。密教佛經文獻還有"阿濕毘儞"一詞,與上文的音譯形式相比較,亦可為婁宿音譯。唐法全撰《大毘盧遮那成佛神變加持經蓮華胎藏悲生曼荼羅廣大成就儀軌供養方便會》卷 2:"百藥愛才等,賢鉤本方曜,并阿濕毘儞,多羅滿者百。"(T18/123c)

婁宿可代指七月,故又有"阿濕嚩""阿濕縛具惹""阿濕嚩喻若""阿濕縛庾闍""阿濕縛庚闍""頞濕縛庾闍"等多個音譯形式。唐禮言集《梵語雜名》卷 1:"七月,阿濕嚩(二合)。"(T54/1233c)《唐梵兩語雙

① 母,宋、元、明、宫本作"拇"。

② 縛,高麗藏作"縛","縛",縛之俗寫。下同。

③ 庚,庾之俗寫。

④ 尸,尼之俗寫。

對集》卷 1“七月(阿濕縛具惹)”(T54/1242b)。宋施護譯《十二緣生祥瑞經》卷 1“阿濕嚩(二合)喻若(七)麼洗(月)”(T16/845b)。《阿毘達磨大毘婆沙論》卷 136:“至阿濕縛庾闍①月白半第八日,夜有十四晝十六。”(T27/701c－702a)後晉可洪撰《新集藏經音義隨函録》卷 19:“阿濕縛庚闍月,此是北方星名,唐言婁宿。《西域記》云:當此七月十六日至八月十五日為阿濕縛庚闍月。此方曆筭,即是二月,十二宫属盖宫。《日藏經》云:正月時,刪神主儅其月。”(K35/245c)又卷 19:“庚闍,上余主反,星名。阿濕縛庚闍,此云婁宿,亦云阿濕毗膩,亦云阿説你,亦云阿説尼。”(K35/245a)“庚”為“庾”之形訛。宋法雲編《翻譯名義集》卷 4:“以頞濕縛庾闍月後半十五日,解雨安居,當此八月十五日。”(T54/1123a)七月的梵文為“aśvayuja”,在“婁宿”和“七月”義上,“aśvinī”和“aśvayuja”為同源詞。

准此,“阿離尼”“阿説儞”“阿雖尼”“阿濕尼”“阿説尼”“阿濕尾儞”“阿濕毘膩”“阿濕毗膩”“阿濕毘儞”“阿濕嚩”“阿濕縛具惹”“阿濕嚩喻若”“阿濕縛庾闍”“阿濕縛庚闍”“頞濕縛庾闍”等為婁宿的音譯。

【婆羅尼】【跋嚩儞】【胃】

按:“胃”,梵音“bharaṇī”。《孔雀王咒經》音譯作“婆羅尼”;《佛説大孔雀咒王經》音譯作“跋嚩儞”,《大正藏》校勘記云:嚩,宋、元、明本作“喇”;《佛母大孔雀明王經》意譯作“胃”。佛經中胃宿多作“婆羅尼”。東晉佛陀跋陀羅、法顯共譯《摩訶僧祇律》卷 34“七名婆羅尼”(T22/501b)。唐道宣撰《關中創立戒壇圖經》卷 1“婆羅尼七”(T45/810a)。“羅”又作“邏”“囉”,故胃宿又音譯作“婆邏尼”“婆囉尼”。唐波羅頗蜜多羅譯《寶星陀羅尼經》卷 4:“婆邏尼(唐言胃宿)星生者,於足掌下當有靨子,受性無悲好為宰手②,破戒惡行死入地獄。”(T13/556b)宋天息災譯《大方廣菩薩藏文殊師利根本儀軌經》卷 3“婆囉尼③

① 闍,宋、元、明、宫本作“闇”。
② 手,宋本作“子”,元、明本作“首”。
③ 尼,明本作“尾”。

星"(T20/846b)。

准此,"婆羅尼""跋揵儞""婆邏尼""婆囉尼"等為胃宿的音譯。

譯音方法、語音演變、字形訛誤等原因,造成了僧伽婆羅和義淨採用不同的詞形來音譯對應的星宿詞。二十八星宿中,角、氐、心、箕、牛、室、婁、昴、觜、鬼、星、翼十二宿可分别指代十二個月份;箕、室、翼三宿,其梵文的後半詞根與月份的梵文相同;餘下的九個星宿則大都在梵文第一音節音變後才能轉為相應月份的梵文,對應星宿和月份的梵文實為同源詞。中印兩國二十八星宿的順序不同,因印度在中國西南方,所以各個星宿具體所指的方位是相近的。

參考文獻

(日) 安部健夫著,宋肅瀛 劉美崧 徐伯夫譯　1985　《西回鶻國史研究》,新疆人民出版社。

[東漢] 班固撰,[唐] 顏師古注 1962　《漢書》,中華書局。

(法) 伯希和　馮承鈞譯　1956/1995　《中亞史地叢考・魏唐譯語中俟字之音讀》,《西域南海史地考證譯叢(第五編)》,商務印書館。

陳文傑　2008　《同經異譯語言研究價值新探》,《古漢語研究》第 1 期。

陳秀蘭　2004　《從常用詞看魏晉南北朝文與漢文佛典語言的差異》,《古漢語研究》第 1 期。

陳秀蘭　2008　《魏晉南北朝文與漢文佛典語言比較研究》,中華書局。

陳義孝　1994　《佛學常見詞彙》,寧夏人民出版社。

陳源源　2008　《同經異譯佛經人名管窺——以〈法華經〉異譯三經為例》,《西南交通大學學報》第 3 期。

儲泰松　1998　《梵漢對音與中古音研究》,《古漢語研究》第 1 期。

曹仕邦　1963　《論中國佛教譯場之譯經方式與程式》,《新亞學報》第 2 期。

道　布　1981　《蒙古語口語中的詞首輔音弱化現象》,《民族語文》第 4 期。

[宋] 丁度等　2005　《宋刻集韻》,中華書局。

丁福保　2000　《佛學大詞典》,上海書店出版社。

董志翹　張　淼　趙家棟等　2011　《〈經律異相〉整理與研究》,巴蜀書社。

董志翹　趙家棟　2009　《〈經律異相〉校理與異文語料價值》,《江蘇大學學報(社科版)》第 3 期。

杜愛賢　2000　《談談佛經翻譯對漢語的影響》,《世界宗教文化》第 2 期。

杜朝暉　2011　《敦煌文獻名物研究》，中華書局。

馮勝利　1997　《漢語的韻律、詞法與句法》，北京大學出版社。

方一新　2000　《東漢六朝佛經詞語劄記》，《語言研究》第2期。

方一新　高列過　2012　《東漢疑僞佛經的語言學考辨研究》，人民出版社。

方壯猷　1930　《三種古西域語之發現及考釋》，《女師大學術季刊》第4期。

高列過　2002　《"交露"考》，《阜陽師範學院學報》第6期。

顧滿林　2000　《東漢譯經外來詞初探》，四川大學碩士學位論文。

——　2002　《試論東漢佛經翻譯不同譯者對音譯或意譯的偏好》，《漢語史研究集刊》(第五輯)。

——　2003　《東漢譯經中半音譯半意譯的外來詞簡析》，《漢語史研究集刊》(第六輯)。

——　2005a　《東漢佛經音譯詞的同詞異形現象》，《漢語史研究集刊》(第八輯)。

——　2005b　《今存漢文佛典用語同僧佑〈出三藏記集〉的矛盾》，《宗教學研究》第4期。

——　2008　《從僧睿〈大品經序〉看今存漢文佛典用語》，《宗教學研究》第1期。

[南朝梁]顧野王　1987　《大廣益會玉篇》，中華書局。

郭良夫　1985　《從"漢語"名稱論漢語詞彙史研究》，《語言教學與研究》第4期。

何亞南　2003　《從佛經看早期外來音譯詞的漢化》，《南師大學報》第3期。

黄寶生　2011　《梵漢對勘維摩詰所説經》，中國社會科學出版社。

——　2014　《梵語佛經讀本》，中國社會科學出版社。

黄仁瑄　2011　《唐五代佛典音義研究》，中華書局。

黄仁瑄　聶宛忻　2013　《〈四分律〉之玄應"音義"校勘舉例》，《語文研究》第3期。

黄　征　張涌泉　1997　《敦煌變文校注》，中華書局。

季　琴　2004　《三國支謙譯經詞彙研究》,浙江大學博士學位論文。

季羡林　1991　《浮屠與佛》,《季羡林學術論著自選集》,北京師範出版社。

蔣紹愚　1999　《兩次分類——再談詞彙系統及其變化》,《中國語文》第5期。

——　2005　《古漢語詞彙綱要》,商務印書館。

蔣忠新　1988　《梵文〈妙法蓮華經〉寫本》,中國社會科學出版社。

(法)金絲燕　法寶(Dhammaratana Tampalawela)　2016　《佛經漢譯之路:〈長阿含·大本經〉對勘研究——中古漢土的期待視野》,北京大學出版社。

李方桂　1980　《上古音研究》,商務印書館。

李維琦　2004　《佛經詞語匯釋》,湖南師範大學出版社。

李小榮　2010　《漢譯佛經文體及其影響研究》,上海古籍出版社。

李　香　2005　《日譯吴音的讀音層次與魏晉南北朝韻部的演變》,北京大學博士論文。

李　妍　2012　《從佛教術語看疑僞經辨别》,《淮北師範大學學報》第4期。

粱麗玲　2002　《〈賢愚經〉研究》,法鼓文化事業股份有限公司。

梁曉虹　1985　《漢魏六朝佛經意譯詞研究》,南師大碩士論文。

——　1987　《漢魏六朝佛經意譯詞初探》,《語言研究》第1期。

——　1991　《佛教詞語的構造與漢語辭彙的發展》,杭大博士論文。

——　1994　《佛教詞語的構造與漢語詞彙的發展》,北京語言學院出版社,1994。

——　2001　《佛教與漢語詞彙》,佛光文化事業有限公司。

——　2006　《日本現存佛經音義及其史料價值》,徐時儀等編《佛經音義研究——首届佛經音義研究國際學術研討會論文集》,上海古籍出版社。

林光明　林怡馨　林怡廷　編著　2011　《漢梵佛教語大辭典》,嘉豐出版社。

劉廣和　1994　《〈大孔雀明王經〉咒語義淨跟不空譯音的比較研究》,《語言研究》(增刊)。

劉興均　1998　《"名物"的定義與名物詞的確定》,《西南師範大學學報》第5期。

—— 2001 《〈周禮〉名物詞研究》,巴蜀書社。

羅新章 陳應年 2009 《翻譯論集》,商務印書館。

吕 澂 1979 《中國佛學源流略講》,中華書局。

—— 1980 《新編漢文大藏經目録》,齊魯書社。

孟達來 2001 《北方民族的歷史接觸與阿勒泰諸語言共同性的形成》,中國社會科學出版社。

苗 昱 2005 《〈華嚴音義〉研究》,蘇州大學博士學位論文。

馬祖毅 1998/2004 《中國翻譯簡史》,中國對外翻譯出版公司。

潘悟雲 2000 《漢語歷史音韻學》,上海教育出版社。

(加拿大)蒲立本著,潘悟雲 徐文堪譯 1999 《上古漢語的輔音系統》,中華書局。

任繼愈 1985 《中國佛教史》,中國社會科學出版社。

沈祖祥 2002 《旅遊與中國文化》,旅遊教育出版社。

[南朝梁]釋僧祐撰,蘇晉仁、蕭鏈子點校 1995 《出三藏記集》,中華書局。

施向東 2011 《梵漢對音與"借詞音系學"的一些問題》,《佛經音義研究——第二届佛經音義研究國際學術研討會論文集》,鳳凰出版社。

—— 2012 《梵漢對音和兩晉南北朝語音》,《語言研究》第3期。

史光輝 2005 《從語言角度判定〈伅真陀羅所問如來三昧經〉非支讖所譯》,《漢語史學報》(第五輯),上海教育出版社。

孫伯君 聶鴻音 2008 《契丹語研究》,中國社會科學出版社。

孫竹主編 1990 《蒙古語族語言詞典》,青海人民出版社。

譚代龍 2004 《漢譯佛經人名研究初探》,《漢語史研究集刊》(第七輯),巴蜀書社。

—— 2005 《佛教術語溯源舉隅》,《四川職業技術學院學報》(第15卷第3期)。

—— 2006 《義淨譯著中的注文及其作者之研究》,《青海師範大學學報(哲學社會科學版)》第1期。

—— 2013 《佛教漢語詞彙系統的結構及形成》,西南交通大學出版社。

王惠民 2011 《敦煌與法門寺的香供養具——以"香寶子"與"調達子"

為中心》,《敦煌學輯刊》第1期。

王　力　2004　《漢語史稿》,中華書局。

——　2008　《漢語語音史》,商務印書館。

王文顔　1984　《佛典漢譯之研究》,天華出版事業股份有限公司。

王雲路　2006　《試説翻譯佛經新詞新義的產生理據》,《語言研究》第3期。

——　2010　《中古漢語詞彙史》,商務印書館。

吴宏偉　2011　《突厥語族語言語音比較研究》,中央民族大學出版社。

魏文斌　2003　《漢至北魏秦州佛教史料與麥積山石窟(一)》,《敦煌學輯刊》第1期。

徐時儀　2005　《玄應〈眾經音義〉研究》,中華書局。

——　2012　《一切經音義三種校本合刊(修訂本)》,上海古籍出版社。

顔洽茂　1997　《佛教語言闡釋——中古佛經詞彙研究》,杭州大學出版社。

——　2002　《中古佛經借詞略説》,《浙大學報》第3期。

顔尚文　1985　《後漢三國西晉時代佛教寺院之分佈》,《臺灣師範大學歷史學報》第13期。又見《中國中古佛教史論》,《宗教文化出版社》,2010年。

揚之水　2002　《蓮花香爐和寶子》,《文物》第3期。

——　2010a　《〈一切經音義〉之佛教藝術名物圖證》,《中國文化》第1期。

——　2010b　《佛教藝術名物叢考》,《中國典籍與文化》第3期。

——　2012a　《曾有西風半點香:敦煌藝術名物叢考》,生活·读书·新知三联书店。

——　2012b　《丹枕與綩綖——佛教藝術名物考》,《傳統中國研究集刊》(九、十合輯)。

余迺永　2000　《新校互注宋本廣韻(增訂本)》,上海辭書出版社。

俞　敏　1979　《後漢三國梵漢對音譜》,《俞敏語言學論文集》,商務印書館,1999。

俞理明　1987　《漢魏六朝佛經在漢語研究中的價值》,《四川大學學報》第4期。

——　1993　《佛經文獻語言》,巴蜀書社。

俞理明　顧滿林　2011　《東漢佛教文獻詞彙新質中的外來成分》,《江蘇大學學報(社會科學版)》第3期。

——　2013　《東漢佛道文獻詞彙新質研究》,商務印書館。

遇笑容　2008　《試説漢譯佛經的語言性質》,《歷史語言學研究》(第一輯),商務印書館。

遇笑容　曹廣順　2007　《再談中古譯經與漢語語法史研究》,《漢藏語學報》第1期。

曾昭聰　2004　《漢譯佛經與漢語詞彙》,《華夏文化》第3期。

張永言　2007　《漢語外來詞雜談(補訂稿)》,《漢語史學報》(第七輯),上海教育出版社。

趙家棟　2014　《梁僧伽婆罗譯〈孔雀王咒經〉"梁言"詞例釋》,《勵耘語言學刊》第20輯。

趙家棟　董志翹　2012　《〈經律異相〉(5-11卷)校讀劄記》,《南京師範大學文學院學報》第3期。

鄭張尚芳　2003　《上古音系》,上海教育出版社。

周達甫　1957　《怎樣研究梵漢翻譯和對音》,《中國語文》第4期。

周紹良　1993　《百喻經譯注》,中華書局。

朱冠明　2007　《從中古佛典看"自己"的形成》,《中國語文》第5期。

——　2008　《移植:佛經翻譯影響漢語詞彙的一種方式》,《語言學論叢》(第三十七輯),商務印書館。

——　2013　《漢譯佛典語言研究述要》,《漢譯佛典語法研究論集》,商務印書館。

朱慶之　1992　《試論佛典翻譯對中古漢語詞彙發展的若干影響》,《中國語文》第4期。

——　1994　《漢語外來詞二例》,《語言教學與研究》第1期。

——　1996　《佛典與中古漢語詞彙研究》,文津出版社。

——　2000　《佛經翻譯中的仿譯及其對漢語詞彙的影響》,《中古近代漢語研究》(第一輯),上海教育出版社。

——　2001　《佛教混合漢語初論》,《語言學論叢》(第二十四輯),商務印書館。

——　朱冠明　2006　《佛典與漢語語法研究——20 世紀國内佛教漢語研究回顧之二》,《漢語史研究集刊》(第二輯),巴蜀書社。

——　2009　《佛教漢語研究》,商務印書館。

竺家寧　2003　《論佛經中的“都盧皆”和“悉都盧”》,《文與哲》第 3 期。

(日) 平川彰　1997　《佛教漢梵大辭典》,(東京)靈有會。

(日) 清水史　1978　《小川本新譯華嚴經音義私記音注考——その資料的分析と整理(一)》,《野州國文學》21 號。

——　1979　《小川本新譯華嚴經音義私記音注考——その資料的分析と整理(二)誤寫の例について》,《野州國文學》23 號。

(日) 杉本つとむ　1972　《漢字入門:〈干禄字書〉とその考察》,早稲田大學出版部。

(日) 森野繁夫　1993　《六朝譯經の語法と語彙》,《東洋學術研究》第 2 號。

(日) 石塚晴通　1978　《新譯華嚴經音義私記索引》,築島裕主編《新譯華嚴經音義私記　古辭書音義集成》第一卷,汲古書院。

(日) 水谷真成　1948　《仏典音義書目》,《大穀學報》101 號。

(日) 西谷登七郎　1958　《六朝譯經語法之一端——以〈增一阿含經〉為中心》,《廣島大學文學部紀要》14 號。

(日) 西原一幸　1979　《“新撰字鏡”所引の“正名要録”について》,《國語學》116 號。

——　1981　《唐代楷書字書の成立——〈顔氏字樣〉から〈干禄字書〉〈五経文字〉へ》,《金城學院大學論集·國文學編》23 號。

——　1982　《〈顔氏字樣〉以前の字様について》,《金城學院大學論集·國文學編》24 號。

——　1985　《獨立の書志範疇としての“字様”》,《金城學院大學論集·國文學編》27 號。

(日) 辛嶋静志撰,裘雲青譯　1997　《漢譯佛典的語言研究(一)》,《俗語言研究》第 4 期。

(日) 辛嶋静志　1998　《〈正法華經〉詞典》,(東京)創價大學國際佛教學高等研究所。

(日) 辛嶋静志撰,徐文堪譯　2007　《早期漢譯佛教經典所依據的語言》,《漢語史研究集刊》(第十輯),巴蜀書社。

(日) 辛嶋静志 2010 《〈道行般若經〉詞典》,(東京)創價大學國際佛教學高等研究所。

Alessio Bombaci 1970 *On the Ancient Turki Title eltäbär*, Proceedings of the IXth Meeting of the Permanent International Altaistic Conference.

Daniel Boucher 1998/2009 Gandhari and the Early Chinese Buddhist Translations Reconsidered: The Case of the *Saddharmapunpuṇḍarīkasūtra*. (《犍陀羅語與早期漢譯佛經的再思考——以〈妙法蓮華經〉為個案》,丹尼爾·布歇 《美國東方學會會刊》第 4 期/薩爾吉譯,徐文堪校,《佛教漢語研究》,商務印書館。

Edwin G. Pulleyblank (蒲立本) 1965 *The Chinese Name for the Turks*, Journal of the American Oriental Society, Vol.85, no.2.

Erik Jan Zürcher(許理和) 1959/1972 The Buddhist Conquest of China: The Spread and Adaption of Buddhism in Early Medieval China, Leiden: Brill. (《佛教征服中國:佛教在中國中古早期的傳播與適應》,(荷)許理和著,李四龍等譯,1998 江蘇人民出版社。

Erik Zürcher 1977 Late Han Vernacular Elements in the Earliest Buddhist Translations, *Journal of the Chinese Language Teachers* Association vol.12, no.3.(《最早的佛經譯文中的東漢口語成分》,許理和著,蔣紹愚譯,1987 《語言學論叢》第十四輯,商務印書館。)

Harbsmeier, Christoph 1989 *The Classical Chinese model partical yi*, proceedings of the Second International Conference on Sinology, Section on Linguistcs and Paleography, Taipei, Academic Sinica.

Jan Nattier 2008 *A Guide to the Earliest Chinese Buddhist Translations — Texts from the Eastern Han and Three Kingdoms Periods*, Tokyo: The International Research Institute for Advanced Buddhology, Soka University.

William H. Baxter (白一平) 1992 A Handbook of Old Chinese Phonology, Berlin: Mouton de Gruyter.

William H.Baxter and Laurent Sagart(沙加尔) 2014 Old Chinese: A New Reconstruction, Oxford: Oxford University Press.

後記

2001年,我結束了中學教員生涯,成為一名研究生,來到西南師範大學文學院師從李茂康先生攻讀漢語言文字學。讀研三年,在導師和諸位師長的指導和幫助下,我漸漸摸索到傳統語言文字學的門徑,最後完成了碩士論文《〈爾雅〉法律使用域詞彙研究》。2004年我畢業後就職於湖南科技大學人文學院,成了一名古漢語教師。在湖南科技大學人文學院工作期間,我開始接觸到敦煌文獻。最先閱讀的是項楚先生的《敦煌變文選註》和黄征、張涌泉二位先生的《敦煌變文校註》,同時閱讀了大量的敦煌文獻語言研究方面的論文,就這樣逐漸將自己關注的重心轉移到中古近代漢語。在閱讀變文尤其是佛經俗講類講經文和因緣變文的過程中,我又開始關注佛教文獻,有選擇地閱讀了部分佛教文獻。當時没有條件翻檢任何類型的藏經,主要是利用李維琦先生主持録入的佛經語料庫,後來有了台灣法鼓山檢索版的"大正藏",現在閱讀檢索佛教文獻有了"CBETA 佛教文獻集成",更為方便快捷了。2008年我來到南京師範大學跟隨董志翹師攻讀漢語言文字學博士學位,參與了董老師主持的高校古委會重點項目"《經律異相》整理與研究"的研究,開始利用各種藏經版本對《經律異相》進行系統的校勘整理。董老師有紙本的《中華大藏經》和《卍續藏經》,還有各種藏經電子圖版可供我們整理研究之用。當時我的博士論文選題有佛經註疏語言研究和敦煌文獻語言研究兩個方向,董老師建議我做敦煌文獻疑難字詞研究。近年來儘管我主要的研究重心是敦煌文獻疑難字詞研究,但我一直没有偏廢對佛經文獻語言的研究。2011年博士畢業,我留在南京師範大學文學院工作,先後申請到五項科研項目,敦煌文獻語言研究方向先後申請了教育部人文社科一般項目"敦煌文獻疑難字詞考釋與研究"和國家社科基金一般項目"敦煌西域寫本文獻疑難字詞釋證及相關問題研究”。佛經文獻語言研究方向先後申請到江蘇省社科一般項目“南朝撰譯佛典‘梁言詞’研究”、江蘇省社科重點項目“佛教類書與所出原經平行對應語料庫建設與研究”以及全國高校古委會項目“《禪林寶訓》匯纂集釋”。这兩方面的研究一直没有中斷。

這本小書就是在 2016 年江蘇省社科項目“南朝撰譯佛典‘梁言詞’研究”結項書稿的基礎上補充修改而成的。在項目申請前期和研究過程中,我一直有個宏觀的想法,即擬對佛教名物術語詞進行系統研究。2014 年我在“詞彙學國際學術會議暨第十屆全國漢語詞彙學學術研討會”上提交了論文《佛教名物術語詞研究》,開始系統關注佛教名物術語詞,對佛教名物術語詞進行定義和類型分析,舉例性論證了佛教名物術語詞的研究方法,系統闡述了佛教名物術語詞的研究價值。南朝梁代撰譯佛典中的“梁言詞”,指南朝梁代撰譯佛典中在一些佛教名物術語的音譯詞形下,以“梁言某某”夾註其意譯内容並構成“音譯—意譯”對應關係的一組詞。“梁言詞”是佛教名物術語詞的重要内容,本書在佛教名物術語詞宏觀理論研究的前提下,主要對南朝梁撰譯佛典中的“梁言詞”進行個案考釋與研究。最初的書稿内容曾以課題研究論文形式,先後在第七届(2013 年,貴州師範大學)、第八届(2014 年,南京師範大學)、第九届(2015 年,日本北海道大學)、第十届(2016 年,人民大學)、第十一届(2017 年,中國台灣佛光山大學)等幾届國際佛經語言學學術會議提交匯報交流,先後得到朱慶之老師、方一新老師、徐時儀老師、陳秀蘭老師及導師董志翹諸位先生的指導,各位老師提出的寶貴修改意見,對書稿的撰寫和修訂補充幫助很大,這裏特此向諸位老師表達感謝!部分佛教名物相關成果曾在《敦煌研究》《古漢語研究》《東亞文獻研究》《勵耘語言學刊》等刊物上發表,感謝諸位編審及匿名審稿人給予建設性修改意見。

我有個宏觀的設想,希望對佛教名物術語詞作出更為系統的研究,撰寫理論研究著作,並編撰《佛教名物術語詞大典》。本書算是這個設想的前奏和階段性的序曲。由於本人學識學力不足,目前對佛教文獻和佛學理論掌握程度有限,尤其對梵文及巴利文的理解尚存一知半解的情況,因此本書對南朝梁代撰譯佛典中的"梁言詞"進行了較為寬泛的研究。書稿中或存在諸多誤謬之説,還望諸位方家一哂讀之。

這本小書的誕生要感謝的人很多:

首先,這篇書稿的完成要感謝江蘇省社科基金項目的研究資助,書稿的出版得到"江蘇高校優勢學科建設工程資助項目(PAPD)"經費的資助。感謝南京師範大學文學院高峰院長,高院長一直鼓勵催促我將這篇書稿修改出版。感謝我的導師董志翹先生多年來對我學術上的指導與提攜,這次也欣然同意給小書作序。

其次,書稿的出版,要感謝上海教育出版社編輯廖宏艷女士。語言類書稿引證文獻之繁富,標註格式之繁瑣,以及本書中大量的梵文和梵文轉寫之繁雜,大大增加了編輯排版之難度。廖宏艷女士嚴謹細緻的編校工作令人敬佩。

最後,要感謝我的家人對我的科研工作的支持,她們是我生活的意義所在。愛人付義琴這些年來為家庭的付出最多,除了自己教學科研外,她還要操持家務,輔導女兒學習。感謝我的女兒對我的理解和支持,通過自身的努力彌補了我没有給她提供"好學區"的遺憾。

趙家棟

庚子荷月於撥弦齋

圖書在版編目(CIP)數據

佛教名物術詞語研究 / 趙家棟著. — 上海:上海教育出版社, 2020.12
ISBN 978-7-5720-0464-3

Ⅰ. ①佛… Ⅱ. ①趙… Ⅲ. ①佛教 - 名詞術語 - 研究
Ⅳ. ①B94

中國版本圖書館CIP數據核字(2020)第256837號

責任編輯　廖宏艷
封面設計　陳　芸

佛教名物術詞語研究
趙家棟　著

出版發行　上海教育出版社有限公司
官　　網　www.seph.com.cn
地　　址　上海市永福路123号
郵　　編　200031
印　　刷　上海葉大印務發展有限公司
開　　本　890×1240　1/32　印張 7.875
字　　數　208 千字
版　　次　2020年12月第1版
印　　次　2020年12月第1次印刷
書　　號　ISBN 978-7-5720-0464-3/H·0017
定　　價　66.00 元

如發現質量問題，讀者可向本社調換　電話：021-64377165